W9-CPX-948

POSITIVE DISCIPLINE

正面管教

★修订版★

如何不惩罚、
不娇纵地
有效管教孩子

[美] 简·尼尔森（Jane Nelsen）◎著

玉 冰◎译　刘 力◎译校

北京联合出版公司
Beijing United Publishing Co.,Ltd.

图书在版编目(CIP)数据

正面管教/(美)尼尔森著;玉冰译. --北京:
北京联合出版公司,2016.7(2017.2 重印)
ISBN 978-7-5502-6851-7

Ⅰ.①正… Ⅱ.①尼… ②玉… Ⅲ.①家庭教育
Ⅳ.①G78

中国版本图书馆 CIP 数据核字(2015)第 301132 号

正面管教
著　　者:[美]简·尼尔森
译　　者:玉　冰
选题策划:北京天略图书有限公司
责任编辑:王　巍
特约编辑:高雪鹏
责任校对:杨　娟

北京联合出版公司出版
(北京市西城区德外大街 83 号楼 9 层　100088)
北京彩虹伟业印刷有限公司印刷　　新华书店经销
字数 273 千字　787 毫米×1092 毫米　1/16　21.75 印张
2016 年 7 月第 1 版　2017 年 2 月第 2 次印刷
ISBN 978-7-5502-6851-7
定价:38.00 元

译者的话

我为什么要翻译这本书

六年以前，当我和我爱人终于决定应该要孩子的时候，我们都已经进入了不惑之年。经过了几年的思考、探讨，我们有了充分的准备和决心，坚信我们能够无愧于我们未来的孩子，成为他们的理想父母。

因此，从决定要孩子的那一天起，我就开始学习怎样做一个好妈妈。我一头扎进图书馆，一路读下来直到今天，中文的英文的各种养育、教育孩子的书籍，已经以数百本计了。

记得《孩子，把你的手给我》这样说：我们不但要有一颗爱孩子的心，更要懂得如何去爱孩子。就好比我是一名外科医生，拿着手术刀，诚恳地告诉我的病人，“我非常愿意帮助您，尽管我没学到什么技术，但是我充满爱心！来吧，请相信我！”如果您是这位病人，您一定神色大变，从手术台上跳下来就逃走了。

可是，怎样做才能成为一个“懂行”的妈妈呢？从职场彻底退出来后，我一心一意抚养我的两个小宝贝，从怎样喂奶、换尿布学起，跟着孩子成长的脚步，每当孩子们跨入一个崭新的发展阶段，我就换一批书，给自己补充新的知识。

当孩子们忽然变成了会用“不”来跟我抗衡的小“大人”时，我和孩子们的关系渐渐地绷紧了，而且越绷越紧。这可怎么办？我不得不再次寻求知识的力量。这时，我幸运地接触到了国内目前流行的崭新的教育理念，包括《孩子，把你的手给我》这类优秀的译著；也包括李跃儿、小巫等当代著名儿童心理专家的一系列著作。这些书让我明白了很多道理，我逐渐学会克制自己深入骨髓的传统教育的“本能”，克制自己易怒的脾气，努力把自己修炼成为一个更理性更温和的好妈妈。

可是，要恒定地克制自己的“本能”和脾气，实在是座难以企及的高峰，尤其面对着两个精力旺盛的三、四岁的小男孩。我非常苦恼。我的悟性怎么就这么低！白读了那么些好书，我怎么就没法让自己真正变成更理性更温和的好妈妈，却总像大海的潮汐一样，情绪和脾气跌宕起伏、时高时低呢？

一个很偶然的机会，孩子亲子班的一位好老师推荐给我一本她珍藏了近20年的书——《正面管教》（英文，1987年版）。我读了几章，立即被深深地吸引住了！这本书从心灵深处颠覆着我“本能”的老式教育观念，我很快发现我居然可以不再需要“克制”自己，开始自然而然地“出乎本能”地改变着我和孩子之间的相处模式。孩子也因此变得更配合、更可爱。我如饥似渴地读下去，不知不觉地走入一个豁然开朗的新天地。

这本书不但深入浅出地介绍了许多行之有效的涉及孩子心理、行为、认知、教育等方面的经典理论，使我们能“知其所以然”地明白书中所介绍的正面管教方法，更重要的是，作者集几十年教育研究与实践的体会，特别是她在正面管教方法的推广与培训中收集到的无数个正面管教的成功案例，给我们讲述了一个接一个生动有趣而又发人深省的故事。

针对困扰着大家的众多问题，作者理论联系实际的分析既浅显易懂而又非常透彻、深刻，可谓触及灵魂，深深地震撼了我。它让我真正懂得了，为什么我过去的很多做法、想法是错误的；更让我清楚地知道了，我今后应该怎样做，才会对孩子、对自己更好。

我情绪和脾气的“潮汐”明显变得越来越平缓了。而且，我不再单纯以自我克制的心态“要求”自己要耐心，而是越来越自然而直觉地、“本能”地耐心。这让我感到非常喜悦并欣慰，因为我的孩子们因此而成长得更健康、更快乐，我们的亲子关系也更亲密、更融洽。更重要的是，我的耐心不是来自于娇惯和纵容，而是来自于对孩子的心态和行为的正确认识，对自己的心态和行为的正确认识，对父母正面引导孩子的方法的正确认识。因此，我相信我的孩子们将来一定能够成长为具有优秀品质的、有益于社会的人。

当我第一次将信将疑地遵照书中的指引，“在纠正孩子的行为之前，先要赢得孩子的心”，以“和善而坚定”的态度，和孩子们一起探讨解决矛盾的好办法时，效果居然是那么的神奇！孩子们居然那么迅速地改变了以往对我抗拒的态度！当我用拥抱表达了我对他们的安慰和爱，当我用语言表达了我对他们的理解，“我知道你很生气很伤心”，当我等他们的愤怒情绪因此迅速平静下来以后，邀请他们和我“一起想些好办法”，这一对不过才三、四岁的小哥俩，居然给出这么多理智的、可行的办法来！更神奇的是，以后每当“战争”要爆发之际，我就拿出当时的“会议纪要”规劝双方克制，其效果有如圣旨！

正是因为这本书对我产生的巨大的正面影响，我无法按捺得住内心一股强烈的冲动和愿望：我要把这本书翻译成中文，让更多的孩子们受益，让更多的父母和老师受益。经过多方了解，我找到了这本书最新版（2006 年第三次修订版）的中文版权所有者——京华出版社①，要求承担本书的翻译任务。谢谢京华出版社，授权我来翻译这本《正面管教》！这让我心里充满了快乐，为我的祖国的孩子们、父母们、老师们，感到由衷的快乐！愿更多的孩子会像我家小哥俩一样成长在幸福、快乐之中；愿更多的父母和老师像我一样，学会使用有效的、正面的方法管教孩子，让孩子在自信、自立的快乐环境中健康成长，把良好的行为品德、有益的社会技能深深植入孩子的心底；愿更多的家庭因为这本书的帮助，不但能逐步消弭紧张的亲子关系，甚至能消解紧张的家庭关系。

我相信，这本书在中国必将成为一本畅销书。它和另外一些优秀译著，例如《孩子，把你的手给我》，可以说是异曲同工、相得益彰。不过，《正面管教》最触动我的地方，是它令人信服地讲解了家长和老师为什么“必须这么做”的深层蕴涵，以及如何正确解读孩子（也包括我们自己）的错误行为背后的信息，该怎样采取最有效的应对方法。我自己的经历告诉我：理解得越深刻，就会做得越自然、越“本能”、越彻底。

在此，我必须感谢李跃儿教育论坛（www.liyueer.com）的网友们对我热忱而无私的帮助。“龙儿妈”在我最初寻找京华出版社的过程中给予了我很大的帮助。刘力对全文的校对付出了很大的心血。另外，“和和妈”“心远”“达巷党人”“绿袖诺儿”“香如故”“寒江雪”“皮皮妈”等网友们都花费了很多宝贵的时间帮我润色译文。正是在她们的共同努力下，这本书的译文风格才更坚定了“浅显易懂、通俗流畅”的方向。

最后，我还要感谢我爱人为这本书付出的“书外”和“书内”的心血。在我翻译这本书的过程中，他把周末和八小时工作时间以外的时间全部献给了两个孩子，也献给了这本书。在这本

① 现已改制并更名为“北京联合出版公司”。——编者注

书的翻译和校对完成之后，他又帮我再次从头梳理、润色了一遍，使译文的质量得到了更进一步的提高。我因为有他的支持和鼓励而感到非常的幸运和幸福。我对他的爱和感谢，无以言表。

亲爱的爸爸妈妈们，亲爱的老师们，亲爱的爷爷奶奶们，让我们一起来好好学习这本书，携起手来好好努力，用正确的、正面的、充满了真爱的管教方式，给我们的孩子一个更美好更灿烂的明天吧！

玉　冰

于美国洛杉矶

2008 年 10 月

序言及致谢

正面管教是以阿尔弗雷德·阿德勒和鲁道夫·德雷克斯①的思想为基础的。我虽然未能有幸成为这两位伟人的学生，但我愿意向那些把阿德勒的方法介绍给我的人们致谢。它改变了我的人生，并且极大地改善了我在家里和教室里与孩子们的关系。

我是7个孩子的母亲，现在已经是20个孩子的祖母。很多年以前，那时我还只有5个孩子，其中包括两个十几岁的孩子，我被那些像今天的很多父母体验到的同样的孩子养育问题弄得灰心丧气。我不知道怎么才能让孩子们别再打架、能把玩具收起来、能做他们自己答应要做的家务。我在晚上让他们睡觉时也有问题——进而是早上起床的问题。他们不想进浴缸——然后又不想出来。

每天早晨都痛苦无比，因为如果没有不停的提醒和争斗，似乎就无法让他们出门去上学。在放学之后，就要为做作业、做家

① 阿尔弗雷德·阿德勒（Alfred Adler，1870～1937），个体心理学的创始人，人本主义心理学的先驱，现代自我心理学之父。鲁道夫·德雷克斯（Rudolf Dreikurs，1897～1972），美国著名儿童心理学家、精神病医生、教育家。——译者注

务接着打仗。我的“锦囊妙计”包括威胁、吼叫和打。这些办法既令我厌恶，也让孩子们厌恶——而且不管用。我为孩子们同样的不良行为一而再、再而三地威胁、吼叫、打。直到有一天，我听到自己又朝孩子大吼“我说了一百遍了，收起你的玩具！”时，我才认识到这一点。我忽然明白了真正的“笨蛋”是谁——肯定不是我的孩子们！多么可笑啊，我要等到重复一百遍才知道自己的方法不管用！而且，我是多么沮丧啊，因为我不知道还能怎么办。

让我更加左右为难的是，我是一名儿童发展专业的大四学生。我读了很多描述我应该为孩子们做哪些美妙事情的书，可是却没有一本书解释如何达到那些崇高的目标。你可以想象，当我在一门新课第一次上课时听到老师介绍阿德勒法时，我是怎样的如释重负！老师说，我们这门课不是要学习很多种新理论，而是要深入透彻地研究阿德勒法，包括帮助孩子停止不当行为的实用技巧，以及教给孩子们自律、负责、合作和解决问题能力的实用技巧。

让我欣喜若狂的是，阿德勒法真的有效！我居然让孩子们之间的打架至少减少了80%。我学会了消除早上和晚上就寝时的争斗，并且在完成家务上得到了孩子们极大的合作！最重要的变化是，我发现我感受到了做妈妈的快乐——大部分时候。

我是如此热心地希望能和别人分享这些理念。我的第一次机会，是给一些父母上课，他们的孩子都遇到了学习、生理以及心理方面的障碍。刚开始时，这些孩子的父母对尝试这些方法有点勉强。他们担心自己的孩子无法学会自律与合作。很多父母不理解孩子们在操纵父母方面是多么巧于心计。这些父母很快就明白了，溺爱而不帮助孩子充分发挥他们的潜能，是对孩子多么大的不尊重。

随后，我被聘为加利福尼亚州鹿林市鹿林学区的心理辅导员。这个学区的很多父母、老师、心理学专家和学校领导都支持将阿德勒的概念用于增进家庭及学校对孩子们的教育效果。我尤其感谢心理学家约翰·普拉特博士，他是我的顾问，使我受益良多。

约翰·普拉特博士和东·拉松博士（该学区的助理教务总监）成功地获得了联邦政府的拨款，用于阿德勒心理辅导项目的开发。我幸运地被选为这一项目的主管。在联邦政府的项目开发拨款的三年中，这一项目在教父母和老师们改变孩子的不良行为方面取得了巨大成功，以至于成为了“样板项目”，并获得了新的为期三年的政府资助，用于向全加州所有学区推广。我们把项目名称改成了 ACCEPT（Adlerian Counseling Concepts for Encouraging Parents and Teachers，“家长及教师阿德勒心理辅导培训”）。通过这次活动，我有机会和成千上万的父母和老师分享阿德勒的理念。每当我听见那些参加过 ACCEPT 培训的父母和老师们告诉我，他们如何成功地运用了所学到的技巧时，我就兴奋不已。我在其中学到的，远多于我教给他们的。我由衷地感谢那些允许我把他们的事例分享给大家的父母和老师们。

我要特别感谢弗兰克·米德尔在班会方面所作出的贡献。他能够领会并贯彻一项非常重要的原则——在社会环境中，没有秩序也就没有自由。

我要真诚地感谢那些为 ACCEPT 培训作出贡献的专职工作人员。茱蒂·迪克松、苏珊·多荷提、乔治·蒙哥马利、安·普拉特、芭芭拉·斯迈利、玛乔里·斯彼阿克、维姬·泽科尔不知疲倦地工作，一边整理并完善学习材料，一边带领父母学习小组学习。他们都向我提供了很多成功实例，不但有他们自己家里的故事，也包括了他们所带领的学习小组里的故事。

琳·洛特是我特别的好友和同事，在我因为自己的一个孩子尝试毒品而偏离阿德勒原则的时候，她帮助我重新回到了正轨上来。那时，我已经打算放弃正面管教方法，回到控制和惩罚孩子的老路上去。好在我参加了“北美阿德勒心理协会”（North American Society of Adlerian Psychology）的年会中她主持的一个针对十几岁孩子问题的学习班，我马上就知道了她能帮我回到正轨。我请她和我一起合作一本新书，因为我知道如果什么东西对我有用，那就值得与其他人分享。从那以后，我和她合著了四本书。我个人的成长以及对正面管教的发展和完善都从她那里获益匪浅。

我的孩子们一直是给我鼓励、机会和爱的源泉。当我学习这些概念的时候，特里和吉姆已经十几岁了。肯尼、布拉德利和丽萨分别是 7 岁、5 岁、3 岁。在我教父母学习班一段日子后，马克和玛丽才出生。孩子们提供了各种机会激励我不断地学习，而且一次又一次地让我明白了，只有在我有孩子之前，我才觉得自己是专家。

最大的收获来自于对能够增进相互尊重、合作、欢乐和爱的原则和技巧的理解。每当我偏离这本书中的概念的时候，我就会造成混乱。这些事情积极的一面是，只要我回到这些方法和技巧，就不但能够收拾好烂摊子，而且还能让事情变得比以前更好。犯错误实在是学习的大好时机。

多年来，我一直非常幸运，不断有人因为对正面管教的热爱而走入我的生活。我们成立了非盈利的“正面管教协会”（www. posdis. org），培训正面管教资格认证会员、开展研究、举办学习班、提供奖学金、组织观摩示范、支持学校的活动以及保障各个项目的品质。为设立这个组织而作出贡献的人可以列出好几页纸来，我在此谨向所有的工作人员致以我深深的谢意和敬意。

我还要感谢茱蒂·麦克维蒂（医学博士）、麦克·香农（医学博士），以及玛蒂·门罗（哲学博士），感谢他们用自己的宝贵时间来审阅这个第三次修订版，并提出了许多宝贵的建议。

最后必须提到的是本书的编辑约翰娜·鲍曼。和她一起合作真是一件令人愉快的事情。在我觉得已经做了最好的改进之后，约翰娜仍然提出了很多建议，让这个第三次修订版得到了更进一步的完善。谢谢你，约翰娜。

引　言

（第三次修订版）

让我激动不已的是，《正面管教》已经出版发行了25年，并且现在已经被公认为是一部经典。更让我激动的是，我从那么多父母和老师那里听到《正面管教》怎样让他们的家庭和课堂发生了巨大的改善。下面这两条评论是其中的代表："执教25年之后的今天，我就要退休了。孩子们在这25年中的变化多大啊。然而，《正面管教》帮助我适应了这种变化，从而更好地与孩子们相处，我真想再当25年老师。""我的孩子并不完美，我也不完美，但我现在真正能够享受到为人父母的快乐了。"

所以，你可能会奇怪，既然这么成功，为什么还要对这本书进行修订呢？原因很简单，在过去的这25年中，我又学到了很多东西。25年来，我有幸在各种研讨会和讲座上和成千上万的父母和老师一起探讨，分享他们的成功，倾听他们的苦恼。我因此知道了哪些方式很有效，哪些需要做些调整，哪些需要特别强调，而且有一些新的想法也需要包括进来。

在第1章，你会看到"有效管教的4个标准"。父母和老师们发现，这些标准有助于理解管教方式之间的区别，以及什么能够给孩子带来长期的积极效果。这4个标准帮助他们消除了对孩子不尊重的、没有长期效果的错误管教方法。

我有时会疑惑惩罚和娇纵之间的较量是否永远不会停止。似乎很多人都从这两个极端考虑问题。那些认为惩罚有效的人，通常就会惩罚孩子，因为他们认为不惩罚就只能娇纵。那些不相信惩罚的人，常常走向另一个极端，并对孩子过于娇纵。正面管教能够帮助大人们找到一条既不惩罚也不娇纵的中间路线。正面管教倡导的是和善而坚定，并且把有价值的社会技能和人生技能教给孩子。

在这个修订版里，你会发现我们对和善而坚定有更多的强调。父母和老师们似乎对这一概念理解得仍然不到位。部分原因在于他们把和善与坚定看成了非此即彼的两个词。我发现用呼吸来做比喻也许能对大家有帮助：如果我们只吸气而不吐气——或者只呼出而不吸入，会怎样？答案显而易见。和善还是坚定，不是什么性命攸关的事情；但和善**而**坚定却能决定我们对孩子管教的成功与失败。还要知道，当你既和善又坚定时，和善能抵消过于坚定所造成的所有问题（反叛、抗拒、对自尊的挫伤），而坚定则能抵消过于和善所造成的所有问题（娇纵、操纵父母、被宠坏的小淘气鬼、对自尊的挫伤）。

我还更多地介绍了将“积极的暂停”作为一个对大人和孩子都非常有效的生活技能来运用。父母和孩子们发现，用“爬行动物脑”的说法既容易记住，又生动有趣：在发生冲突时，我们会转向受“爬行动物脑”的控制（爬行动物会吃掉自己的幼仔），此时唯一的选择是“战”（权力争夺）或者是“逃”（放弃努力，无法沟通）。所以，我们需要用“积极的暂停”让自己的感觉好起来，并且在亲密和信任（而不是疏远和敌意）的基础上解决问题。

有时候，在我们冷静下来、道歉之后，再运用一个正面管教工具，就更容易做到和善而坚定。因此，在这个修订版中，我更加强调了能帮助孩子们和大人感觉**好**起来从而能**做**得更好的一些“积极的暂停”的重要性。

说到“积极的暂停”，很多大人都很难接受将“暂停”[①] 作为一个积极体验的想法。他们错误地认为这是对孩子不良行为的“奖赏”。然而，当他们真正理解惩罚和“爬行动物脑”所造成的长期效果时，他们就能看到“积极的暂停”的好处。

专注于解决问题是这个修订版的一个主旨。多年来，我因为一直听到人们关注逻辑后果而深感失望。父母和老师们似乎认为只有两种管教方式可用：逻辑后果和“暂停”。他们的“暂停”是惩罚性的，而逻辑后果往往是经过拙劣伪装的惩罚。大人们要改掉惩罚的积习真的颇费挣扎。

我最受欢迎的一句话是：“我们究竟从哪里得到这么一个荒诞的观念，认定若想要让孩子**做**得更好，就得先要让他**感觉**更糟？”在面对这个观念时，父母和老师们能够明白这的确很荒诞；然而，当他们面对孩子的不良行为时，他们仍然会滑入惩罚的旧习。

关注于解决问题来自于我的一次灵感。我有一次旁听一个班会，孩子们在会上对一个课间休息迟到了的学生提出了很多“后果”。我注意到，孩子们建议的“后果”都是惩罚性的。我叫了一个暂停，并且问道：“如果你们关注于解决这一问题的方法，而不是后果，你们认为会出现什么情况？”孩子们立即就“明白”了。随后，他们提出的所有建议都是有助于解决问题的。从此，我开始把“关注于解决问题”的想法推荐给父母和老师们，他们不久就纷纷惊喜地告诉我，家里和班里的权力之争大大减少了。

你在这个修订版中将会看到的另一个重要变化，是我对大人

---

① Time-out，原意为体育比赛中的暂停，或工作中的暂停，引申为管教孩子的一种方法。——译者注

们在孩子的很多行为问题中应该承担的责任的强调。在继续说下去之前，我想告诉大家，在写到这一点时，我的最大顾虑是，我不希望这听上去像是指责——我只是希望大家意识到这一点，并承担起责任。也就是说，我一直注意到，让父母和老师们感到沮丧的很多行为难题，是能够改变的，关键是大人要首先改变自己。坦率地说，我已经听腻了大人对孩子们的行为喋喋不休的抱怨。

我开始尽可能温和地问，大人做了什么导致了孩子行为上的问题。在我看来，有些“不良行为”是大人“建立”起来的。例如，当父母和老师们发号施令时，有多少孩子“反叛”啊。同样是这些孩子，如果大人换种做法，他们就会非常愿意合作，比如让孩子们在家庭会议或班会上参与解决问题；或者帮助这些孩子建立起自己的日常惯例，然后问他们：“咱们达成一致的是什么？”或者“你现在该做什么了？”当然，这不会对每一种情形都管用；这就是为什么要有那么多正面管教工具的原因。

“你的性格对孩子性格的影响”是全新的一章，有助于大人们理解自己性格中的优点和缺点会对孩子造成什么影响。许多人意识不到，以自己孩童时代所作出的决定为基础形成的性格，此时正在影响着自己的孩子。这一章的内容能让我们了解，在孩子形成其性格的过程中，如何克服那些使孩子做出错误决定的行为。我要再说一次，这不是用来给人贴标签、作评价的，也不是用来责备人的。意识到问题所在，才能做出改变。

在过去的25年里，孩子的养育方式已经发生了很多变化。一个大变化就是越来越多的父亲参加我的讲座和学习班——并且更多地承担养育孩子的责任。有些变化（比如物质至上以及“超级父母”）能够得到纠正，如果父母们注意我们在《正面管教》中一贯提倡的一些建议的话，比如下面的做法会对孩子造成多么大的伤害——替孩子做本该他们自己做的事、对孩子过度保护、给孩子买太多东西、包揽孩子遇到的困难、不花足够的时间陪孩子、替孩子做作业、对孩子唠叨、发号施令，以及对孩子高声叫嚷，然后又赶快解救。

健康的自尊，是孩子培养出“我能行”的信念的基础。当父母对孩子做出上述任何行为时，孩子就不会培养出这种信念。当孩子们总是由别人告诉他们去做什么，而没有自己受尊重地参与解决问题的体验，从而练习父母希望他们拥有的技能时，他们就无法发展那些有助于感到自己能行的技能。

家庭会议和班会越来越普及了，但我们还有很漫长的路要走。正是在这些会议上，孩子们才有机会培养本书第1章提到的“七项重要的感知力和技能”，但仍然有太多的父母和老师好像以为孩子们不需要任何体验或练习，就能拥有这些能力和技能。

最近，我接受了一家杂志的采访，采访我的编辑认为现在大多数人已经知道了惩罚对孩子不管用。我真希望这是事实！在实现这一理想之前，还有很多事情要做。通过在家里和教室里实现和平来建立一个和平的世界，仍然是我的梦想。当我们能以尊重和尊严对待孩子，并教给孩子为了形成好品格而应该掌握的有价值的人生技能时，他们就会在世界上传播和平。

在对孩子进行管教的书中，有些是写给父母的，有些是写给老师的。这本书既是写给父母的，也是写给老师的，因为：

· 不论对父母还是对老师，概念是一样的。唯一的区别是应用的场合不同。而且，许多老师自己也同时是父母，他们愿意在家里和学校里都运用这些概念。

· 当父母和老师能用同样的方法积极地携手帮助孩子时，会大大增进家庭与学校之间的相互理解与合作。

正面管教的原理可以比作一幅由很多概念（拼板）组成的拼

图。在你把这些拼板全部或大部分拼到一起之前，很难看到整个画面。有时候，如果你没有把一个概念和另一个概念或态度结合起来，这个概念对你来说就没有意义。

拼图中的几块拼板

- 理解孩子的四种错误行为目的
- 和善与坚定并行
- 相互尊重
- 错误是学习的好机会
- 社会责任感
- 家庭会议和班会
- 让孩子参与解决问题
- 给予鼓励

当有些事情不管用时，你应该检查一下是否漏掉了上面哪块“拼板”。例如，如果大人或孩子不理解错误是学习的好机会，解决问题可能就不会很有效。在学会相互尊重和社会责任感之前，家庭会议或班会也许会无效。过于和善而不坚定可能会变成娇纵孩子，过于坚定而不和善则可能变成过度严厉。有时候，我们必须停止处理孩子的不良行为，而首先修复和孩子之间的关系。这种修复中包括的鼓励往往能消除孩子不良行为的动机，而无需再直接处理孩子的不良行为。在大人能够通过理解孩子的错误目的，从而理解孩子行为背后的信念之前，鼓励似乎也不会起作用。

这本书中有很多实例，说明如何在家里和学校里有效地运用正面管教的原理。一旦你理解了这些原理，你的常识和直觉就能够让你自然而然地把它们运用到你的生活中去。

成千上万的父母和老师，通过学习小组在学习正面管教概念的过程中相互支持。在这些学习小组里，没有谁是专家，每个人都自由自在地谈论自己犯过的错误，并且互帮互学。我们都知道，明白别人的问题的解决方法是多么容易——然后，我们就有了洞察力、客观性以及富有创意的想法。对于我们自己的问题，我们往往会因为纠缠于自己的情感，而丧失洞察力和常识。在学习小组里，父母和老师们发现自己并不孤独，没有谁是完美的，大家都有类似的烦恼。参加过学习小组的父母和老师们无一例外的反应都是："知道我不是唯一正在体验那种沮丧感的人，真让我如释重负啊！"知道别人和自己面临同样的难题，会使我们舒服一点。

在学习小组里，组织者明确地声明自己不是专家。如果没有人认为自己是专家，小组活动会更有效。小组长的职责是提出问题，并使小组活动不偏离初衷，而不是解答大家的问题。如果小组中没有人知道某个问题的答案，那就花时间从这本《正面管教》中找到答案。

本书后面的附录为成功地推动小组学习提供了一些指导原则。一个学习小组可以只有两个人，也可以多到 10 个人。如果超过 10 个人，每个人的参与机会就少了。小组成员的责任是按要求阅读指定章节，为小组讨论做好准备，并且与组长合作完成小组任务。如果某个小组成员没有时间读完指定的章节，他就无法从听大家的讨论和参与实验活动中得到收获。

你不需要一下子就接受这本书中的所有原理，可以只使用那些当时对你有意义的方法。而且，如果你觉得有些事情听起来不对，也不要把孩子连同洗澡水一起倒掉。此时你难以接受的一些概念，稍后可能会对你有更多的意义。一个小组成员说，她在自己的儿子身上尝试了一些原则，只是想证明它们是错的，结果，她惊讶地看到她和孩子的关系出现了积极的变化。后来，她成了一个家长学习小组的组长，因为她想把这些对她非常有帮助的概念推广给更多的人。

在你努力改变旧的习惯时，对你自己和孩子要有耐心。随着你对这些原理的理解的加深，在实际运用中就会越来越得心应手。耐心、乐观、原谅自己会促进你的学习过程。

还有一点要注意：每次只尝试一种新方法。你将要学习很多新概念和技巧，要成功地运用就需要练习。对自己期望太多，难免会令你困惑和沮丧。要每次用一种新方法，并且逐渐前进。还要记住，要把犯错误看成是学习的机会。

很多父母和老师们发现，在运用正面管教的概念和态度之后，尽管他们的孩子没有成为完美的人，但他们和孩子在一起比以前快乐多了。

这也是我对你的祝福。

目　录

正面管教是一种既不用严厉也不娇纵的方法……它以相互尊重与合作为基础,把和善与坚定融为一体,以此为基石,在孩子自我控制的基础上,培养孩子的各项技能……

第2章 几个基本概念

在知道“怎么做”之前，要先知道“为什么要这样做”。阿德勒的一些基本概念，有助于家长和老师们更多地了解人类的行为，理解孩子为什么会有不良行为，以及为什么正面管教方法能帮助孩子学会成为一个快乐的、有益于社会的人所必需的生活技能和态度……

第3章 出生顺序的重要性

对出生顺序的了解,能增进你对孩子们基于自己在家里的出生顺序的看法而可能形成的对自己的错误观念的理解。这是你走进孩子的内心世界的一条途径。家里的老大、老小、独生子、排行中间的孩子会对自己有怎样的看法?你怎样帮助孩子……

第4章 重新看待不良行为

孩子的不良行为背后有其错误观念和行为目的,但孩子意识不到,那是隐藏的“密码”。大人们要识别出这些不良行为背后的错误目的,才能有效地帮助孩子改变不良行为……最惹人讨厌的孩子,往往是最需要爱的孩子……

第5章　当心逻辑后果

逻辑后果只有在运用得当、正确的情况下，才能让孩子从中学到有益的东西，它不能成为伪装的“惩罚”，而自然后果在运用恰当的情况下，能培养孩子的责任感……

第6章　关注于解决问题

传统的管教方式关注的是教给孩子不要做什么，或者因为别人是"那么说的"而去做什么。正面管教关注的是教给孩子要做什么，关注问题的解决。孩子是整个过程的积极参与者，而不是被动的接受者……

第7章　有效地运用鼓励

孩子们需要鼓励，正如植物需要水。没有鼓励，他们就无法生存。但是，要对一个正在作出不当行为的孩子进行鼓励却不是一件容易的事，况且许多成年人不知道什么是鼓励……

第8章 班 会

班会为老师和孩子们提供了最好的环境来学习和实践合作、相互尊重以及专注于解决问题,给孩子们提供了培养“七项重要的感知力和技能”的机会,而且能够消除孩子们的行为问题并促进学业知识的学习……

第 9 章　家庭会议

家庭会议在培养孩子的能力和解决管教问题方面能够起到和班会同样的作用,而且也是加强家人之间的合作和亲密感的好办法,但由于家庭环境和需要解决的问题不同,家庭会议和班会也有一些不同之处……

第 10 章　你的性格对孩子性格的影响

正如孩子有自己意识不到的错误行为目的一样,大人也有自己意识不到的错误行为目的——生活态度取向。这是你从自己孩提时代的大量潜意识的决定积累起来的,决定了你的性格……

并且直接影响着你对孩子的态度和孩子的性格。

第 11 章 综合应用

当我们把本书中的原则和正确的态度结合起来时，我们就有了一个极好的管教工具箱，可以用来帮助孩子形成让他们受益终生的品质……

第 12 章　家里和教室里的爱与欢乐

正面管教的首要目标，是要让大人和孩子都能在生活中体验到更多的欢乐、和谐、合作、分担责任、相互尊重和爱……

第 1 章

正面的方法

如果你是一位老师，已经教了很多年的书，你是否还记得孩子们会整整齐齐地坐好，规规矩矩地听老师的话？如果你是一位家长，你是否还记得孩子不敢和父母顶嘴？也许你不记得有这样的事，但你的爷爷奶奶却可能会记得。

现在的许多父母和老师倍感沮丧，因为孩子们的行为已不再像他们自己在当年“过去的好时光”中那样了。这到底是为什么？为什么现在的孩子没有在以前的孩子们中普遍存在的那种责任感和上进心呢？

可能的解释有很多，比如家庭破裂、电视泛滥、电子游戏、妈妈全职工作等等。可这些因素在当今社会中是如此普遍，假如它们真的能够解释孩子给我们造成的挑战的话，那我们简直就该绝望了。（事实上，我们都知道，许多单亲家庭和双职工家庭，因为采用了有效的养育技巧，他们在孩子的管教方面做得相当出色。）对此，鲁道夫·德雷克斯有不同的见解。

他认为，二十世纪中期以来发生的一系列重大的社会变化是造成孩子们的变化的直接原因。这给了我们解决问题的希望。因为一旦我们能够意识到这些社会变化以及所造成的影响，我们就能够积极地采取一些措施加以弥补；在这个过程中，我们同时还可以消除很多人认为的因为家庭破裂、电视泛滥、电子游戏以及妈妈全职工作等原因所造成的一些问题。

第一个重大社会变化是，今天的成年人已经不再给孩子树立服从和顺从的榜样了。成年人忘记了自己的所作所为已经不再像“过去的好时光”那样了。还记得以前不论爸爸说什么妈妈都很顺从，或者至少表面上顺从吗？因为那是当时的文化所要求的。在那“过去的好时光”，很少有人会质疑“爸爸说了算”的观念。

但是，由于人权运动的发展，这一传统成为了历史。德雷克斯指出：“当父亲失去了对母亲的控制权时，父母双方也就失去了对孩子的控制权。”这就意味着妈妈不再给孩子树立顺从的榜样。这是社会的进步。“过去的好时光”中有很多事情其实并不真就那么好。

那时，顺从的样板随处可见。爸爸顺从不认同自己观点的上司，以免丢掉饭碗。少数族群以牺牲人格尊严为代价，屈居于顺从的角色。而今天，所有的少数族群都在积极地争取自己的权利，谋求完全的平等和尊严。我们很难再看到有谁愿意继续扮演卑下和顺从的角色。孩子们只是在追随他们周围的榜样。他们也希望得到平等和尊重。

重要的是要注意到，平等并不意味着完全相同。四个25分硬币和一张一元纸币完全不一样，但却等值。孩子显然不能拥有那些基于更丰富的经验、更熟练的技能和更充分的成熟之上的全部权利。成年人对孩子的引领和指导是很重要的。但是，孩子应该得到同等的尊严和尊重；他们也应该有机会在和善而坚定——而不是责难、羞辱和痛苦——的氛围中发展自己所需要的人生技能。

另一个很重要的变化是，今天的孩子很少有机会培养责任感和上进心。我们不再需要孩子像过去那样为家庭生计付出努力。相反，孩子们被以爱的名义给予的太多，而无需自己付出任何努力和投入，甚至认为这是理所应当的。太多的母亲和父亲相信，好爸爸好妈妈就应该保护孩子免遭任何挫折和失望，因此，他们会包揽孩子遇到的一切困难或对孩子过度保护，因而剥夺了孩子发展出对自己的信念——自己有能力把握生活中的起伏——的机会。因为忙于生计，或者不懂得让孩子对家庭有所贡献对于孩子成长的重要性，父母们常常忽视培养孩子自己动手的能力。我们常常剥夺孩子以负责任的方式作出贡献来获得归属感和价值感的机会，然后却反过来埋怨孩子，嫌他们没有责任感。

当父母和老师太严格和控制过多时，孩子们培养不出责任感；当父母和老师对孩子太娇纵时，孩子也培养不出责任感。孩子的责任感只有在和善而坚定、有尊严、受尊重的氛围中，有机会去学习具备良好品格所需要的有价值的社会和人生技能时，才能培养出来。

必须要强调的是，停止惩罚并不意味着允许孩子为所欲为。我们需要给孩子机会，让他们去体验与其享受到的特权直接相关的责任。否则，孩子就会成为只会依赖和接受的人，认为得到归属感和价值感的唯一方法就是操纵别人为自己服务。有些孩子会认为“他们不照顾我就是不爱我”。还有些孩子则因为做任何事都会招来羞辱和痛苦，而认定自己不该再努力。最悲哀的是，孩子们因为从来没有得到过能感到自己很能干的锻炼机会，而产生了“我不够好”的信念。这些孩子会将大量的精力用在反叛或逃避行为上。

当孩子们的聪明才智和精力全用在了操纵别人、反叛和逃避上时，他们怎么可能培养出成为有能力的人所必需具备的洞察力和技能来呢？在我和史蒂芬·格伦博士合著的一本书中，我们明确提出了成为一个有能力的人所必需的“七项重要的感知力和技能。”

七项重要的感知力和技能

1. 对个人能力的感知力——“我能行。”
2. 对自己在重要关系中的价值的感知力——“我的贡献有价值，大家确实需要我。”
3. 对自己在生活中的力量或影响的感知力——“我能够影响发生在自己身上的事情。”
4. 内省能力强：有能力理解个人的情绪，并能利用这种理解做到自律以及自我控制。
5. 人际沟通能力强：善于与他人合作，并在沟通、协作、协商、分享、共情和倾听的基础上建立友谊。
6. 整体把握能力强：以有责任感、适应力、灵活性和正直的态度来对待日常生活中的各种限制以及行为后果。
7. 判断能力强：运用智慧，根据适宜的价值观来评估局面。

如果允许孩子在为家庭生活做有意义的事情时与父母并肩做事、边干边学，他们就会自然而然地培养出这些感知力和技能来。具有讽刺意味的是，“过去的好时光”的孩子们有机会培养人生技能，却没有多少机会去运用。现在这个世界到处是机会，孩子们却往往还没有准备好。今天的孩子很少能有自然的机会感受到自己被需要以及自己的重要性，但父母和老师可以精心为孩子提供这种机会。这样做还会带来一个附带好处，那就是当父母和老师以更有效的方法来帮助孩子培养健康的感知力和技能时，孩子们的大多数行为问题也被消除了。因为，孩子的大多数不良行为正是源于上述“七项重要的感知力和技能”的缺乏。

表 1.1　大人与孩子之间三种主要互动方式

严厉 (过度控制)	·有规矩但没有自由 ·没有选择 ·“我要你怎么做，你就得怎么做。”
娇纵 (没有限制)	·有自由但没有规矩 ·无限制的选择 ·“你想怎么做，就怎么做。”
正面管教 (有权威的；和善与坚定并行)	·有规矩也有自由 ·有限制的选择 ·“在尊重别人的前提下，你可以选择。”

对那些为管教孩子而烦恼的父母和老师们来说，首先应该理解孩子为什么不再像我们以前那样听话了。我们必须明白，为什么以前行之有效的控制手段，对今天的孩子却不再起作用。我们必须明白，给孩子们提供机会——以前这是由环境提供的——培养他们的责任感和上进心，是我们不可推卸的责任。最重要的是，我们必须明白，在相互尊重和共同承担责任的基础上建立起来的合作，远比专横的控制更为有效（见表 1.1）。

选择不同方法的父母或老师的态度是完全不同的：

严厉型——“这些是你必须遵守的规则；这是你违反规则会得到的惩罚。”孩子不参与决策过程。

娇纵型——“我们没有规则。我相信我们会爱对方，并且会幸福，我相信你以后会选择自己的规则。”

正面管教型——“我们一起来制订对双方有利的规则。我们还要共同决定在遇到问题时对大家都有益的解决方案。当我必需独自作出决断时，我会坚定而和善，维护你的尊严，给予你尊重。”

约翰·普拉特博士通过3岁的乔尼在三个不同家庭吃早饭的故事，生动有趣地说明了三种方式之间的截然不同。

在一个严厉型的家庭里，只有妈妈才知道什么最好，乔尼完全没有选择早餐的余地。一个寒冷的雨天，全世界的控制型妈妈都知道，乔尼应该吃热乎乎的玉米粥才会扛过这样的天气。可是，乔尼却有不同的想法。他看了看玉米粥说："不好吃！我不要这东西！"

要是在一百年以前，做一个严厉的控制型妈妈可容易得多。她只需要说："吃！"乔尼就得乖乖地吃。现在可困难多了，妈妈为了让孩子听话，不得不走了下面这四步：

第一步：妈妈要说服乔尼他今天为什么需要吃热玉米粥。还记得你妈妈说你吃了玉米粥会怎么着吗？"这样你才会吃得饱饱的！"你能想出来一个3岁的孩子对这句话会有什么感觉吗？乔尼完全不为所动。

第二步：妈妈把玉米粥做得可口些。她试了各种方法——加红糖，加桂香，加葡萄干，加蜂蜜，加枫糖浆，甚至加巧克力。乔尼又尝了一口，还是说："真难吃！我讨厌这东西！"

第三步：妈妈试图给乔尼上一课，让他懂得珍惜生活。"乔尼，你想想非洲那些快要饿死的孩子吧！"乔尼仍然不为所动，回答道："那好，你给他们送去吧。"

第四步：妈妈这时已经被激怒了，觉得唯一的办法就是要因为他的不服从而教训他一顿。她打了他一巴掌，并告诉他只能去饿肚子了。

妈妈对自己处理这种情形的良好感觉维持了30分钟之后，便开始觉得愧疚。天哪，我没办法让我的孩子吃饭，要是别人知道了该怎么想啊？乔尼要是真的饿坏了可怎么办？

乔尼在外面玩了个够，一直等到妈妈的负疚感积累到了足够的程度才回家来，进门便大喊："妈妈，我的肚子饿瘪了！"

妈妈于是便开始了最可笑的说教——"我早就告诉过你……"的说教。她没有注意到乔尼正茫然地呆视着远方，无奈地等着她唠叨完。妈妈对自己的说教很满意。她已经履行了自己的职责——让乔尼知道妈妈多么正确。然后，她给了他一些饼干，打发他再出去玩儿。为了弥补早餐的营养损失，妈妈走进厨房，开始鼓捣猪肝和西兰花。猜一猜午餐会怎么样？

第二个场景出现在一个娇纵型家庭里，妈妈正在培养着未来的"无政府主义者"。当我们的乔尼走进厨房时，妈妈问道："宝贝，今天的早饭你想吃点儿什么？"

由于乔尼已经被这样训练了三年，他已经是一个货真价实的"宝贝"了，并且开始用从训练中得来的老套路操纵他的妈妈。他先要吐司加软煮蛋。妈妈一直做到第 10 个鸡蛋才算达到了他的要求。可是，乔尼这时却不想吃软蛋吐司了，他想吃炸吐司。家里还剩下三个鸡蛋，妈妈于是打蛋炸吐司。这时，乔尼正看电视，广告里播放"维蒂麦脆，冠军早餐"。他于是说道："妈妈，我要吃维蒂麦脆。"尝了一口维蒂麦脆之后，他又改变主意要白糖薄脆。家里没有白糖薄脆，妈妈赶紧去商店买回来。乔尼无需让妈妈内疚，就有本事让妈妈一天 24 小时团团转。

这些故事并不是夸张，而是现实生活中的实例。一位妈妈对我说，她的孩子除了炸薯片之外什么都不吃。我问她，孩子哪来的炸薯片。她声称，"他不吃其他东西！我只好买给他啊！"许多孩子就这么被培养成了小霸王，他们觉得只有这么指使着别人满足他们的需要，才会感到自己的重要性。

我们现在要来看一个"正面管教"式的家庭。在早餐开始之前，就有两个非常明显的不同。首先，乔尼先自己穿好衣服，收拾好床，然后来到厨房（后面会讲解怎样做到这一点）。第二个不同是，乔尼会帮着做些日常家务，比如摆碗筷、烤吐司、炒鸡蛋等等（对！3岁的孩子已经可以炒鸡蛋了，后面讨论家务的章节会再提及）。

今天的早餐是谷类食物。妈妈给了乔尼一个有限制的选择："你是要小麦圈，还是维蒂麦脆？"（她不买加糖的麦片。）

这个乔尼也看过"维蒂麦脆，冠军早餐"的广告，因此，他选了维蒂麦脆。尝过一口之后，他改了主意，说："我不喜欢吃这东西！"

妈妈说道："好吧。我们没办法把维蒂麦脆再变脆。那你出去玩吧，吃午饭时再见。"注意，妈妈省去了"控制型妈妈"的所有步骤。她既没有试图说服他，或者给他讲非洲挨饿的孩子，也没有想把麦脆调得更好吃些，更没有打孩子。她只是让孩子体验他的选择所带来的后果。

因为妈妈刚开始采用这种方法，乔尼试图让妈妈感到内疚。两个小时以后，他回来告诉妈妈他饿坏了。妈妈以尊重孩子的口吻说道："我想你肯定饿坏了。"她没有来那一套"我早就告诉过你"的说教，而是安慰道："我相信你会挺到中午的。"

假如乔尼懂事而且听话，这个故事到此就可以圆满结束了；可是，这种结果不会这么快就出现。乔尼还没有习惯妈妈这种新办法。由于没有得到自己想要的结果，他感到了沮丧，并且发起脾气来。这时，大多数妈妈会很自然地认为所谓的"正面管教"也没有什么效果。好在乔尼的妈妈清楚正面管教的节奏和步骤，理解这是我们在刚开始采用新的管教方式时往往会遇到的正常情形。

孩子们习惯于成年人惯有的回应。当我们改变回应方式时，孩子们可能会以夸张（更糟糕）的行为来试图得到他们所习惯的回应。这就是"踹饮料自动售货机效应"。当我们把钱塞进去而饮料不出来时，我们就会又踢又打，指望机器能像我们所期待的那样把饮料送出来。

“严厉型”管教的问题在于，不良行为虽然一遭到惩罚就会立即停止，但不久就会再次出现，而且是一而再、再而三地出现。

尽管在第一次使用正面管教方法时，孩子的不良行为或许反而会加剧，但是，你会注意到，在孩子再次出现不良行为之前，会有一段平缓期。当一个孩子体验到自己的操纵策略不起作用之后，他可能会再次试探——只是为了确认一下是否真的不管用了。只要我们坚持不懈地使用正面管教方法，孩子的不良行为的强度将会逐渐减弱，不良行为再次出现之前的平缓期也将会越来越长。

当我们注意维护孩子尊严、尊重孩子并且态度坚定时，孩子很快就会明白，他们的不良行为不会得到自己想要的结果，这会激励他们在保持自尊的情况下改变自己的行为。一旦我们认识到这一点，就会理解孩子的不良行为的短暂加剧与严厉型管教所带来的无休止的权力之争相比，实在算不了什么。

当乔尼发脾气时，妈妈可以用“冷静期”方法（后面有详细解释），走到另一间屋里去，直到双方感觉好起来。没有了观众，发脾气也就没那么好玩儿了。妈妈也可以用“我要抱抱法”（详见第7章），让俩人心里都好受些。如果孩子的年龄已经足够大，可以参与问题的解决，两人可以一起为问题找到一个解决办法。对于年龄较小的孩子，只需要其感觉好起来，或者转移一下注意力，往往就足以改变孩子的行为了。

这个故事以生动的事例说明了大人与孩子三种互动方式之间的区别，以及正面管教在取得长期的积极效果方面是多么有效。然而，对于有些父母和老师来说，要说服他们相信正面管教的长期好处，还要做许多工作。

许多大人怎么也不肯放弃对孩子过度控制的企图，因为他们错误地相信，除此之外的唯一选择就是对大人和孩子来说都很不健康的娇纵方法。那些被娇纵大的孩子总觉得这个世界欠他们的。他们从小就被训练得要用自己全部的精力和智力去操纵和烦扰大人满足他们的每一个愿望。他们将更多的时间用来想办法逃避责任，而不是培养自己的独立和能力。

当心！是什么在起作用！

很多人强烈地感觉到严厉和惩罚是很管用的管教方式。我同意。我永远不会说惩罚不管用。从通常能立即制止不良行为这一点来说，惩罚确实管用。但是，其长期效果是什么呢？我们常常被当时的效果所愚弄。有时候，我们必须要当心，当长期效果是负面效果时，到底是什么在起作用。惩罚的长期效果是孩子往往采用以下四个“R”中的一种或全部来“回敬”我们：

惩罚造成的四个 R

1. 愤恨（Resentment）——“这不公平！我不能相信大人！”
2. 报复（Revenge）——“这回他们赢了，但我会扳回来的！”
3. 反叛（Rebellion）——“我偏要对着干，以证明我不是必须按他们的要求去做。”
4. 退缩（Retreat）
    a. 偷偷摸摸——“我下次绝不让他抓到。”
    b. 自卑——“我是个坏孩子。”

孩子们通常不会清醒地意识到自己在遭受惩罚时内心所作出

的决定。然而，他们未来的行为就建立在这些潜意识之上。例如，一个孩子可能在潜意识中认定“我是一个坏孩子”，并会继续扮演“坏”的角色；而另一个也认定自己“坏”的孩子则可能会变成一个讨好者（总是寻求别人的认可），以此来求得他认为自己不配得到的爱。因此，大人更需要知道自己的行为会造成何种长期效果，而不要被当时的短期效果所愚弄。

我们究竟从哪里得到这么一个荒诞的观念，认定若要让孩子做得更好，就得先要让他感觉更糟？想想你自己上一次被羞辱或被不公正对待时的感觉吧。你当时有合作的意愿了吗？想要表现得更好了吗？闭上眼睛，想想最近一次（或者你小时候某一次）别人想以让你感到难受来激励你做得更好的情景。准确地回忆一下所发生的事情以及你的感受。要注意你是怎么想你自己的，又是怎么想别人的，以及你想将来要怎么做（尽管你当时很可能没有意识到自己正在作出决定）。你感觉到自己受到要做得更好的激励了吗？如果是，这种激励让你感觉好吗？是否是建立在你对自己或对他人的负面情绪之上的？你是否觉得更想要放弃努力或者掩盖错误，以免将来再受羞辱？或者你是否想舍弃自我，去讨好别人？基于受到惩罚时所产生的这种感觉和潜意识中的决定，孩子们不可能形成积极的人格。

有些父母和老师并不喜欢过度控制或者娇纵，但又不知道还有什么其他办法，他们就会在这两种无效管教方式之间来回摇摆。他们会尝试过度控制的方法，直到他们自己都无法忍受自己的专横行为。然后，他们会转而娇纵孩子，直到他们无法忍受孩子被宠得索要无度——所以，他们又转回到过度控制。

当过度控制对一些孩子似乎管用时，其代价是什么呢？研究表明，经常受到惩罚的孩子，要么变得极其叛逆，要么变得因恐惧而顺从。正面管教不以任何责难、羞辱或痛苦（肉体上的或精神上的）作为激励手段。另一方面，娇纵不论对大人还是对孩子都是一种羞辱，并会造成一种不健康的相互依赖，而不是依靠自己和相互合作。正面管教的目的在于获得积极的长期效果，以及立竿见影的合作意识和责任感。

由于许多父母和老师相信，放弃过度控制和严厉型管教之后的唯一选择就是娇纵，因此，明确“管教”的定义就非常重要。“管教”这个词常常被误用。很多人把“管教”和“惩罚”画等号，或者至少相信惩罚是有助于达到管教目的的一种方法。然而，“管教”（discipline）来源于拉丁文discipulus或disciplini，意思是“真理和原则的追随者”，或“受尊敬的领导人”。孩子们和学生们要成为真理和原则的追随者，他们的动力必须来自于内在的自我控制，也就是说，他们必须学会自律。而不论惩罚还是奖赏，都是来自于外在的控制。

如果既不严厉也不娇纵，那该怎么办？

正面管教是一种既不用严厉也不娇纵的方法。这种方式与其他管教方式有什么不同呢？其中一个不同是，正面管教对孩子和大人都不造成羞辱。

正面管教以相互尊重与合作为基础。正面管教把和善与坚定融合为一体，并以此为基石，在孩子自我控制的基础上，培养孩子的各项人生能力。

当大人用过度控制的方式来管教孩子时，孩子们依靠的是“外在的控制”，是大人始终在为孩子的行为负责。父母和老师们最常使用的过度控制方式就是奖励和惩罚。在这种方式下，大人必须随时捕捉孩子的好行为并加以奖励，随时捕捉孩子的坏行为以予以惩罚。是谁在承担责任？显然是大人！那么，当大人不在场时又会怎样呢？孩子们没法学会为自己的行为负责。

有趣的是，那些控制型的父母常常责怪自己的孩子没有责任感，而没有认识到正是他们自己在训练孩子不负责任。同样，娇纵也是在教导孩子不负责，因为无论是孩子或是大人都放弃了责任。

对于理解正面管教来说，最重要的概念之一就是——孩子们更愿意遵从他们自己参与制订的规则。当孩子们学着做一名对家庭、班级和社会有贡献的成员时，他们就会成为有健康自我概念的高效决策者。这是正面管教要达到的重要的长期效果。这里，我们可以归纳如下：

有效管教的 4 个标准

1. 是否和善与坚定并行？（对孩子尊重和鼓励）
2. 是否有助于孩子感受到归属感和价值感？（心灵纽带）
3. 是否长期有效？（惩罚在短期有效，但有长期的负面效果）
4. 是否能教给孩子有价值的社会技能和人生技能，培养孩子的良好品格？（尊重他人、关心他人、善于解决问题、敢于承担责任、乐于贡献、愿意合作）

惩罚不满足上述任何一条标准。正面管教方式中的任何一种方法都符合这四条标准。第一条标准——和善与坚定并行——是正面管教的基石。

和善与坚定并行

鲁道夫·德雷克斯把对待孩子时和善与坚定并行的重要性教给了我们。“和善”的重要性在于表达我们对孩子的尊重。“坚定”的重要性，则在于尊重我们自己，尊重情形的需要。专断的方式通常缺少和善；娇纵的方式则缺少坚定。和善而坚定是正面管教的根本所在。

许多父母和老师由于各种原因而对这个概念难以接受。其中的一个原因是，当孩子“故意惹恼他们”时，他们觉得不应该“和善”。我禁不住要问，如果大人要求孩子控制自己的行为，难道要大人学会控制自己的行为过分吗？往往正是这些成年人需要好好去“暂停”（time-out，在第6章有更多介绍）一下，直到他们的“感觉”好转以便能“做”得更好。

让成年人觉得难以做到“和善与坚定并行”的另一个原因是，他们不知道“和善而坚定”是什么样。他们很容易陷入一种恶性循环，在生气的时候过于坚定——或许是因为他们不知道除此之外还能怎么办；然后，他们又变得过于和善，以对自己的过度坚定进行弥补。

许多父母和老师对“和善”抱有错误的观念。他们在决定采用正面管教方法时所犯的最大错误之一就是，由于他们不想再惩罚孩子而变得对孩子过于娇纵。有些人错误地认为，对孩子“和善”就是取悦孩子，或是不让孩子有任何失望。这不是“和善”，这是娇纵。“和善”意味着既尊重孩子，也尊重自己。娇惯孩子并不是尊重孩子。不让孩子有任何失望也不是尊重孩子，它剥夺了孩子培养“抗挫折力”的机会。用语言表达对孩子感受的理解才是尊重孩子：“我看得出来你很失望（或者生气、心烦等等）。”然后，相信孩子能够经得起挫折并能由此培养出对自己的信心，也是尊重孩子。

现在，让我们来看看该怎样尊重自己。允许孩子对你（或者别人）不尊重，并不是“和善”。这正是让人有点难以理解的地方。不允许孩子以不尊重的态度对待你（或者他人），并不意味着你要用惩罚的方式来处理这种情形。惩罚是对人极大的不尊重。那你该怎么办呢？

我们假设孩子跟你顶嘴。“和善而坚定”的一种处理方式是你走开，到另一间屋里去。哈，我都能听见反驳我的声音：“那不就等于放过他啦？”我们来仔细分析一下。你虽然不能迫使别人以尊敬的态度对待你，但你可以自己以尊重的态度对待你自己。走开就是你以尊重的态度对待你自己；而且，这样做也给孩子树立了一个最好的榜样。你总可以在稍后再找孩子谈，这样每个人都有机会让情绪平静下来。心情好了，才能把事情做好。

你稍后可以跟孩子这么说：“宝贝儿，很抱歉你生这么大的气。我尊重你的感受，但不能接受你刚才的做法。今后，每当你不尊重我时，我都会暂时走开一下。我爱你，愿意和你在一起，因此，当你觉得你能够做到尊重我时，就来告诉我，我会很乐意和你一起找出处理你的怒气的其他方法。然后，我们可以把精力集中在找出对你我都尊重的解决办法上。”当你和孩子都平静下来的时候，最好让孩子预先知道你接下来会做什么。

值得强调的是，太多的父母认为在生气时就要解决问题。其实，这是最不适合解决问题的时候。在生气的时候，人们接通的是“原始脑”——其选择只有“战”（争夺权力）或者是“逃”（后撤，并且无法沟通）。我们不可能用“原始脑”作出理性的思考。我们会说些过后就后悔的话。在处理一个问题之前，先让自己冷静下来，直到能够用理性大脑来思考时再解决问题才有意义。这也是我们应该教给孩子的一项重要技能。有时候，“决定你要做什么”（这是你将在第 5 章里学到的一个好工具）要比试图让孩子去做什么好得多——至少在孩子愿意合作而不再和你较劲之前是如此。所以，要记住：和善等于尊重。

现在让我们来看一下“坚定”。大多数成年人习惯性地认为“坚定”就意味着惩罚、说教或者其他形式的控制。并非如此。当坚定与和善结合在一起时，就意味着对孩子、对你自己以及对当时情形的尊重。

我们以对孩子做出限制为例。大多数父母自己决定制订哪些限制，然后自己承担起实施限制的责任。但是，让我们来想想设立限制的目的是什么。其目的是为了保障孩子的安全，以及为了让孩子适应社会。而当大人以惩罚、说教、控制来实施他们设定的限制时，往往招致孩子的反叛和权力之争。这当然即不能保证孩子的安全，也无法让孩子适应社会。因此，我们必须换种方式，在制订和实施限制时要让孩子参与进来。例如，你们可以一起做头脑风暴①，制订孩子看电视、晚上外出玩耍或做家庭作业的限制。让孩子参与讨论（这意味着要让孩子说得比你多，至少是和你说得一样多）为什么限制是重要的、需要什么样的限制以及每个人为实施限制应承担怎样的责任。

例如，当你问孩子家庭作业为什么重要时，孩子就会告诉你（“这样才能学会”“这样才能取得好成绩”）。然后，孩子可以决定需要花多少时间、在什么时候写作业最合适。（父母们总是希望孩子放学一回家就做作业，而孩子们却想要先喘口气。当孩子们有机会自己选择时，就会感受到自己的力量）。一旦孩子自己决定了什么时间写作业最合适，你就可以和孩子一起设立一些限制，比如“电视只能看一个小时，而且必须是在完成作业之后。我只能在晚上七点到八点之间帮助你；其他时间，即使你做不完作业来求我，我也不会答应。”如果孩子理解了设立限制的必要性以及自己在其中的责任，并在此基础上参与限制的设立，他们就会更乐意遵从限制。

---

① 头脑风暴是指一群人（或小组）围绕一个特定的兴趣或领域，进行创新或改善，产生新点子，提出新办法。“头脑风暴”的五条规则是：①头脑风暴会上没有坏主意；②不对任何主意做积极或消极的评断；③注重数量，而不是质量；④在他人提出的观点之上建立新观点；⑤每个人和每个观点都有同等的价值。——译者注

当然，对于4岁以下的孩子，限制的设立是不一样的。父母需要为他们设立限制，但仍然需要以“和善而坚定”的方式实施。

当一个孩子违反了限制时，不要惩罚，也不要说教。要继续以尊重的态度对待孩子。要避免由你来告诉孩子发生了什么事情以及应该怎么办。你最好问一些启发性的问题：“发生了什么事？你觉得原因是什么？你现在打算用什么办法来解决这个问题？你从中学到了什么能避免下次再出现同样的问题？”

这里提个醒：如果孩子习惯了父母的说教和惩罚，他可能会说：“我不知道。”这时，你应该说：“你是一个很会解决问题的人。为什么不想一想呢，半小时以后我们再碰头，看看你想出了什么好办法。”

父母和老师们会习惯性对孩子进行说教，并对孩子提要求。孩子们经常以抵制或反叛作为回应。以下是一些“和善而坚定”的常用语，有助于你避免使用不尊重孩子的话语，并增进孩子们的合作：

- 等一下就轮到你啦。
- 我知道你能换一种尊重人的说法。
- 我很在乎你，会等到我们能相互尊重时再继续谈。
- 我知道你能想出一个好办法。
- 要做，不要说。（例如，平静地默默握住孩子的手，向孩子演示该怎么做。）
- 我们待会儿再说这件事。现在应该上车了。
- （当孩子在商店发脾气时）“我们现在要离开商店，待会儿（或明天）再来。”

当你决定不再用惩罚手段时，就需要练习新的技巧。而且，你需要花时间来帮助孩子学会相互尊重和解决问题的技巧。

相反相吸：当一个家长和善，而另一个坚定时

有趣的是，我们注意到，具有这两种相反观念的两个人往往会缔结姻缘。一个倾向于过于宽大，另一个则倾向于过于严厉。偏于宽大的那位家长觉得自己应该更宽大一点，以弥补另一位的刻薄和过于严厉。偏于严厉的那位觉得自己应该更严厉一点，以弥补另一位的黏黏乎乎、过于宽大。于是，他们之间的分歧越来越大，并为谁对谁错而争吵。实际上，他们两人的做法都是无效的。

帮助孩子和父母学会有效沟通的一个好方法是定期开家庭会议，使全家人能有机会在每周一次的家庭会议上用头脑风暴法来找出解决问题的办法，并从中选择出对所有家庭成员都尊重的方法。关注于解决问题，是让两位“相反的”家长互相靠拢、互相支持、共同帮助孩子的最好方法。在第 6 章对此有详细讨论。

帮助孩子体验到归属感和自我价值感（心灵纽带）

归属感和自我价值感是所有人的首要目标，孩子尤其如此。孩子的归属感和价值感是如此重要，以至于这是决定他们在学校的表现——不论是学习成绩还是同学关系——的首要因素。那些杀害其他同学和老师的学生，没有一个感受到了归属感和价值感。

惩罚无助于孩子培养归属感和价值感。这正是惩罚从长远来看没有效果的原因之一。正面管教的方法能帮助孩子感受到归属

感和自我价值感，这是贯穿全书的主题。第 4 章将会详细讲解当孩子缺乏归属感和自我价值感时，会有哪些不良行为，以及产生这些不良行为的原因。

是否长期有效？

父母和老师们坚持使用惩罚手段的首要原因之一是，惩罚有效——短期有效。惩罚通常会立即制止不良行为，但问题在于成年人不了解惩罚的长期效果。受到惩罚的孩子不可能会想："噢，谢谢你，这对我太有帮助了。我几乎都等不及让你帮我解决所有问题了。"相反，他们想的是反叛（只要逮到机会），或者以严重地丧失自我为代价而屈从。

成年人使用惩罚手段的另外一些原因是，他们担心不惩罚就只能娇纵孩子；他们害怕会对孩子失去控制；害怕没有尽到作为父母和老师的责任。而且，惩罚很容易。你根本不需要告诉大人怎样惩罚孩子。他们无师自通。惩罚常常是一种"反应性"的回应。但要采用有效的管教方式，则需要努力、需要学习技巧。

成年人使用惩罚——尽管它并没有长期效果——的最后一个原因是，他们不知道还能怎么办。本书提供了许多替代惩罚的、长期有效的方法——并且符合下面这最后一条有效管教的标准。

教给孩子具备良好品格所需要的有价值的社会和人生技能

对大多数父母和老师来说，这是一个全新的概念。他们完全没有想到过"管教"居然能够教给孩子社会技能和人生技能。如果你查看一下对惩罚所导致的长期效果的研究，你会发现惩罚教给孩子的是暴力、偷偷摸摸、不自尊自爱以及其他的负面“技能”。在你学习正面管教方法的过程中，你会注意到我们介绍的所有管教方法不但能够制止孩子的不良行为，而且还会教给孩子具备良好的品格所需要的有价值的社会技能和人生技能。

正面管教之旅

在踏上正面管教的旅程之时，我们就应该记住自己的目标。你到底想让孩子得到什么？每当我们要求父母和老师们写一张清单，列出他们希望帮助孩子培养哪些品格时，他们想到的是下面这些品质：

正面的自我概念	好学
责任感	礼貌
自律	诚实
合作	自我控制
开放的思维	耐心
善于客观地思考	幽默感
尊重自己和他人	关心他人
同情心	解决问题的能力
接纳自己和他人	智慧
热爱生活	正直

如果这个清单遗漏了你所希望的品格，请补充上去。在你学习正面管教方法的过程中，要把这些品格记在心里。你会明显地发现，当孩子们积极地参与到相互尊重、合作、注重解决问题的正面管教中来的时候，他们就会培养出这些品格来。

回顾

正面管教工具

1. 废除惩罚
2. 废除娇纵
3. 和善而坚定
4. 给孩子培养“七项重要的感知力和技能”的机会
5. 当心是什么在起作用（惩罚带来长期负面的效果）
6. 放弃荒诞的观念——“若想让孩子做得好就要先让他感觉糟”
7. 让孩子参与到设立限制中来
8. 问启发式的问题
9. 使用和善而坚定的话语

问题

1. 孩子的行为不再像“过去的好时光”那样的两个主要原因是什么？

2. “七项重要的感知力和技能”是什么？为什么缺乏这些会导致孩子的不良行为？

3. 有哪三种管教孩子的方式？它们之间有什么区别？

4. 讨论正面管教和其他管教方式的两种最主要的区别，以及为什么这些区别对长期效果非常重要。

5. “当心是什么在起作用”是什么意思？

6. 惩罚造成的四个“R”是什么？请讲述你曾经体验过的四个“R”的感受，并分析原因。

7. 严厉管教方式带给孩子的长期效果是什么？为什么？

8. 正面管教带给孩子的长期效果是什么？为什么？

9. 为什么有时候事情在变得更好之前会先变得更糟糕？

10. 你希望孩子通过和你的互动，培养出哪些内在的优良品格？

11. “有效管教的 4 个标准”是什么？它们为什么能带来有效的长期效果？惩罚符合这些标准吗？

12. 和善与坚定并行的常用语是什么？

第2章

几个基本概念

这本书里有上百条非惩罚式管教的实用建议。然而，在知道“怎样做”之前，最重要的是要先知道“为什么要这样做”。太多的父母和老师因为不了解人类行为的一些基本概念，而使用那些没有长期有效结果的管教方法。本章以及后两章介绍阿德勒的一些基本概念（以及许多实用建议），有助于父母和老师们更多地了解一些人类的行为，理解孩子为什么会有不良行为，以及为什么正面管教方法能帮助孩子学会成为一个快乐的、有益于社会的人所必需的人生技能和态度。

阿尔弗雷德·阿德勒是一个超越其时代的人。远在“平等”流行起来以前，他就已经在维也纳（和弗洛伊德分手以后）大力提倡人类平等，包括各种族、妇女、儿童的平等。他的讲演和讲座大受欢迎。阿德勒是一位犹太裔的奥地利人，为躲避纳粹迫害不得不背井离乡以继续他的事业。

鲁道夫·德雷克斯曾经和阿德勒密切合作，在阿德勒于1937

年去世以后，他继续发展了阿德勒心理学。他写作或与别人合著了大量的著作，帮助父母们和老师们了解阿德勒理论在实际中的应用，以改善他们在家里和学校里与孩子之间的关系。

有一件事让德雷克斯一直忧心忡忡，因为许多想把他的建议应用到孩子身上的父母和老师对一些基本概念并不理解，这导致他们曲解了很多方法，并用这些方法来“赢了”孩子，而不是“赢得”孩子。所谓“赢了”孩子是指大人用控制、惩罚的手段战胜了孩子；而“赢得”孩子则是指大人维护孩子的尊严，以尊重孩子的态度对待孩子（和善而坚定），相信孩子有能力与大人合作并贡献他们的一份力量。这需要大人给予孩子大量的鼓励，并要花时间训练孩子的基本人生技能。

“赢了”孩子，使孩子成为失败者。而失败通常会导致孩子反叛或盲目顺从。这两种品格都非我们所愿。而“赢得”孩子则意味着获得孩子心甘情愿的合作。

误解正面管教基本概念的一个例子，就是家长和老师们普遍会在使用“逻辑后果”时附加上羞辱，因为他们错误地认为，孩子若不为自己的错误吃些苦头，就不会得到教训。羞辱的确有可能会激发孩子做得更好，但对孩子的自我价值感会造成多么巨大的损伤呢？他们是否会变成“讨好者”或“总是寻求别人的认可”——认为自己的价值取决于别人的认可？他们是否虽然做得更好了，但却因为害怕将来失败而不再敢冒险？他们在大人的责备、羞辱和痛苦以及造成的失望中所得到的教训，是否会使他们变得越来越不自尊？还是孩子从大人的同情、鼓励、无条件的爱和所赋予的权力中所学到的东西能使他们获得人生技能的锻炼以及健康的自我价值感？

自尊：一个容易造成错觉的概念

由于提到了“自尊”，那么首先给这个词下个定义就很重要——尽管专家们的定义并不一致。我是“加州自尊促进会”的成员，听促进会其他成员辩论“自尊”的定义很有意思。

我相信，如果我们认为自己能够给予孩子自尊，实际上就是对孩子的一种伤害。一场“给孩子自尊”的运动延续至今，内容包括赞扬、快乐小贴纸、笑脸以及让孩子做“今天最重要的人”。这些都可以是好玩儿而无害的，只要孩子不认为自己的自尊取决于外在的他人的评价。如果出现这种情况，孩子可能就会变成“讨好者”或“总是寻求别人的认可”。他们就学会了观察别人的反应来判断自己行为的对错，而不是学会自我评价与内省。他们培养出来的是“他尊”，而不是“自尊”。

你注意到“自尊”这个词能给人造成怎样的错觉了吗？昨天，你可能觉得自己很伟大。然后，你犯了个错误，并开始自责，或者听到了别人对你的批评——突然之间，你的自尊便烟消云散了。

我们能为孩子做的最有益的事情，就是教孩子学会自我评价（详见第7章），而不是让他们依赖于别人的赞扬或观点。大人应该教会孩子把犯错误当成学习的大好时机。通过允许孩子经历失败，他们就能够在问题出现时学会怎样自己去解决。让孩子学会适应将使他们受益无穷，这样才能使他们知道如何对待人生中的跌宕起伏。让孩子有大量机会在家里、学校和社区作出有意义的贡献，孩子就会受益良多。归属感和自我价值感是这里的关键。

我最喜欢的动画片《史努比的故事》中有一个情节：

露西问莱纳斯：“今天在学校过得怎么样？”

莱纳斯回答："我没上学。我去了学校，打开门问：'这里有谁需要我吗？'没人回答，所以我就回家了。"孩子们需要感觉到自己被人需要。

当孩子们有了在第1章讨论的"七项重要的感知力和技能"的优点时，他们就会拥有强烈的自尊并有能力处理"自尊"的错觉。大人可以通过"赢得"孩子而不是"赢了"孩子来创造一种积极的学习环境。

"赢得"孩子

当孩子们觉得你理解他们的观点时，他们就会受到鼓励。一旦他们觉得被理解了，就会更愿意听取你的观点，并努力找出解决问题的方法。记住，在孩子们感到你的倾听之后，他们才更可能听你的。下面的"赢得合作的四个步骤"是一个非常好的方法，它能营造出一种让孩子愿意听、愿意合作的气氛。

赢得合作的四个步骤

1. 表达出对孩子感受的理解。一定要向孩子核实你的理解是对的。
2. 表达出对孩子的同情，而不是宽恕。同情并不表示你认同或者宽恕孩子的行为，而只是意味着你理解孩子的感受。这时，你如果告诉孩子，你也曾有过类似的感受或行为，效果会更好。
3. 告诉孩子你的感受。如果你真诚而友善地进行了前面两个步骤，孩子此时就会愿意听你说了。
4. 让孩子关注于解决问题。问孩子对于避免将来再出现这类问题有什么想法。如果孩子没有想法，你可以提出一些建议，直到你们达成共识。

友善、关心和尊重是上述四个步骤的根本。你决定要赢得孩子的合作就足以为你带来积极的感觉。经过头两个步骤之后，你也已经赢得了孩子。等你进入第三步时，孩子就已经能听得进你的话了（哪怕是你以前说了多少遍，孩子都听不进去的话）。第四步肯定会很有效果，因为你已经营造出一种相互尊重的气氛。

马丁内斯太太与我们分享了她下面的这个经历。她的女儿琳达放学回到家，抱怨老师在全班面前朝她吼叫。马丁内斯太太双手叉腰，以一种指责的口气问道：“哼，你做了些什么？”

琳达垂下眼帘，生气地回应道：“我什么也没做。”

马丁内斯太太说：“得了吧，老师才不会无缘无故地吼学生呢。你到底做了些什么？”

琳达阴着脸颓丧地坐在了沙发上，怒视着妈妈。马丁内斯太太继续以指责的口吻说道：“那么，你怎么做才能解决这个问题？”

琳达怒气冲冲地回答道：“没什么可做的。”

这时，马丁内斯太太想到了“赢得合作的四个步骤”。她深吸一口气，换了一种态度，以一种友善的语气说道：“我敢肯定老师当着其他人的面吼你，你觉得非常丢脸。”（第一步，表达理解。）

琳达抬起头来，有些狐疑地望着妈妈。马丁内斯太太接着说：“我记得我上四年级的时候，有一次算术考试，我站起来削铅笔，老师就当着全班的面吼了我。我觉得又丢脸又生气。”（第二步，表达出同情，而不是宽恕——并且告诉孩子自己也有类似经历。）

琳达这时感兴趣了。“真的？”她说，“我不过是向别人借支铅笔。我当然认为老师为这么点小事吼我很不公平。”

马丁内斯太太说："嗯，我很理解你肯定会那么想。你看能不能想一个什么办法，免得以后自己再这么难堪？"（第四步，让孩子关注于解决问题。第三步在这个例子中没有必要。）

琳达回答道："我想我可以多准备几只铅笔，这样就不用找别人借了。"

马丁内斯太太说："这听上去像是个好主意。"

马丁内斯太太的一个目的是要帮助琳达找到一些办法，免得惹老师生气和批评。注意，当她第一次让琳达想办法解决问题时，琳达正因为心里充满了敌意而无法与妈妈合作。一旦妈妈采用了鼓励的方法（通过"赢得合作的四个步骤"），琳达就感到了亲近和信任，而不再是疏远和敌意，并且愿意想办法解决问题了。当妈妈能够从琳达的角度来看问题时，琳达就不再觉得需要戒备了。

当琼斯太太得知自己6岁的儿子杰夫偷了东西以后，她也使用了"赢得合作的四个步骤"。她找了个没人打扰的时间，让杰夫坐到她腿上。然后，她告诉杰夫，她听说他从商店里偷了一袋泡泡糖。（注意，她并没有通过问孩子是否做了什么事而给孩子"设圈套"，因为她已经知道孩子做了什么。）随后，她告诉孩子，她上五年级的时候，曾经有一次从商店里偷了一块橡皮；她知道那样做很不应该，心里非常愧疚，所以觉得那样做实在不值得。杰夫辩解道："反正小店里有那么多泡泡糖。"

琼斯太太引导杰夫讨论店主需要卖多少泡泡糖和其他东西，才能挣到足够的钱来付房租、店员工资、仓储积压，以及养家糊口。杰夫承认自己从来没有想到过这些。她和孩子还讨论了他们多么不喜欢别人来拿走自己家的东西。杰夫发自内心地说自己再也不想偷东西了，并且要去小店为自己偷的泡泡糖付钱。琼斯太太主动要和他一起去，以示道义上的支持。

琼斯太太能够赢得杰夫，是因为她没有指责、羞辱或说教。

杰夫不必因为自己所做的事情就觉得自己是个坏蛋，而且他愿意从社会责任感的角度去探讨不再那么做的原因。而且，他能够参与问题的解决——尽管对他来说很尴尬——这对他未来的行为来说是很有价值的一堂人生课。他之所以能做到这些，是因为他妈妈造成了一种支持的感觉，而不是指责和辩解。

我们言行背后的感觉

我们言行背后的感觉比我们做了什么或说了什么更重要。我们做了什么永远不如我们怎么做的更重要。我们的行为背后的感觉和态度，决定了我们会怎么做。当一个人问“你从这件事中学到了什么?”时，既可以用一种责备和羞辱的腔调，也可以用一种表达同情和兴趣的语气。他既可以营造出一种让人感到亲近和信任的气氛，也可以造成一种疏远和敌意的氛围。令人奇怪的是，居然有那么多大人相信，在他们制造出距离和敌意而非亲密和信任之后，他们能够对孩子造成积极的影响。(他们真的相信吗? 还是他们想都没想就那么做了?)

我们说话的语气往往能最准确地表达出我们言语背后的感觉。羞辱的语气违背了相互尊重的基本原则，还会把本来的“逻辑后果”变成无法达到长期积极效果的惩罚。如果一个孩子把牛奶洒到了地板上，其逻辑后果（或解决办法）应该是让她清理干净。只要大人以和善而坚定的话语——比如，“哎哟。你该怎么办?”——来引起孩子的注意，就是一个逻辑后果（或解决方法)。注意，问孩子该怎么做要比告诉孩子怎么做，更能引起孩子的注意。问孩子而不是告诉孩子是最有效的正面管教方法之一，这在第 6 章里将会详细介绍。告诉孩子怎么做会引起孩子的抗拒和反叛。以尊重的态度让孩子参与，则能使孩子感受到自己有能力以一种有益的方式运用自己的力量。当大人不用和善而坚定的语气说话或夹带着羞辱时，请求就变成了惩罚，比如，“你怎么这么笨呢？马上清理干净。从现在开始让我倒牛奶，因为看来你倒不好。”

阿德勒的心理学给我们提供了一套基本概念，为我们增进对孩子和我们自己的了解提供了宝贵的知识财富，其价值远非仅是一套理论而已。没有鼓励、理解和尊重的态度，就会丧失基本观念。如果我们不理解这些态度，则学到的方法就会沦为对孩子的不尊重的操纵。如果我们能时刻问自己，“我这样做是在给予孩子力量，还是在挫伤他们？”我们在对待孩子时就会更有效。

阿德勒的基本概念

1. 孩子是社会人

人的行为取决于所处的社会环境。孩子对自己的看法以及如何行事，是以他们怎样看待自己与他人的关系，以及他们认为别人怎样看待他们为基础的。记住，孩子随时随地都在做着决定，并形成着对自己、对世界以及对应该做什么才能求存或成长的信念。当他们“茁壮成长”的时候，他们就在发展着“七项重要的感知力和技能”（见第1章）。而当他们处于“求存”状态的时候（努力地想如何得到归属感和价值感），大人通常会将其看作不良行为。当你能够把不良行为看作是孩子们的“求存模式”的时候，你对不良行为的看法是否就不一样了？

2. 行为以目的为导向

行为是以在一定的社会环境中想要达到的目的为基础的。首要的目的就是归属。孩子对想要达到的目的并没有清醒的意识。有时候，他们对于如何达到自己的目的的想法是错误的，并且其行为方式所达到的效果往往与其目的背道而驰。比如，他们想要得到归属感，但他们为达到这一目的所做的努力很笨拙，其行为就会惹人讨厌。这会成为一个恶性循环。他们的行为越是惹人烦或生气，他们就会越急迫地追求归属感，因此也就越发令人讨厌。

德雷克斯解释说："孩子们的察觉能力很强，但解释能力却很差。"孩子们并非是存在这一问题的唯一群体。下面的情形就是这种状况如何开始的一个好例子。

当阿黛尔（2岁）的妈妈带着刚出生的小弟弟从医院回到家里时，阿黛尔发觉妈妈给予小宝宝很多的关注。糟糕的是，阿黛尔将此解释为，这意味着妈妈爱小宝宝胜过爱她。这并非事实；但阿黛尔的看法比事实更重要。她的行为将取决于她所相信的事实，而不在于真正的事实。阿黛尔的目标是想要重新获得她在妈妈心中的特殊地位，并且她错误地认为达到这一目的的办法就是表现得像个小宝宝，因此她可能会需要奶瓶、会把臭臭拉到裤子里，并且爱哭。结果，她适得其反，妈妈对此感到很沮丧、很厌烦，而不是充满爱意和亲切。

3. 孩子的首要目的是追求归属感和价值感

当我们看到所有行为的目的都是在一定的社会环境中追求归属感和价值感时，就知道孩子的首要目的是追求归属感和价值感了。正如上述事例所表明的那样，孩子的不当行为建立在对怎样达到归属感和价值感的错误想法之上。

4. 一个行为不当的孩子，是一个丧失信心的孩子

一个行为不当的孩子是在试图告诉我们："我感受不到归属

或自我价值，而且我对如何得到它们抱有错误的想法。”当一个孩子的行为令人讨厌时，就很容易理解为什么对大多数大人来说，很难不去在意孩子的不良行为，并且很难记得其背后的真实含义和信息——“我只是想有所归属”。理解这一概念，是大人更有效地帮助行为不当的孩子的第一步。这有助于你成为“密码破译者”。当一个孩子行为不当时，请你把这一错误行为看成一个密码，并且问你自己：“她真正想要告诉我的是什么呢?”记住，虽然孩子并不能清醒地意识到自己的密码信息，但当你处理她的隐含想法，而不是仅仅针对其不良行为作出反应时，孩子就能深深地感受到自己被理解了。如果你能够牢记，在不良行为的背后，是一个仅仅想要有所归属并且不知道该怎样以一种恰当、有效的方式来达到这一目标的孩子，你对不良行为就会有不同的感觉。而且，仔细审视一下是否是你的行为招致了孩子相信自己无所归属或没有价值，也会有帮助。这前 4 个概念将在第 4 章做更详细讨论。

5. 社会责任感或集体感

阿尔弗雷德·阿德勒的另一个重要贡献是他提出的“Gemeinschaftsgefühl”概念，这是阿德勒创造的一个优美的德文单词。英文中没有恰当的对应单词，阿德勒最后选择了“社会利益”这个词（而我用“社会责任感”）。它是指一个人真心关心同伴，并且真诚地想为社会作出贡献。下面的故事很好地表达了“社会责任感”的含义。

从前，有两个兄弟共同拥有一个农场。碎石土质和干旱使得兄弟俩的生活非常艰难，但他们一直均分收成。他们两个中一个有妻子和五个孩子；另一个是单身汉。一天晚上，成了家的那个兄弟睡不着觉，当他想起两个人之间的安排是多么不公平时，辗转反侧了一夜。他想：“我兄弟没成家也没孩子，到老了都没人照顾。他实在需要比一半更多些。明天我要提出给他三分之二的收成。那样才更公平。”那天晚上，另一个兄弟也无法入睡，因为他也认为均分收成不公平。他想：“我兄弟有妻子和五个孩子要养活。他们对农场付出的劳动也比我多。我兄弟应该得到比一半更多。明天我要提出给他三分之二的收成。”第二天，这两兄弟见面后各自说出了他们认为更公平的打算。这就是社会责任感起作用的一个例子。

阿德勒有一个他称之为“14 天治愈计划”的方案。他宣称，只要完全按照他的要求去做，他就能够在 14 天之内治愈任何有心理疾患的人。一天，一个极度抑郁的妇女来找阿德勒。他告诉她：“如果你遵从我的建议，我可以在 14 天之内治愈你的抑郁症。”

她蔫蔫地问道：“你要我干什么？”

阿德勒回答：“如果你每天为别人做一件事，坚持 14 天，到时候你的抑郁症就会消失了。”

她反对道：“凭什么我要替别人做事？从没有人替我做任何事。”

阿德勒打趣说：“哎哟，那你可能需要 21 天了。”他接着补充说：“如果你实在想不出愿意为别人做的事，那就想想看，假如你有心情去做的话，可以做些什么吧。”阿德勒知道，哪怕她仅仅是想想能为别人做些什么，她就已经走上改善之路了。

培养孩子的社会责任感是极其重要的。如果年轻人不学习成为对社会有用的一员，学知识又有什么用处呢？德雷克斯常常说：“不要替孩子做任何她自己能做的事情。”其原因就在于，如果我们替孩子做得太多，就剥夺了他们通过自己的体验来发展出对自己能力的信念的机会。他们反而会认为自己需要别人的照顾，或者他们“理应”享受特别的服侍。

培养孩子社会责任感的第一步，是要教导孩子依靠自己。然后，他们才能为帮助他人做好准备，并在帮助别人的时候感到自己特别能干。当大人扮演“超级妈妈”或“超级老师”的时候，孩子们就学会了期待这个世界为他们服务，而不是他们为这个世界服务。正是这些孩子，如果他们不能如愿以偿，就会认为不公平。当别人拒绝侍候他们的时候，他们就会为自己感到难过，或者以某种伤害性或者破坏性的行为寻求报复。当他们寻求报复时，他们对自己的伤害往往与对别人造成的伤害是一样的，甚至超过对他人的伤害。

在另一个极端，是一些父母和老师太过忙碌，没有时间教孩子为培养好的品格而学习社会和人生技能。恰恰就是这些成年人为孩子不“守规矩”而感到气恼。我不明白他们认为孩子能从哪里学到恰当的行为。对于孩子的不良行为，太多的大人只是“责备”孩子，而不是承担他们自己应尽的职责。

正面管教通过促进社会责任感，能帮助大人和孩子走出这一恶性循环。父母和老师们常常不知道，他们为孩子所做的很多事情是孩子自己本来能做的。他们没有花时间教孩子学习如何对家庭和班级作出贡献。我们不妨来列个清单。请问老师们，你在班级里做的多少事情是可以由孩子们自己来做的？请问父母们，你为孩子做的多少事情，是仅仅为了图省事，而不是为了帮助孩子通过自己动手来感觉到自己的能力？

在我与人合著的《教室里的正面管教》中，我们谈到了让学生们参与头脑风暴，讨论需要在教室里所做的所有事情的重要性。虽然老师也可以参与到这种头脑风暴中，但是，一旦让孩子们这么做，他们能够想出的事情之多简直令人惊讶。在列出孩子们能做的事情的清单之后，要为每一项工作找一名志愿者。老师要确保每一个学生都有任务，甚至可以有一个“监督员”。建立一个工作轮换制度（在学生们的参与下）是很重要的，这样就没有人会在太长的时间里做不那么诱人的事情。非常明显的是，分担任务会增强孩子们的归属感、教给孩子们人生技能，并且让孩子体验到社会责任感。

6. 平等

现在很少有人会对平等这个概念感到困扰，可是面对孩子就不一样了。一旦涉及到孩子，就会有很多反对意见。他们会问："孩子们没有与我们同样的经验、知识或责任感，他们怎么能和我们平等呢？"

正如在第 1 章所强调的那样，平等并不意味着"完全相同"，阿德勒所说的平等，是指所有的人对"尊严"和"尊重"有同等的要求。大多数成年人都能够接受孩子们和大人具有同等的价值。这正是为什么正面管教摒弃羞辱的原因之一。羞辱与"平等"和"尊重"的概念背道而驰。

7. 犯错误是学习的好时机

我们从小得到的教育是要为犯错误而羞愧。其实我们都不完美。我们需要达成的是，要有勇气改变我们对"不完美"的信念。这是最令人鼓舞的观念之一，也是在我们的社会中最难达成的观念之一。世界上没有完美的人，可是每个人都在这样要求自己和别人——尤其是孩子。

闭上你的眼睛，想一想你小时候犯了错误时从父母和老师那里得到的讯息。那都是些什么讯息呢？你或许想把它们写下来。当你犯了错时，你得到的讯息是不是你愚蠢、无能、坏蛋、没出息、木头人？再闭上眼睛，想想某次你因为犯错而遭到的训斥。你当时是怎么想你自己的？你想将来要怎么办？记住，你当时不知道自己做了什么决定；但当你回过头去看时，你当时的决定通常就很清楚了。有些人认定自己无能或者自己是坏蛋；另一些人因为害怕做得不够完美而受到羞辱，从而决定不再冒风险。正如上面提到过的那样，太多的孩子决定变成个“讨好者”，以他们的自尊为惨重代价去取悦大人。另外还有一些孩子会决定掩盖自己的错误，并想尽办法避免被抓到。这是能鼓励孩子发展有价值的人生技能的讯息和决定吗？当然不是。

当父母和老师们就孩子的错误传达给孩子的是负面讯息时，他们常常是好意。他们是在试图激励孩子“为了自己好”而做得更好些。他们没有花时间考虑他们的方式所造成的长期效果。有那么多的养育方法和教育方法是建立在“让孩子害怕”之上的。成年人担心，如果他们不“使”孩子做得更好，他们就没有尽职。太多的人担心邻居会怎么想，而不是孩子能从中学到什么。另外一些人担心如果自己不让孩子充满恐惧和羞辱，孩子就永远不会做得更好。大多数人的担心是因为他们不知道还能怎么办——并且担心如果他们不让孩子遭到责难、羞辱和痛苦，就是在娇纵孩子。大人往往会以对孩子更多的控制来掩饰自己的担心。

其实，还有其他办法——不是娇纵，而且不需要以降低孩子的自我价值感为代价——能真正激励孩子做得更好。那就是，我们自己要学会、而且也要教孩子学会把犯错误看做一个让人兴奋的学习机会。要是我们能听见一个大人对孩子这样说话该有多好：“你犯了一个错误，太好了！我们从中可以学到什么？”我说的确实是“我们”。在孩子犯的大多数错误中，我们都难辞其咎。孩子的很多错误是因为我们没有花时间训练并鼓励他们。我们常常激起孩子的反叛，而不是令人鼓舞的进步。我们要做勇于接受“不完美”的榜样，以便孩子从我们身上看到犯错误确实是一个学习的好机会。

孩子们在家庭会议和班会（见第8章和第9章）上会学到并练习如何把错误看作学习的机会。很多家庭发现，晚餐时间让每个人说出自己当天犯的一个错误，以及自己从中学到了什么，是个很有益的方法。有些老师每周在一次班会上（每天一次）找出时间让每个学生说出自己犯的错误，以及从中学到了什么。孩子们每天都需要看到犯错误的价值所在——并且在一种友善的环境下从错误中学习。

本书最重要的主题——你会反复看到的一个主题——就是学会怎样把管教中所遭遇的挑战作为你学习的机会。然而，大人首先需要改变自己对犯错误的任何负面观念，这样他们才能为鲁道夫·德雷克斯所说的“不完美”树立榜样。下面的“矫正错误的三个R”，是树立“勇于不完美”榜样的一个绝佳的方法。

矫正错误的三个R

1. 承认（Recognize）——“啊哈！我犯了一个错误！”
2. 和好（Reconcile）——“我向你道歉。”
3. 解决（Resolve）——“让我们一起来解决问题。”

当我们把犯错误看作一个学习机会而不是什么坏事时，为自己的错误承担责任就变得容易多了。如果我们把犯错误看成一件坏事，我们会倾向于觉得自己无能，感到灰心，并且可能会为自己辩解、推托、轻下判断或者好批评——既对别人又对自己。另一方面，当把犯错误看作是一个学习机会的时候，承认错误就好像变成了一次让人兴奋的探索，“我想知道我能从中学到些什么”。自我原谅是“矫正错误的三个R”中第一个R（即承认）的一个重要因素。

你注意过当我们愿意道歉时，孩子是多么善于原谅我们吗？你曾经对孩子说过“对不起”吗？如果你说过，孩子是怎么回应的？我在世界各地讲演时多次问过这个问题，听众的回答都是一致的。当大人诚恳地道歉时，孩子们几乎总是会说：“没关系，妈妈（或爸爸，或老师）。”孩子可能在一分钟以前还对大人的不尊重行为感到生气和憎恶（而且很可能正是大人应得的），而一旦大人说一句“对不起”，孩子就彻底原谅了。

“矫正错误的三个 R”中的前两个——承认与和好——为第三个 R（解决问题）营造出一种积极的氛围。在充满敌意的气氛中试图解决问题绝对不会有好效果。

正像大多数成年人和孩子一样，即使我很明白应该怎么做，可有时却不一定能照着去做。作为一个人，我们很容易被情绪左右而失去正常的理智（倒退到“爬行动物大脑”的控制）。这时，我们会不假思索地做出反应，而不是深思熟虑的行为。我深深喜爱正面管教原则的一个原因就在于，不论我犯了多少错误，也不论我的错误造成了多少麻烦，我总是能回归到正面管教原则上来，从我的错误中学习，清理我造成的麻烦，而且能让事情变得比我犯错误之前更好。

因为我犯过那么多的错误，“矫正错误的三个 R”就成了我最喜爱的概念之一。我自己就有一个“标志”性的案例。有一次，我对当时只有 8 岁的女儿说：“玛丽，你是一个被宠坏了的淘气鬼。”（这听上去像是和善、坚定、尊严和尊重吗?）

玛丽对“矫正错误的三个 R”已经很熟悉了，她反驳我：“哼，待会儿你可别来说对不起。”

我完全出于反应回答道：“你不用担心，因为我肯定不会。”

玛丽跑回自己房间把门摔上了。我很快恢复到了理性大脑的状态，意识到了自己的行为，并到她房间去道歉。她还在生气，没有准备好接受我的歉意。她手上捧着一本早期版本的《正面管教》，正忙着用一支大号的黑色记号笔在书上画着下划线。我从她的肩膀上看过去，看到她已经在书白上潦草地写了两个大字：“骗子”。

我离开她的房间时想：“哦，老天，说不定哪天就会有另外一本《我最亲爱的妈咪》[1] 畅销书上市。”我知道，我犯了一个大错误。

大约五分钟后，玛丽朝我走来，怯怯地抱住了我，说：“妈妈，对不起。”

我说：“宝贝儿，我也对不起你。事实上，当我说你是被宠坏了的淘气鬼时，我自己就是。我因为你管不住自己的行为而生气，可我自己也没管住我的行为，真的非常对不起。”

玛丽说：“没什么的，妈妈，我刚才的行为是像一个淘气鬼。”

我说：“哦，我知道是我的行为激怒了你，气得你那样做的。”

玛丽说：“哦，我知道我做了什么。”

我一再看到这样的事情发生。当大人为自己的行为造成的冲突（而且，任何冲突都至少是在两个人之间发生的）承担起责任时，孩子们通常都愿意仿效大人作出的榜样，承担起自己的责任。当孩子们有承担责任的榜样时，他们就会学着承担责任。

几天之后，我无意中听见玛丽在电话中对她的朋友说：“哦，黛比，你怎么这么蠢！”玛丽随即意识到自己说了什么，并且赶紧说：“对不起，黛比。当我说你蠢时，意味着我蠢。”

玛丽真正吸收了“矫正错误的三个R”原则，并且懂得了犯错误其实是很好的学习机会。

8. 要确保把爱的讯息传递给孩子

史密斯太太是个单亲妈妈，和女儿玛丽亚之间出了一个问题，打电话向我求助。史密斯太太担心玛丽亚也许吸食了毒品。她在玛丽亚的衣橱底下发现了一盒六罐装的啤酒。她拎着那六罐

---

[1] 《我最亲爱的妈咪》：作者 Christina Crawford（好莱坞著名演员的女儿），1978 年出版，书中讲述了她的童年、她和爱她的养母和酗酒的养父之间的故事。该书 1981 年被拍成电影，曾轰动一时。——译者注

啤酒走到玛丽亚面前，问："这是什么?"

史密斯太太的声调清楚地表明，她并不是真的对自己问题的答案感兴趣。这只是一个为了诱使女儿招供并羞辱女儿而提出的圈套问题。这种问题立即造成了疏远和敌意。

玛丽亚语带讥讽地回答："我觉得那看起来像是六罐装啤酒，妈妈。"

战斗升级了。史密斯太太说："别跟我耍花招，小姐。告诉我这是怎么回事。"

玛丽亚很无辜地说："妈妈，我不知道你在说什么!"

史密斯太太觉得该是收套的时候了："我在你的衣橱里发现了这六罐啤酒，小姐，你最好解释清楚。"

玛丽亚飞快地想了一下，说："噢，我都忘了这回事儿了。我帮我一个朋友藏的。"

史密斯太太讽刺地说："噢，是啊！你以为我会相信吗?"

玛丽亚气愤地回答道："我才不在乎你信不信呢!"然后，跑回到了她自己的房间，并摔上了门。

我想帮助史密斯太太理解"爱的信息"这个关键，问她："为什么发现那些啤酒会让你生气?"

我能听出来她一定认为这个问题很愚蠢，因为她愤怒地回答道："因为我不希望她惹上麻烦。"

"为什么你不希望她惹上麻烦?"我又问。

我可以感觉到史密斯太太已经后悔打电话给我了，因为她完全恼怒了："因为我不想她毁了自己!"

由于她还是没有发觉她的关键信息，我再次追问："你为什么不想让她毁了自己?"

她终于醒悟了，大喊道："因为我爱她!"

最后一个问题就问得和缓了："你觉得她得到这一讯息了吗?"

当史密斯太太认识到自己完全没有把爱的信息传递给玛丽亚时，她感到了悔恨。

一个星期以后，史密斯太太打电话告诉我，她如何把“矫正错误的三个R”和“赢得合作的四个步骤”结合了起来。就在事情发生后的第二天晚上，当玛丽亚回家的时候，史密斯太太在门口问候了她，并且用一种爱的口吻问道：“玛丽亚，我们能谈谈吗？”

玛丽亚挑衅地回答道：“你要谈什么？”（重要的是要注意到，孩子需要一些时间才能听并且相信大人态度的变化。）

史密斯太太明白这一点。她没有对挑衅做出反应，而是走进玛丽亚的内心世界，并且揣度她的感受：“我肯定当昨天晚上我为那六罐啤酒向你大喊时，你可能觉得我一点都不关心你。”

玛丽亚觉得自己被深深地理解了，以至于开始哭了起来。她带着谴责用颤抖的声音说：“就是的。我觉得好像我除了让你烦恼以外什么都不是！只有我的朋友才真的关心我。”

史密斯太太说：“我能理解你为什么会那么想。当我带着我的恐惧和怒气走向你，而不是带着我的爱时，你怎么可能有别的感觉呢？”

玛丽亚明显缓和了自己挑衅的态度。妈妈慈爱的态度终于打动了她。史密斯太太一看到这一变化，便继续说：“我真的为昨天那样朝你发脾气抱歉。”

疏远和敌意已经转化成了亲密和信任。玛丽亚响应道：“没关系的，妈妈。我真的是帮一个朋友藏的。”

史密斯太太这时说道：“玛丽亚，我真的很爱你。有时候，我害怕你可能会做出伤害你自己的事。我被自己的担心吞没了，并且忘了告诉你那只是因为我爱你。”史密斯太太搂着玛丽亚，说：“你会再给我一次机会吗？我们能够带着对彼此的爱和关心，开始谈谈并一起解决问题吗？”

玛丽亚：“那当然，妈妈。我觉得这建议挺好。”

史密斯太太告诉我，她们从那天晚上开始了家庭会议。她心里充满了感激，因为爱和合作气氛的形成彻底改变了她们母女之间的关系。

你一定已经注意到，这一章的例子所讲述的，都是关于大人的不良行为（由于知识和技巧的缺乏）怎样促成了孩子的不良行为。当大人改变自己的行为时，孩子也会随之改变。而且，在每一个例子里，当大人记住了要确保把爱的信息传递给孩子时，他们就不但能够取得积极的效果，而且还会体验到更多的快乐。

阿德勒的上述 8 个基本概念为我们提供了一个基础，有助于我们理解人类的行为，并形成实行正面管教所必需的态度和方法。这些方法将有助于我们学会正确的态度和技巧，以帮助孩子培养踏入社会时所需要的各种人生技能和良好品格。

回顾

正面管教工具

1. 要“赢得”孩子，而不是凭你的力量“赢了”孩子。

2. 为孩子提供发展和实践“七项重要的感知力和技能”的机会，以提高孩子的自我价值感。

3. 不要“告诉”，要开始以一种引导孩子参与解决问题的方式向孩子“提问”。

4. 使用“赢得合作的四个步骤”。

5. 记住，你的言行背后的感觉要比你的言行本身更重要。

6. 和孩子一起就需要做的家务以及做家务的计划作头脑风暴。

7. 要避免娇纵，以让孩子培养对自我能力的信心。

8. 教给孩子并实践“犯错误是学习的大好机会”。

9. 教给孩子并实践“矫正错误的三个 R”。

10. 一定要把爱的信息传递给孩子。

问题

1. “赢得”孩子与“赢了”孩子之间的区别是什么？

2. 什么是“赢得合作的四个步骤”？想想孩子让你觉得你受到了挑战的一个行为。在这种情况下，你应该怎样使用这些步骤？

3. 你必须具备哪些重要态度才能有效地进行正面管教？

4. 成为一个“社会人”是什么意思？

5. 引导所有行为的首要目的是什么？

6. 为什么孩子的行为和他们想要达到的首要目的常常背道而驰？

7. 行为不当的孩子以其不当行为想告诉我们的是什么？

8. 如果我们牢记孩子不良行为背后的信息，我们的行为将会有些什么变化？

9. 什么是社会责任感？为什么让孩子培养社会责任感很重要？

10. 阿德勒所说的平等是什么意思？

11. 为什么羞辱在正面管教中没有立足之地？

12. 错误的目的是什么？

13. 为什么勇于不完美很重要？

14. 为什么教导孩子犯错误是学习的机会而不必为之羞愧，会是件很有价值的事情？

15. 什么是“矫正错误的三个 R”？请讨论。

16. 什么是开启所有心灵大门的钥匙？请讲述一个你和孩子发生矛盾的具体事件，并设想如果你当时以传递爱的信息开始，情况会有什么不同。

第 3 章

出生顺序的重要性

对出生顺序的了解，能增进你对孩子们基于自己在家里的出生顺序的看法而可能形成的对自己的错误观念的理解。这是你“走进孩子的内心世界”的另一条途径，它能帮助你增进对他们真实内心的了解。

孩子们基于对自己生活经历的理解，总是在对自己、他人以及周围的世界做着决定并形成着信念。他们的行为就建立在这些决定之上，建立在他们对于自己为了“生存”和“成长”而需要怎么做的信念之上，非常普遍的情况是，孩子们会把自己和兄弟姐妹相比较，而且会认定，如果自己的某个兄弟姐妹在某个方面做得很好，自己的唯一“生存”选择只能是以下四项之一：

- 在一个完全不同的方面发展自己的能力
- 竞争，努力做得比家中其他孩子更好
- 反叛或者报复

· 因为相信自己赢不了而放弃

置身一个家庭就好像在演一出戏。出生的不同顺序就好像戏中的不同角色，各有其明显而独特的性格特征。因此，如果一个孩子已经占据了一个角色——例如，“好孩子”的角色——其他孩子则可能觉得必须找到其他的角色来扮演，比如反叛的孩子、学习好的孩子、爱运动的孩子、善于交往的孩子等等。

我们可能会问：“为什么会这样？没道理啊。为什么两个孩子不明白他们可以一样好呢？”首先，重要的是要注意到，每个常规都会有例外。有时候，一个家庭里的所有孩子可能都会选择在同一方面表现出色——尤其是在家庭里的氛围是一种合作而非竞争的气氛时。但是，大多数孩子相信，为了有归属感和价值感，自己需要与其他孩子不同。想要弄明白孩子这么想有没有道理是于事无补的。但我们需要明白，孩子通常会根据自己的出生顺序形成某种结论。

人们可能会觉得来自同一个家庭的孩子应该比出生顺序相同的孩子有更多的相似之处，因为这好像更符合逻辑；但事实恰恰相反。同一个家庭里的孩子往往会截然不同，尽管他们有相同的父母、相同的家庭、相同的邻居。当然，同一个家庭中的各个孩子所处的环境不可能完全相同；但是，造成孩子各不相同的最主要的原因，是每个孩子对自己所感觉到的环境做出的不同解释。大多数解释都是以孩子们如何把自己和其他兄弟姐妹进行比较为基础的。

正如我们在第 2 章所看到的那样，孩子们有很好的察觉能力，但他们的解释能力却很差。这一点在对出生顺序进行研究时尤其明显。某种状况的真相远没有孩子对这种状况所做出的解释更重要。孩子的行为是以后者为基础的。出生顺序相同的孩子，通常会对他们自己做出相似的解释，并且对于自己需要采取什么样的行动才能找到归属感和价值感的理解也是相同的。这就是为何出生顺序相同的人往往具有相同的性格特点和行为的原因。

虽然出生顺序不是个性发展的唯一解释因素，但是一个重要因素。有许多其他理论有助于我们了解人的相似性与特性，例如由翟斯和汤姆斯提出的“九种性情理论”。他们发现，孩子的某些与生俱来的特殊性情会伴随他们一生。这些特性以及与正面管教有什么联系，在《3～6岁孩子的正面管教》[①] 中有详细讨论。以色列心理学家尼拉·凯弗提出的“生活态度取向”理论，解释了另外一些影响孩子个性的要素。这个理论描述了成年人在压力之下会怎样以控制、取悦、力争优秀或安逸作为他们的生活态度取向，并付之于他们的行动。这些“生活态度取向”将会怎样导致孩子的某些判断和行为，我们将在第10章讨论。

了解出生顺序（或上述任何其他人格理论）的目的，不是为了给孩子贴标签并把孩子往模子里套。它只是为了帮助我们增加对自己以及对孩子的认识和理解，使我们和孩子的互动更加有效。

排行最大的孩子

在家中排行老大的孩子的相似性是最容易预测的，因为这是一个变数最少的位置。例如，排行中间的孩子可以有多种情况，比如三个孩子的中间或七个孩子的中间。排行最小的孩子的相似性与老大几乎同样容易预测。独生子既可能像老大，也可以能像老小，取决于他们是像老大那样被赋予更多的责任，还是像老小

---

① 这是本书作者和另外两名学者 Cheryl Erwin 和 Roslyn Duffy 合著的著作，《正面管教》系列作品之一。——译者注

那样被溺爱。

并非所有的老大都会形成完全一样的结论并且完全相同，老小、中间子或独生子也是如此。我们都是独一无二的，我们之间的不同点犹如我们的相似点一样多；但是，出生顺序相同的人往往会形成一些相似的个性特征。

在继续往下读之前，请你闭上眼睛想一想当你想到自己认识的老大、老小和中间子的时候，跳入你脑海中的几个形容词。我们很容易想到形容老大的词汇，诸如负责任、领导者、专横（哪怕他们内心里希望别人为了自己做得更好）、完美主义者、挑剔（对自己以及对他人）、循规蹈矩、有条理、好胜、独立、不愿承担风险、保守。因为老大是第一个出生的孩子，他们往往错误地认为必须成为第一或是最好的，才能显得自己重要。这可以从很多方面表现出来。有些排行老大的孩子可能会将第一个完成课堂作业看得很重要，哪怕作业写得很马虎；另一些排行老大的孩子则可能最后一个交作业，因为他们为把作业做得最好而花费了过多的时间。

排行最小的孩子

我们最先想到的描述老小的特征就是娇惯。很多老小不但被父母娇惯而且被哥哥姐姐娇惯。这使得他们很容易错误地认为，他们必须不断操纵别人为他们服务，才能显出自己的重要。排行最小的孩子常常善于利用自己的魅力来激励别人为他们做事。他们常常富有创造性，并且爱玩儿。他们大部分的创造性、精力以及智力都会用在通过魅力操纵来得到自己的价值感。

通常，老小会因为身处父母的偏爱与哥哥姐姐的怨恨中而感到困惑。对于受到娇纵的孩子来说，最大的危险是只要他们没得到别人的照顾或自己的要求没有得到满足，就往往认为生活不公平。他们经常感到自己被这种不公平伤害了，并且认为自己有权发脾气、为自己感到难过，或者会以一种对别人有破坏性或伤害性的方式来报复。他们可能会产生这种想法："当别人照顾我时，我才觉得他们爱我。"

最小的孩子可能很难适应学校生活。他们可能会觉得老师不仅应该继续像家人那样服侍他们，还应该替他们学习。当他们有意识地说"老师，请帮我系鞋带"时，潜意识里通过这个行为想要说的是："既然你都替我系鞋带了，也替我学习吧。""我不会"以及"做给我看"实际上只是他们在要求"你替我做"。

我曾经做过一所小学的心理咨询老师，和许多难以适应学习环境的孩子交谈过。我总是会问这些孩子，"早上谁帮你穿衣服？"正如你能猜到的那样，总是有别人仍然在承担着帮他们穿衣服的责任。如果不是妈妈或爸爸，就是哥哥或姐姐。

我曾经担任过一所社区大学的儿童发展课程的讲师，我的许多学生在幼儿园和托儿所工作。这些学生对他们所照顾的孩子做了 10 年的调查。他们很少发现有孩子早上自己穿衣服。

如果衣服容易穿，并且有人教过孩子怎么穿，他们从两三岁起就能够自己穿衣服了。在孩子 3 岁以后，如果父母继续为孩子穿衣服，就是在剥夺孩子发展责任感、自立和自信意识的机会。孩子就不大可能培养出对自我能力的信心。相反，他们觉得只有当别人替他们做事时才会有归属感。没有对自己能力的信心，孩子就不大可能在学校里学得好，也不大可能培养出成功人生所需要的技能。

既然娇纵对孩子如此有害，父母们为什么还要这么做呢？很多父母确实认为这是他们表达对孩子的爱的最好方式。我曾经听到有人辩解说，孩子将来有大量的时间去适应冰冷、严酷的世界，那为什么不让孩子轻松愉快地度过尽可能长的时间呢？这些父母不知道，一旦孩子形成了一定的信念、习惯和品格，要想改变会有多么困难。我们童年时代形成的信念在我们长大成人之后就变成了我们的“人生蓝图”，即便是那些信念不再有任何意义。

父母娇纵孩子的其他原因是，因为娇纵孩子很容易，这满足了他们被孩子需要的感觉，他们认为这是“好爸爸好妈妈”应该做的，他们要确保孩子不会经历自己觉得自己童年时吃过的苦，或者是他们感受到了来自朋友和家人的压力。当父母因为自己做会更容易、更快、更好，而无意中剥夺了孩子培养生活技能的机会时，他们没有真正考虑过这样做的长期影响。每当那些父母告诉我，他们“只是没有时间”让孩子自己做时，我总是不由得目瞪口呆。等这些父母发现自己的孩子没能培养出更好的生活技能和态度时，他们很快就会感到失望和沮丧。难道他们以为孩子的技能是自动出现的吗？那些希望自己的孩子最好的父母如果能重新权衡自己的时间安排的话，他们会更有效。

我们需要明白，“超级妈妈”对孩子不是件好事。让父母们明白娇纵孩子会对孩子造成多大的伤害是很重要的，这就是为什么德雷克斯说“永远不要替孩子做任何他自己会做的事情”的原因。这并不意味着你永远不为孩子做任何事。而是意味着，如果孩子不知道自己不被娇纵时会有多么能干，孩子们就太吃亏了。

如果父母花时间训练孩子的生活技能，并允许他们通过实践这些技能来培养责任感和自信心，孩子就会掌握有价值的人生技能。以为孩子长大以后就能学会照顾自己，只是一种错误的想法。孩子耽误得越久，就越难以改变他们对于怎样才能得到归属感和价值感的看法。

有些排行最小的孩子会选择一种对生活完全不同的信念，并变成“赶超者”。他们往往错误地认定自己必须赶上并超越所有前面的人，以此显示自己的价值。长大成人后，他们会成为那种已经非常卓越却仍在企图证明自己价值的人。

排行中间的孩子

因为有多种不同的序位，要概括排行中间的孩子的特征比较困难。他们常常会觉得自己在中间会受到挤压，既没有老大的特权，又没有老小的好处。这更容易使他们形成一个错误的理解——必须在某些方面与兄弟姐妹不同，才能显出他们的价值。这种不同可能以各种形式表现出来——成功欲望过强或者不充分发挥能力，“社交蝴蝶”或者“含羞草”，“为理想而造反”① 或单纯的“造反”。他们大都比自己的兄弟姐妹更随和。大多数排行中间的孩子很能同情弱者，因为他们认为自己就是弱者。他们常常是很好的调解人，而别人也愿意向他们寻求同情和理解。他们通常比自己保守的哥哥姐姐开明得多。

独生子

正如前面解释过的那样，独生子既可能像老大也可能像老小，但还是有一些重要的不同之处。如果他们像老大，那么他们的完美主义倾向会轻一些，因为他们感觉不到那种后面有人追着威胁自己地位的压力。然而，追求完美的程度虽轻，但这一特性并没有消失。独生子对自己的期望往往与他们感觉到的父母对他们的期望一样高。因为他们是家中唯一的孩子，他们大都愿意并欣赏独处——或者他们也可能害怕孤独。对他们来说，更重要的

① 《为理想而造反》，“Rebel With A Cause”，作者 Franklin Graham，1995 出版，讲述一个很叛逆的年轻人后来成长为一个受人尊敬的领袖。——译者注

也许是独一无二，而不是成为第一。

所有的首批宇航员都要么是老大、心理老大（详见下一页），要么是独生子。尼尔·阿姆斯特朗就是独生子，作为第一个在月球漫步的人而有了一段独一无二的体验。

出生顺序的知识为什么能帮助我们更了解孩子、更有效地对待孩子呢？对一个孩子的出生顺序的了解，可以使我们更明智地揣摩孩子的内心世界和想法。我希望这种了解能帮助父母和老师们理解避免娇纵孩子的重要性，理解为老大提供机会让他感到输了也没什么、不必凡事都求第一的重要性，理解帮助排行中间的孩子减轻受挤压感的重要性。总之，要理解走进每个孩子的内心世界的重要性。

一些例外

有许多因素会造成例外。其中之一就是性别。如果老大和老二性别不同，两个孩子就都可能形成老大的特性，尤其是在那些性别角色泾渭分明的家庭里。两个孩子都会承担起自己性别的老大的责任。例如，如果老大是个男孩，他就会有男性角色的老大的特点。如果老二是个女孩，她就会发展出女性角色的老大的特点来。

然而，如果三个或更多孩子中最大的两个孩子性别相同，这两个最大的孩子之间性格更可能极不相同。性别相同的老大和老二往往完全相反。他们的年龄相差越小，这种差异越明显，这就把我们引向了造成例外的第二个因素。

当两个孩子年龄相差 4 岁或 4 岁以上时，他们之间的相互影响就会减少。年龄的差距让他们觉得彼此之间竞争会较少。如果一个家庭中的五个孩子年龄相差都在 4 岁以上，每个孩子的特点都会更接近于独生子或老大。他们会变成“心理老大”或者“心理老小”。假如某个家庭有七个孩子，年龄分别是 19、17、15、9、7、3、1 岁，这里有一个实际的老大。其中 9 岁和 3 岁的孩子是心理老大，因为他们和排在自己前面的孩子年龄相差 4 岁或者 4 岁以上。这里还有一个实际上的老小和两个心理老小——15 岁和 7 岁的孩子——因为在后面的孩子出生以前，他们已经做了四年多的老小。当一个孩子有机会在同一个位置上生活四年以上时，他就已经形成了很多对于生活、自我以及怎样得到归属感和价值感的看法。这种看法在家庭成员结构发生变化时可能会有所改变，但不可能彻底改变。观察一个家庭里在较大的孩子上大学后可能出现的变化是很有趣的。排行在他下面的那个孩子可能会有相当大的改变——承担起更多的责任，但并没有那么强烈的完美主义倾向。有了对出生顺序的了解，还能更好地理解混合型家庭的动态。当其他孩子加入家庭时，原来的老大或老小就被从自己的位置上赶了下来，这对这些孩子来说是令其非常生气的事情。一个曾经是老大的孩子可能忽然之间变成了老小或者排行中间的孩子，一个原来的老小可能会由于一个更小的孩子加入了家庭而忽然失去“掌上明珠”的地位。如果我们能给予这些孩子以理解，并让他们参与家庭会议（见第 9 章），以便他们通过受尊重地参与问题的解决，从而感受到归属感和价值感，对这些孩子将会是极大的帮助。

另一个例外是，孩子们有时会专断地转换其排行位置的特点。老二可能会变成一个“艾维斯型的孩子”① ——竭尽全力赶超老大。这时，老大可能会放弃作为家里第一个孩子的典型特

① “艾维斯”和“贺滋”同是美国著名汽车出租公司。美国电视有一则家喻户晓的广告，“贺滋”车一马当先，“艾维斯”车奋起直追，广告词是：“我们不是第一，所以我们更加努力。”——译者注

点，一个确切的迹象就是他放弃完美主义。这个孩子可能决定"如果我不可能成为最好的或第一，干嘛还费劲啊?"一个因此而"放弃"并让位给比自己小的"艾维斯型孩子"的老大，有可能变成生活的"辍学生"。许多父母都提到对这一现象的了解帮助他们理解了老大的苦楚——他被老二赶下了台。这种理解为他们提供了给老大以鼓励（而不是发火或沮丧）的基础。

如果老小变成了"赶超者"，本属于他的娇宠地位自然就空缺了出来。排在老小前面的那个孩子则可能填补这个空缺，从而形成老小所特有的个性。

家庭氛围

导致出现例外的另一个因素是家庭氛围。家庭氛围既可能增强也可能减弱孩子之间的不同。在一个推崇竞争并且塑造竞争气氛的家庭里（正如很多美国家庭那样），孩子们之间的差异就会增强。在一个推崇合作并塑造合作气氛的家庭里，孩子们之间的不同就会减少。很多父母没有认识到，当他们彼此在养育方法上存在分歧时，就营造出了一种竞争的家庭氛围。那些对彼此的养育方法认同的父母，营造的是一种合作的家庭气氛。

正如前面说过的那样，一个通常很应验的规则是，如果家中两个最大的同性别的孩子年龄很接近，他们就会有很大的不同。然而，对于这种情况的例外，我有过一次生动的体验。在一次面访中，我遇见的一位女士有个比她大 18 个月的姐姐。我最初的猜测是，她俩的性格特点应该截然相反。面访结果证明我的猜测是错误的。她俩很相像。当我们谈到她的父母是什么样时，我问她在她告诉我之前能否让我先猜一下。我猜她的父母一定非常恩爱、互相合作，在养育孩子的方式上彼此认同，并且孩子们都觉得父母很爱她们，对她们很公平。她奇怪我怎么会知道。我的猜测依据的就是自己对家庭氛围的影响的知识。当两个年龄相差只有18个月的姐妹性格特点相似而不是相反时，我们就可以猜测父母营造出了一种合作而不是竞争的家庭氛围。

运用出生顺序的知识来鼓励孩子[①]

在一个学区，教师们应用出生顺序的知识发现，在有学习障碍的班里，老小或心理老小的学生人数很多。这对学习障碍提出了一个很有根据的置疑。这种障碍到底是心理上的还是行为上的？老小是否在利用学习上的困难来获取更多的特别照顾？如果这是心理上的问题，那么我们是否疏忽了那些不是老小的孩子可能在学习上面临的困难，因为他们学会了过度补偿[②]？

在一所小学里，有一群学生似乎能将每个老师都逼得发疯。当这些学生上二年级时，他们的老师一心盼望着退休。他们升入三年级时，他们的老师迫不及待地等着放暑假。终于，四年级的老师对这些孩子做了一次出生顺序调查，才知道这些孩子中85%是老小。他们很多人花大量精力来表现自己的“无助”，并寻求老师的特别关注。四年级的老师利用班会取得了重大的改善：通过增强这些孩子解决问题的能力，他们学会了互相帮助和自己解

① 记住，这些知识不是用来给孩子贴标签或下定论的，我们不能因此而自鸣得意，以为我们对他人的判断多么“正确”。它只是用来帮助我们懂得为什么孩子常常在怎样找到归属感和价值感上得出错误的结论，懂得我们应该怎样做才会给予孩子更有效的帮助（或者反之，知道我们什么时候应该少提供帮助）。它也可以用来突显孩子的长处。要时刻牢记，人可以有许多途径来展示自己的特性，我们应该去发现并欣赏这些独到之处。——作者注

② 心理学专用词汇，指为克服自卑等心理而发生的过度反应。——译者注

决自己的问题。

朱蒂·穆尔是一位五年级老师，她的硕士学位论文就是以出生顺序和读书小组为研究课题的。她发现，在阅读能力最强的几个小组中，老大和独生子占很大比例；而在阅读能力最低的初级小组中，老小占很大比例。她用录音机录下了她在每个读书小组里提问时学生反应的状况。在阅读能力强的小组里，所有的孩子都会举手，抢着第一个回答问题。在中级小组里，竞争就不那么激烈，但总会有人起来回答问题。而在阅读能力最低的小组里，孩子们则往往会表示他们没搞懂，需要更多的帮助。

穆尔老师的班上有一个学生，是她的读书小组中阅读能力最差的孩子（我叫他约翰）。她有些担心他是否智商偏低，所以她帮助约翰的第一步是带他去接受心理测试。随后，她和约翰做了一次生活方式的面谈，得知他是家中的老小。更有趣的是，他有三个姐姐，分别叫乔治娅、罗伯塔、波拉。她还得知家里的每个人都称约翰为“约翰王”。了解到这些情况后，穆尔老师就可以对男孩子在这个家里的价值以及他可能受到的极度娇宠做出有依据的猜测了。如果他从来没有体验过责任感，他怎么会想为自己做什么事（包括学习）呢？穆尔老师的预感得到了证实，她接到的心理测试报告说约翰是个很有天赋的孩子。他把自己所有的聪明才智都用在磨炼操纵别人的技巧上了。

穆尔老师和善地跟约翰谈了一次，告诉他说，她现在已经知道他是一个很能干的小伙子，相信他在阅读能力最强的小组里也会做得很好。她把他换到了一个阅读能力最强的小组，他果然没有辜负老师的期望。他知道自己再也无法愚弄穆尔老师了。最大的问题是约翰的几个姐姐，她们认为穆尔老师对她们的小弟弟的期望和要求太不合理了。

注意，当告诉约翰他的把戏已经该结束时，穆尔老师的态度非常重要。她没有以一种说教的口吻说“我知道你能做得更好”。

她说的是："约翰，我已经发现你是一个多么能干的小伙子。我会把你换到阅读能力最强的小组中去，因为我百分之百地相信，你有能力在那里做得很好。"

我们当中有多少人最恨父母对我们说"你只要努力就会做得更好"？这句话背后的态度常常是说教或者失望。这种态度会让所有的孩子都丧失信心。对绝大多数老大来说，告诉他们只要努力就会做得更好是灾难性的。老大做得可能不尽人意的原因，在于因过于追求完美而造成他们过于紧张，以至于表现得没那么好。告诉排行中间的孩子说，只要他们努力就会做得更好，也可能会让他们丧失信心，因为他们已经形成了一个错误观念，认为自己不可能像已经在某一方面独占鳌头的哥哥姐姐做得那样好。老小也不喜欢别人来告诉他们可以做得更好，因为他们的观念是唯有别人照顾他们时，他们才会得到更多的归属感和价值感。穆尔老师对待约翰的方法之所以能起作用，是因为穆尔老师的做法很恰当——是一种鼓励的态度，而不是失望的态度。

无论你是父母还是老师，出生顺序的知识都会有助于你走进孩子的内心世界。仅仅让另一个人知道，你能明白、理解并且尊重他的观点，就已经是你所能做的最具有鼓励作用的事情了。能够说"我能理解你肯定会觉得是那样"，与指责和埋怨的话"哼，难怪你会那样呢，原来你是个老大（或排行中间的孩子、老小、独生子）"——是极其不同的。

对出生顺序的理解帮助一位爸爸终止了自己的儿子马克形成"完美主义"的恶性循环。马克是家里的老大，到 8 岁时，玩任何游戏都输不起。爸爸其实也助长了马克的这一心态，因为他不喜欢看到马克烦恼、哭泣，而总是让马克赢棋。在了解到出生顺序的知识后，爸爸认识到让马克经受一些失败更为重要，于是他开始在一半以上的棋局中赢棋。刚开始时，马克很生气，但不久就能更有风度地对待输赢了。有一天，和马克玩传球时，爸爸扔了一个臭球；马克没有因为没接到球而生气，而是幽默地说了句："好球，爸爸；臭球，马克。"这让爸爸觉得马克到达了一个新的里程碑。

出生顺序和婚姻

出生顺序的知识也能帮助父母之间相互增进了解。想一想出生顺序与婚姻之间的关系，是件很有趣的事情。你可能猜到了，老大和老小通常更容易相互吸引。老小喜欢被人照顾，而老大愿意照顾别人，这种组合看来非常般配。然而，正如阿德勒所说："告诉我你的配偶什么地方让你不满意，我就能告诉你当初你为什么要跟那个人结婚。"刚开始时吸引对方的那些特点，后来却往往会变得令人讨厌。

在这种老大和老小结婚的情况下，老大可能后来因为总是承担所有责任而心生厌烦，并且会指责对方不肯负责，却忘记了当初这正是吸引自己的地方。老小可能对总是被人家照顾、让人家告诉自己该做什么而感到厌倦——除了那些他们确实希望如此的情况。问题是，老小需要的时候，却不见得是老大想给予的时候。

当两个老大结婚时，通常是出于赏识对方身上与自己相同并且令自己引以为傲的特点；当两人无法就到底谁说了算、谁的方式最好而达成一致时，麻烦就开始了。

两个老小结婚通常因为他们发觉俩人一起会很快乐，可到了后来，他们可能会埋怨对方对自己照顾得不够周到。

让排行中间的孩子适应任何一种状况，可能最容易也可能最棘手，这取决于他们变得有多反叛或者多随和。

只要有相互间的理解、尊重、合作以及幽默感，任何人之间的结合都可能是成功的。我的一个好朋友就是老小和老小的结合。一次，他们要外出度假，出发时，他问她旅店订好了没有。她回答："没呢，你没订吗？"他俩都笑了起来，并且开开心心地一起找旅店去了。

出生顺序和执教风格

执教风格也可能因为出生顺序的不同而不同。身为老大的老师通常喜欢负责。他们通常愿意为学生组织一些有趣而复杂的项目。他们偏爱条理和秩序，最乐意看到学生们坐得整整齐齐，按照他们说的去做。由于这种情景已经不像以前那样普遍了，在他们学会不用发号施令的方法就能让学生们有秩序之前，这些老师大多数都很沮丧。他们很快就能看到正面管教对孩子以及对他们自己的长远好处。

那些排行中间的老师，对自己学生的心理健康往往抱有与对他们的学业成绩同样的兴趣。他们会关注那些反叛的学生，并希望自己能给予他们积极的影响。这些老师会努力通过相互尊重和理解来达到让学生们有秩序的目的。

那些排行老小的老师常常很有创意而且很喜欢玩儿，他们最不在乎孩子们的喧闹和混乱。这些老师通常愿意让孩子承担更多的责任，这样他们自己就不需要事必躬亲了。

出生顺序的知识可以帮助父母和老师增进他们对自己和对孩子的了解。

小组练习

下面的练习是一个让大家体验出生顺序相同的人之间有什么相同与不同之处的绝好方法。

将大家按同样的出生顺序分成小组。给每个小组发一支记号笔和一张大包装纸，然后宣布活动规则："每个小组成员都要想出一些能够描述自己的形容词，然后在小组内讨论。如果大多数组员认为某个形容词也适合于他们，就把它写在包装纸上。"

给大家10分钟的时间，然后让每个小组把他们的大纸用胶带挂在墙上。然后，可以让大家讨论自己找出的特点与本章的内容有多少相吻合。尤其要讨论以下几点：

- 导致例外和独特性的因素；
- 强调每种出生顺序的积极特征的重要性；
- 怎样用这些知识来增进我们对孩子和我们自己的理解；
- 给人贴标签或套框框的危害。

而且，要问问各小组，是否有谁对于自己为什么会形成某种自我认识以及对于得到归属感和价值感的错误观念有了领悟。

这时不妨让大家听韦恩·弗雷登和玛丽·哈特韦尔-沃克的"出生顺序歌"①。他们写了一首从老大唱到老七的歌，其中一段"老大"的歌词如下：

---

① Wayne Frieden and Marie Hartwell-Walker，两名教育家，写了一系列的"小学生情感培养"歌曲，帮助小学生从另一个角度来理解他们自己。——译者注

喔，做个老大有多难，
现在实在是不好玩。
三人世界多美好，
妈妈爸爸还有俺。
如今多出一个来，
真是叫我不喜欢。
快快送他回医院，
忘掉一切从头来。

回顾

问题

1. 懂得出生顺序的主要目的是什么？这些知识会怎样帮助你和孩子相处？

2. 当孩子把自己和兄弟姐妹相比较时，他们最常做出的一些选择是什么？

3. 哪些做法是对出生顺序知识的误用？

4. 每个出生顺序的典型特征各是什么？

5. 娇纵孩子的危害是什么？为什么有些父母要这么做？

6. 造成出生顺序的一般情况出现例外的因素有哪些？

第4章

重新看待不良行为

电影《克莱默夫妇》中有一幕场景让我印象很深刻：赛思朝爸爸愤怒地喊道，“我恨你！”

爸爸抱起赛思，把他扛回了他自己的房间，扔到床上，还他一声大喊：“我也恨你，你个小臭狗屎！”

这对父子真的相互仇恨么？当然不是。他们彼此深爱着对方。那这是怎么回事儿呢？

赛思因为爸爸忙于工作而顾不上理他，正感到受了伤害。爸爸必须赶在限期之前完成任务，可赛思偏偏把一杯饮料全洒在了他正在做的文件上，这让爸爸怒火冲天。他以充满着责难、羞辱和痛苦的言语来斥责赛思。这让赛思下意识地觉得自己无从归属、没有价值。因此，他对爸爸说“我恨你！”爸爸也以报复来回应，于是双方陷入了“报复循环”。在这一错误行为中，爸爸起到了相当重要的作用。他对此负有同等、甚至更多的责任。

责任感不等于责难或羞辱

当我们重新来看待不良行为，不再把责任感等同于责难或羞辱时，其结果对孩子和大人就都是令人鼓舞的。如果你把责任感看成是一种解放——某种基于你知道自己想改变就能改变的事情——而不是负疚，你就能做得更好。当你认识到在你的孩子或学生的不良行为中你也有份时，你就能知道该怎样改变你的行为，进而帮助孩子改变他的行为。

什么是不良行为？

当你仔细观察时，你就会发现，所谓不良行为无非是缺乏知识（或意识）的行为、缺乏有效技能的行为，以及发展适宜性行为、因失望而产生的行为——或者因为一个偶然事件导致我们转向受“原始脑”操纵的行为（此时唯一的选择只有权力争夺或退却，而无法沟通）。成年人常常会和孩子一样缺乏知识、意识和技能，并且会像孩子一样陷入“原始脑”的操纵中。这正是大人和孩子之间的权力之争如此常见的原因所在——权力之争中，最起码要有两个人。而且，大人也往往和孩子一样失望。如果你把不良行为（你的，以及孩子的）看成是“因失望而产生的行为”“缺乏技能的行为”“爬行动物脑操纵的行为”或者“发展适应性行为”，你对不良行为是否就有了不同的认识？

大多数时候，小孩子做出的只是“与其年龄相称”的行为，而不是不良行为。许多父母和老师对人类行为以及儿童发展了解得不够，就把与孩子年龄相称的行为当成了不良行为。想到许多小孩子因为发展适应性行为而受到惩罚，就让人觉得实在痛心。例如，蹒跚学步的孩子因“淘气”而受到惩罚，而这个年龄的孩子的大脑还没有发育到能领会大人的要求的程度。他们的语言或社会技能还不能让他们表达出自己想要什么——尤其是当他们的要求对他们身边的大人来说似乎是不合情理、制造麻烦或不合适的时候。看到那些蹒跚学步的小宝宝受到“暂停”的惩罚，而他们还不具备理解因果关系的能力，真是让人心碎。

孩子们有多少次行为不当是因为他们累了、饿了？谁该为此负责呢？（通常，这是由于环境所限，因此更有理由同情孩子和你自己，而不是给孩子贴上不良行为的标签。）或许这是因为在建立日常惯例时，孩子没有受到尊重。或许是因为大人没有意识到，强求会招致孩子的反叛和权力之争，而启发式提问（以及正面管教的其他方式）则能引发孩子的合作。从承担责任的方面来考虑并且注重于解决问题（包括把犯错误看作学习的机会），而不是注重于不良行为或惩罚，就会非常令人振奋。

听上去好像我是在主张父母和老师对孩子的发展适应性行为完全放任不管，哪怕那些行为不能为社会所接受（通常被称为不良行为）。我说的不是这个意思。我的意思是，父母和老师都是成年人。既然我们要孩子学会控制自己的行为，我们就应该学会控制我们自己的行为。有了这种意识，我们就能够成为对自己的行为负责的人，并且将我们的行为转变成鼓励孩子的行为改进，并且又不损伤孩子的自我价值感。我们就能够自己先“暂停”以梳理一下自己的情绪，直到我们能够深思熟虑而不是不假思考地对孩子作出反应的时候。我要建议的是，我们应该对不良行为承担至少与孩子同等的责任，并且要学会使用鼓励性的、有长期效果的方法，因为这些方法符合第 1 章提到的“有效管教的四个标准”的所有要求。

我们对自己以及孩子的行为了解得越多，我们作为父母和老师就能更有效。一个良好的开端就是走进孩子的内心世界，对孩子因失望而做出的行为有更多的了解。

正如鲁道夫·德雷克斯反复说过的那样，“一个行为不当的孩子，是一个丧失信心的孩子”。德雷克斯发现，当孩子们丧失信心时，他们会为自己选择四个不恰当或者错误的目的。之所以称为错误目的，是因为这些目的建立在该怎样获得归属感和价值感的错误观念之上。

当鲁道夫·德雷克斯解释这四个错误目的时，人们常常会问：“你怎么能老把孩子往这些框子里放呢?”德雷克斯就会回答：“不是我老把孩子往这些框子里放，而是我老是在那里找到他们。”

四个错误观念和错误行为目的

1. 寻求过度关注——错误观念：只有在得到你的关注时，我才有归属感。
2. 寻求权力——错误观念：只有当我说了算或至少不能由你对我发号施令时，我才有归属感。
3. 报复——错误观念：我得不到归属，但我至少能让你同样受到伤害。
4. 自暴自弃——错误观念：不可能有所归属。我放弃。

所有人的首要行为目的都是归属感和价值感。孩子们（以及很多大人）之所以会在上述四个错误目的中选择一个或几个，是因为他们相信：

·寻求过度关注或寻求权力有助于他们获得归属感和价值感；

·报复会使他们在没有能获得归属感和价值感的经历中受到

的伤害得到补偿；

· 放弃是他们的唯一选择，因为他们真的相信自己不够格。

孩子们意识不到自己的错误观念。如果你问孩子为什么要做出不良行为，他们会说不知道，或者会给出一些其他借口。稍后，我会解释，在不让孩子感到羞辱或威胁的情况下，怎样用目的揭示法来帮助孩子知道自己的错误目的。

每个人都想得到关注，这没有什么错。问题出现在孩子想要过度关注的时候。换句话说就是，他们用一种令人烦恼而不是有用的方式来寻求归属感。这种行为之所以令人烦恼，是因为它来自于孩子潜意识中的错误观念——“只有在得到你的关注时，我才有归属感。”这种孩子没有意识到的错误观念，使得孩子寻求过度关注的行为更增加了大人认为孩子是在令人烦恼地强求关注的感觉。引导孩子用建设性的方式来获得关注，对于寻求过度关注的孩子来说将是令人鼓舞的。这会让孩子们体验到他们所寻求的归属感，并且同时让他们学会怎样以一种更有建设性的行为来获得归属感。

如果学生正在纠缠你，你可以给他们一项任务（比如让他们收作业、点名叫举手的孩子或者做个任务监督员）。有个 4 岁女孩在妈妈打电话时频频打岔，妈妈于是想出一个办法转移了这种令人烦恼的打扰。电话响起来以后，她先请对方稍等一下，然后把自己的手表递给女儿说：“看见这根秒针了吗？你瞧着它转，等它转上整整三圈的时候，妈妈就打完电话了。”

这个小女孩专注地看着秒针转，偶尔瞟妈妈一眼。妈妈不到三分钟就打完了电话，女儿这时说道：“妈妈，你还有时间呢，你还有时间呢。”

每个人都想要权力。权力不是个坏东西，取决于你怎么使用。当孩子抱有只有自己说了算才有所归属的错误观念（当然是潜

错误目的表

孩子的目的：	如果家长或老师的感觉是：	而且想采取的行动是：	如果孩子的回应是：	孩子行为背后的信念是：	家长或老师主动的、鼓励性的回应，包括：
寻求过度关注（操纵别人为自己奔忙或得到特殊服务）	心烦； 恼怒； 着急； 愧疚。	提醒； 哄劝； 替孩子做他自己已经会做的事情。	暂停片刻，但很快又回到老样子，或换成另一种打扰人的行为。	唯有得到特别关注或特别服侍时，我才有归属感。唯有让你们为我团团转时，我才是重要的。	通过让孩子参与一个有用的任务，转移孩子的行为。“我爱你，而且……”（例如：我在乎你，等会儿会花时间陪你。） 安排特别时光，建立日常惯例。花时间训练孩子。召开家庭会议或班会。默默地爱抚孩子。设定些无言的暗号。
寻求权力（我说了算）	被激怒； 受到了挑战； 受到了威胁； 被击败。	应战； 投降； 心想“你休想逃脱”或“瞧我怎么收拾你”； 希望自己正确。	变本加厉； 屈从而内心不服； 看家长或老师生气而觉得自己赢了； 消极对抗。	唯有当我来主导或控制，或证明没有谁能主导得了我的时候，我才有归属感。 “你制服不了我。”	承认你不能强迫孩子，并请求孩子帮助。既不要开战也不要投降，而是撤离冲突，让自己冷静下来。坚定而和善。不说，只做。决定你该做什么。让日常惯例说了算。培养相互的尊重。给予有限制的选择。在设立一些合理的限制时得到孩子的帮助。坚持到底。鼓励。引导孩子把权力用在积极的方面。召开家庭会议或班会。

续表

孩子的目的：	如果家长或老师的感觉是：	而且想采取的行动是：	如果孩子的回应是：	孩子行为背后的信念是：	家长或老师主动的、鼓励性的回应，包括：
报复（以牙还牙）	伤害； 失望； 难以置信； 憎恶。	反击； 以牙还牙； 心想“你怎么能这样对我？”	反击； 伤害别人； 毁坏东西； 以牙还牙； 行为升级，或换另一种武器。	我没有归属感，受到伤害就要以牙还牙。我反正没人疼爱。	处理受伤的感觉：“你的行为告诉我，你一定觉得受到了伤害。能和我谈谈吗？” 避免惩罚和还击。反射式倾听。 做出弥补。鼓励其长处。 召开家庭会议或班会。
自暴自弃（放弃，且不愿别人介入）	绝望； 无望； 无助； 无能为力。	放弃； 替孩子做； 过度帮助。	更加退避； 消极； 毫无改进； 毫无响应。	我不相信我能有所归属，我要让别人知道不能对我寄予任何希望。我无助且无能；既然我怎么都做不好，努力也没用。	表达对孩子的信任。小步前进。停止批评。鼓励任何一点点的积极努力。关注孩子的优点。不要怜悯。不要放弃。设置成功的机会。教给孩子技能，示范该怎么做。真心喜欢这个孩子。以孩子的兴趣为基础。鼓励，鼓励，鼓励。召开家庭会议或班会。

意识的）时，他们对权力的运用在别人看起来就像不良行为。当孩子们以这种对权力的误解为基础而形成错误目的时，他们就学不会以有用的方式运用自己的权力，因此需要我们引导孩子以有益于社会的方式来使用自己的权力。

当老师或父母们发现自己与一个孩子陷入了“权力之争”时，最有效的做法是立即退出争斗，并要承认所发生的事情：“我觉得咱俩陷入了权力之争。我可以看出来我的所作所为也加剧了这个问题。我猜你觉得自己受到了压制。我不想这样，但我确实需要你的帮助。让我们都冷静一会儿，然后再看看怎样用一种彼此尊重的方式来解决这个问题。”

正如《克莱默夫妇》中的爸爸一样，当我们感到受了伤害时，就会自然反击。这似乎是人类的天性，也正是报复循环如此普遍的原因。我们又要说，具有讽刺意味的是，大人要求孩子控制他们的行为，而大人却难以控制得住自己的行为。然而，控制你自己的行为对于打破报复循环来说是重要的。在你觉得自己受到了伤害时，要注意不能反击，而应该表示理解孩子的感受：“你现在一定觉得受到了很大的伤害。我能理解。要是换成我，我可能也会有那种感觉。”对孩子的感受表示理解，是消除报复循环的一种非常有效的方法，但是还需要紧跟着解决问题：“当我们都觉得好受些以后，为什么不一起来谈谈这个问题呢。”

重要的是要注意到，可能并不是你伤害了孩子——或者是在你想帮助孩子而不是伤害孩子的时候，孩子感到受了伤害。同样重要的是，要知道惩罚（即使被拙劣地伪装成“逻辑后果”）只能使报复循环永无休止。

那些以自暴自弃为错误目的（因为对自己能力的错误认识）的孩子们，在白天可能不会给你带来什么麻烦，可是当夜深人静你有时间去思考的时候，你也许会辗转难眠——这孩子怎么好像在自暴自弃啊。不像有些孩子说“我不会”是为了引起你的关注，自暴自弃的孩子是真的相信他们不会。有了对孩子的错误观念的了解，你可以对寻求过度关注的孩子说：“宝宝，我相信你会想出办法来。”然而，对于以自暴自弃为错误目的的孩子，你需要花时间向他们一小步一小步地做示范。不能一下子做所有的步骤。你要是做得太多，可能会让他们觉得自己无能。例如，你可以这么说：“我来画这半个圆，你画另一半。”或者，“我让你看我怎么系这只鞋带，然后请把你学会的做给我看，如果需要帮助就告诉我。”

为什么识别出孩子的错误目的很重要呢？因为，了解孩子的错误目的（和错误观念）有助于你采取最有效的行动，来帮助孩子达到他们的真正目的：获得归属感和价值感。

要识别孩子行为目的背后的错误观念及其错误目的绝非易事，因为孩子可能以同样的行为来达到四个错误目的中的任何一个。例如，孩子可能以不做家庭作业来获取关注（“嘿，看看我，你看我”），来显示权力（“你制服不了我”），来寻求报复（“你觉得我的成绩比我更重要，这让我很伤心，所以我也要让你伤心”），来表示自己无能为力的感觉（“我真的不会”）。理解孩子的目的非常重要，因为对于不同的目的，有效的干预和鼓励方式是不一样的。

请注意“鼓励”这个词。这很重要，因为一个行为不当的孩子就是一个丧失了信心的孩子。这种信心的丧失来自于其失望的信念，以及没有归属感和自我价值感。这种信念是以事实为依据，还是以孩子的感受为依据并不重要。孩子们的行为是以自己认为真实的东西为基础，而不是以事实为基础的。

帮助识别错误目的和观念的线索

有两条线索可以帮助我们识别孩子的错误目的。

第一条线索

大人对孩子行为的情感反应。初看起来这好像很奇怪。你可能会疑惑自己的感觉怎么就能让你知道孩子的错误目的。如果你留心体会自己的感觉，就会发现其中的奥秘。

当面对四种错误目的的行为时，大人体验到的最初感觉如下(见第68~69页“错误目的表”中第二列)：如果你的感受是恼怒、着急、内疚或烦恼，孩子的目的很可能是寻求过度关注。如果你觉得受到了威胁（你也和孩子一样想要主导一切）、受到了挑战、被激怒或被击败了，孩子的目的很可能是寻求权力。如果你以权力回应，就会陷入权力之争。如果你感觉受到了伤害（你那么努力地想做个好父母或者好老师，这孩子怎么能这么对你?)、感到失望、难以置信或者憎恶，孩子的目的很可能是报复。如果你觉得很无能为力（我到底怎样才能走进这孩子的内心，帮孩子鼓起劲头来啊?)、绝望、无望或无助，孩子的目的很可能是自暴自弃。如果任由自己的感觉支配你，你也就和孩子一样会放弃。

当被问到对孩子行为的情感反应时，很多成年人的回答都是愤怒和沮丧，这两种情绪都是对最初感觉的第二回应。这是有原因的。受到了威胁、伤害或感到无能为力，都会让人有非常无助的感觉，以至于我们会很快用愤怒作为第二回应把它们掩盖起来。愤怒至少让我们有一种虚假的力量感——我们可以做些事情，尽管这些“事情”只是怒吼、咆哮或者对孩子的猛烈攻击。

沮丧和愤怒都是对造成了我们的最初感觉的无法控制的局势的第二回应。如果你用愤怒来掩盖自己最初的感觉，而不是去理解孩子的感受，你很可能会陷入报复循环之中。

你应该问一问自己："我愤怒和沮丧的背后是什么呢？我觉得受到伤害了？被击败了？受到威胁了？感到害怕了？"对照一下"错误目的表"中第二栏列出的感觉，看你符合哪一条。许多父母和老师说，他们把这张表作为一项很有用的参照贴在桌子或冰箱上。这张表能帮助他们记住大多数行为的根本原因，从而在出现问题的时候更能有效地帮助孩子。

第二条线索

当你要求孩子停止其行为时，孩子的反应（第 68~69 页"错误目的表"第四栏）。

寻求过度关注：孩子会停下来一会儿，但通常不久就重新开始原来的行为，或能够引起你的关注的其他行为。

寻求权力：孩子继续其不良行为，并且可能对你的要求进行言语顶撞，或者消极抵抗。这通常会升级为你和孩子之间的权力之争。

报复：孩子以一些破坏性的行为或伤害你的话来反击你。这常常会升级为你和孩子之间的报复循环。

自暴自弃：孩子往往很消极，希望你快点放弃努力，别再打扰他。有时候，这样的孩子会把这种感觉"以行动表达出来"（或许会成为经常在班上闹笑话的人）来掩盖他们在学业上的不胜任感。

这些线索能帮助我们"解码"，让我们知道孩子的行为真正想要说的是什么。即使我们知道了这些线索，事情仍然没有那么容易。因为当我们面对一个做出不良行为的孩子时，我们太容易以愤怒和沮丧的第二反应来回应（这很正常），而不是停下来想一想：这孩子到底想要告诉我什么呢？

在“正面管教研讨班”上，我们有一个名为“蛮荒世界”的体验活动，这是根据约翰·泰勒①《心连心》中的一项活动改编而成的。在这项活动中，一些成年人站在椅子上，另一些成年人扮演孩子的角色，仰脸望着他们说：“我是一个孩子，我只想有所归属。”我们要求“成年人”假设这些“孩子”行为不当，并以惩罚性的、让人泄气的话来回答，比如“别再打扰我了，你没看见我正忙着嘛？你为什么就不能像你哥哥那样呢？你怎么就这么自私呢？你干嘛不去收拾你的屋子或做你的作业去？我得说多少遍啊？”

之后，我们会问扮演“成年人”和“孩子”的每个人当时的感受，当时心里想的是什么，以及做了什么决定。这是一种情感体验。我们一般不会让人体验这种经历，除非没有其他办法能更有效地帮助成年人看到、听到和体验到对孩子的行为进行直接反应——而不是“解码”并了解孩子真正的需要——所造成的即时影响和长期的影响。

在此之后，我们会问：“你从这个活动中学到了什么？”小组成员都认为自己学到了很多，其中最重要的收获，就是理解了一个行为不当的孩子其实是在说：“我是一个孩子，我只是想有所归属。”当我们不理解孩子行为背后的错误观念和目的时，我们只是对孩子的行为作出反应，而没有对其行为背后的观念作出反应。

---

① John Taylor，也是一名教育工作者，曾经和作者一起主持家长教师研讨会。他的著作《心连心》（Person to Person）是一本指导学校心理辅导、家长教育工作的书，1984 年出版。——译者注

一旦大人真正懂得了一个行为不当的孩子是一个丧失信心的孩子，他们就会乐意去想办法鼓励孩子。鼓励是改变孩子行为最有效的方法。一个受到鼓舞的孩子不需要行为不当。

重复一下：一个受到鼓舞的孩子不需要行为不当。这是父母和老师们最难以理解的一个概念。我们太习惯于用惩罚、说教以及其他形式的责难、羞辱和痛苦来促使孩子做得更好了。

最近，我接到一位好朋友的电话。她的情绪非常低落，她在养育自己的十一个孩子的过程中始终相信，激励孩子们做得更好的方法就是当孩子做了错事或做得不够好时，就要先羞辱他们。她现在正在设法消除几个孩子的自卑感和对她的强烈不满。

鼓励并不像很多人相信的那样，是对不良行为的奖励。不是的。鼓励会消除孩子对不良行为的需要。

对每一种错误目的的有效鼓励方式

对某个行为问题从来不会只有一种解决办法。在父母和老师学习小组中，我们会请参与者做头脑风暴，根据本书中的原理，提出几个可行性建议。那些需要帮助的父母和老师可以从其中选出最适合自己的建议。

许多问题能在家庭会议和班会上得到最好的解决，因为孩子在学习解决问题的过程中，就会逐渐产生归属感和价值感。然而，当你希望或者需要立即采取行动的时候，本书中也有很多可供选择的工具和技巧。下面是如何有效回应每一种错误目的的指导原则，后面的章节中会进一步详细地讨论。在这里先列出一个概要，以强调对每一种错误目的造成的行为或问题有许多种不同的解决方法可供选择。

在读完整本书并且理解了正面管教的概念之后，你也许需要这个概要作为一个提醒。正如我们在前几章讨论过的那样，只有抱着鼓励、理解和相互尊重的态度，这些方法才能有效。

寻求过度关注

记住，每个人都需要关注。但过度关注并不是对孩子的鼓励。

· 把孩子引向建设性的行为。在教室里，给他们分派一项能给他们积极关注的任务；在家里，给孩子一项对大人有帮助的任务，比如给孩子一个秒表，你打电话时让孩子替你计时。

· 做孩子意料不到的事情。(一个满怀的拥抱常常很有效。)

· 设定特别时光的时间表，定期陪孩子。在学校里，偶尔陪一个孩子几分钟就足够了。

· 用会意的一笑让孩子明白你不会被纠缠于此，然后说："我期待着六点钟的特别时光。"

· 约定一些无言的信号：把手放在胸口上表示"我爱你"，用手捂住耳朵表示等孩子不哼唧了你就会听她说话。

· 避免给孩子特别的服侍。

· 给予孩子安慰，表达你对他的信任。("我爱你，我知道你会自己处理好的。")

· 不要管孩子的行为，要以关切的方式把手放在孩子肩膀上，继续你和孩子的对话。(不管孩子的行为，而不是不管孩子。)

· 在大家都愉快的时候，花时间训练孩子，用角色扮演来向孩子演示其他行为方式，比如使用语言而不是哼哼唧唧。

· 闭上嘴，采取行动。比如，停止哄劝，从沙发里站起来，拉住孩子的手，把她带到洗漱间去刷牙。你不妨挠挠她的胳肢窝，既保持你的态度坚定，又增添点儿乐趣。

· 说出你的爱和关怀。

寻求权力

记住，权力不是什么坏东西。我们可以建设性地使用权力，而不是破坏性地使用它。

· 从权力之争中退出来，让双方都有时间冷静，然后再按照下面的一项或几项去做。

· 承认你不能强迫孩子做任何事情，并请孩子帮助你一起找到对彼此都有用的解决方案。

· 用“赢得合作的四个步骤”（见第 2 章）。

· 随后开个一对一地解决问题的小会。

· 引导孩子建设性地使用他们的权力。

· 让孩子参与问题的解决。

· 决定你自己要做什么，而不是试图让孩子做什么。（“等大家都准备好以后，我会继续讲课。”“我会洗放在洗衣篮里的衣服，但不会洗扔在地上的衣服。”“我现在把车开到路边停下来，直到你们不再打架。”）重要的是，你的这些行为都必须是和善而坚定的。闭紧你的嘴——避免提醒和说教——会尤其有效。

· 设定特别时光的时间表，定期陪孩子。在学校里，老师可以偶尔陪孩子。

· 让孩子参与建立日常惯例，然后让惯例说了算。

· 提供有限制的选择。

· 让孩子把他们的问题放到家庭会议或班会的议程上。

· 说出你的爱和关怀。

报复

记住，孩子会以寻求报复（这使他们有一种控制感）来掩盖受到伤害的感觉（使他们觉得软弱无力）。

· 不要还击，要从报复循环中退出来。

· 保持友善的态度，等待孩子冷静下来。

· 猜测孩子因为什么受到了伤害，要表达出同情，表达出你对孩子受到伤害的感觉的理解。

· 坦诚地告诉孩子你的感受：我对于________觉得________，因为________，我希望________。

· 反射式倾听：通过将你听到的反射回去，以走进孩子的内心世界："看来你很伤心。"反射式倾听可以包括启发式提问："你能多告诉我一些吗？后来发生了什么？这件事带给你的感受是什么？"关键是你要理解孩子的观点，而不是要告诉孩子你的观点。

· 如果是你造成了对孩子的伤害，请用"矫正错误的三个R"（见第 2 章）。

· 用"赢得合作的四个步骤"（见第 2 章）。

· 让孩子和你一对一地讨论问题的解决办法。

· 表达你的关切，鼓励孩子。

· 设定特别时光的时间表，定期陪孩子。在学校里老师可以是偶尔陪孩子。

· 用语言表达你的爱和关怀。

自暴自弃

记住，孩子不是能力不足；但是，在他们放弃这种错误观念之前，他们会继续表现得无能为力。

· 花时间训练孩子，把事情细分到能让孩子体验到成功的足够简单的基本步骤。

· 向孩子演示他能够照着做的小步骤。"我来画这一半圆，你画另一半。”

· 安排一些小的成功。找出孩子能够做得到的任何事情，给他们提供大量的机会显示他们在这些方面的技能。

· 肯定孩子的任何积极努力，不论多么微小。

· 放弃你对孩子的任何完美主义的期待。

· 关注孩子的优点。

· 不要放弃。

· 定期安排特别时光陪孩子。

· 在课堂上鼓励孩子选择一个伙伴或同龄的“小老师”来帮助他们。

· 用语言表达你的爱和关怀。

为了强调说明同一个行为可能代表着所有四种错误目的，我们现在回到不做家庭作业的例子。

如果孩子的目的是寻求过度关注，你会觉得烦恼。当你要孩子去做作业时，他们会做一小会儿。要帮助这些孩子，你可以干脆不管他们没有完成的作业，而对他们合作的事情表示赞赏。这会让他们明白，不做作业不是一个得到关注的好办法。你可以让他们自己选择想什么时候做作业——是现在还是放学以后。他们一完成作业，你可以通过要求他们帮你做些事情，来把他们的行为转到其他事情上。或者，你可以告诉孩子，每当你看见他们没有在做作业时，都会朝他们眨眨眼，给一个微笑。在你已经用过了目的揭示法（见 82 页）之后和孩子做出这种安排，会极其有效。眨眼睛和微笑看上去好像会强化他们为寻求关注所做的努力，但实际上这样做有助于孩子感受到归属感和价值感，这样，他们很快就会觉得不再需要用不做作业来寻求关注了。你也可以让孩子体验不做作业的后果，然后问一些启发式的问题：“发生什么事了？你对结果有什么感受？你从中学到了什么？你希望事情怎样发展？你怎么做才能得到你想要的结果？”

如果孩子的目的是寻求权力，你会觉得你的权力受到了威胁或者你被孩子击败了，并且想向孩子们表明你能够让他们按你的要求去做。当你告诉这些孩子去做作业时，他们可能会说“不做”，或者是消极地不理睬你。如果你想通过惩罚来达到你的目的，孩子可能会更强势，以证明“你制服不了我”。或者，他们可能转向以报复为目的（成为输家会让人感到受到了伤害）。帮助这些孩子的方法是退出权力之争。

寻求权力的孩子有时候会被追逐权力的大人激发起来。大人有责任改变这种气氛。当你在互相理解并让孩子参与决策的基础上真正想要相互尊重和合作时，孩子会感受到你的变化。当他们相信这一变化时（这会需要一些时间），就更有可能合作。

在跟孩子就解决问题的方法进行一对一的讨论时，你要承认你也参与了权力之争。要声明你确实愿意改变你和孩子的关系，愿意以相互尊重和理解的态度开始解决问题。要告诉孩子，当她感到你在试图压服或控制她时，要立即告诉你，你愿意得到她的这种帮助。告诉孩子你愿意和她一起找到你们两个都满意的解决方案。记住，孩子更愿意遵守他们自己参与制订的解决方案。

家庭会议和班会是解决权力问题的有效方式。愿意掌握权力的孩子常常具有好的领导素质。你可以让孩子知道你很欣赏这些素质，并且邀请孩子协助你做一些领导性的工作。比如，我们让学校的心理辅导员培训一部分学生成为同伴辅导员（见附录2），帮助那些因行为问题被叫到办公室来的学生。

对那些没有完成作业的孩子，老师打个低分就行了。重要的是保持一种和善而坚定的态度，而不是强权态度。你可以随后伴以启发式提问（如上面所述），帮助孩子明白，她对于发生在自己身上的事情有权控制，而且如果她想改变的话，她也有权力改变。

如果孩子的目的是报复，你可能会感到受了伤害或感到憎恶。你无法理解，作为一个父母或老师，你费了那么大的劲，孩子们为什么不肯做作业。当你告诉这些孩子去做作业时，他可能会说一些很伤人的话，比如“我恨你”，或者他可能会做一些破坏性的事情，比如把自己的作业本撕掉。

要帮助这些孩子，就不能还击。要表达出你对她受伤的感觉的理解。要友善地说：“我看得出来你很烦，所以现在咱们不说这件事，但我希望等一会儿能和你谈谈。”在一段冷静期之后，你就可以用“赢得合作的四个步骤”，或者忽略这一问题而和孩子分享某项特别的兴趣（见第 7 章）。你可以采用目的揭示法找出让孩子伤痛的根源。

如果孩子的行为目的是自暴自弃，你可能会对自己帮助孩子的能力感到不足。当你要求她做作业时，她看上去会很沮丧，并且希望你很快就走开。（这是自暴自弃和寻求过度关注之间的一个重要区别。一个寻求过度关注的孩子也会表现得无能为力，但当你关注他时，他会振作起来。而一个相信自己无能的孩子却希望你别去打扰她。）

要帮助这样的孩子，就要确信她知道该怎么做作业。要花时间训练孩子，不要觉得你已经解释过好多遍，就以为她应该懂了。孩子不做作业是为了获取关注还是因为自暴自弃，二者的区别在于，前者其实知道怎么做作业，她不过是想支使你围着她转，因为她错误地认为除非你关注着她，否则她就没有归属；而后者则是失望，因为她确实不认为自己会做，而且不希望你关注她。由于抱有这两种目的的孩子行为很相像，因此你一定要擦亮眼睛，看清孩子是想让你围着她转，还是更愿意你离她远点儿。

还有一个做法是，问问孩子是愿意你帮助她，还是愿意选一个同学来帮助她。或者，你可以试着找出不会让她感到自己无能为力的难度水平的作业，并且让她做这个难度水平的作业；要确保你的安排能让孩子成功。

不要放弃。这种孩子可能会为了把你打发走而做一些作业。不管是什么原因，如果她做了点作业，就会有些成就感并受到鼓励。陪这种孩子一起享受特别时光，是非常重要的。

目的揭示法

由于孩子不知道自己的错误目的，目的揭示法是帮助孩子意识到自己的错误观念的一种方法。

目的揭示可以由老师、心理辅导员或受过训练的父母教育工作者来进行。在整个过程中，重要的是要客观而友善。要让父母对自己的孩子客观几乎是不可能的，所以目的揭示法可能对他们没有用处。

由于客观和友善很重要，因此，在发生冲突时不应使用目的揭示法。你在学习使用这一方法时，最好和孩子单独进行。训练有素的人通常在小组中或观众面前做目的揭示。阿德勒和德雷克斯就以在观众面前对一个孩子做目的揭示而闻名，这会使所有的人，包括那个孩子，都能从中获益。然而，我建议，当你对孩子们做目的揭示时，要在双方心情平静的时候私下里进行。

首先，要问孩子是否知道自己为什么会做出某种行为。你应该具体说出孩子的行为，比如，“玛丽，你知道自己为什么要在教室里四处走动吗？你本来应该坐在座位上的。”

孩子们通常会说：“我不知道。”从有意识的角度来说，他们的确不知道。目的揭示法会帮助他们理解发生了什么事。即使他们给出了某种原因，那也不是真正的原因。

如果他们给出一个理由，你就说：“我有一些其他想法。你可不可以让我来猜猜看？你可以告诉我猜得对不对。”

如果孩子说自己不知道原因，就像上面那样问她可否让你来猜。如果你的态度客观而友善，孩子就会被激起兴趣来让你猜。然后，你就可以用德雷克斯所说的“会不会是……”的句式来问问题，要等着孩子对每一个问题作出回答。

- “你之所以在教室里四处走动，会不会是想要得到我的关注，并且让我为你忙活?”（寻求过度关注）
- “你之所以在教室里四处走动，会不会是想向我显示，你想怎么做就能怎么做?”（寻求权力）
- “你之所以在教室里四处走动，会不会是你因为觉得受到了伤害，并且想要跟我或者别人扯平?”（报复）
- “你之所以在教室里四处走动，会不会是因为你觉得自己不可能做出来，所以你根本试都不想试?”（自暴自弃）

有两种反应会让你知道自己是否猜对了，以及孩子是否知道了自己的目的。第一种是认同反应。这是指孩子会不由自主地微微一笑，哪怕他同时回答“不对”。如果孩子的回答是“不对”，也没有认同反应，就继续问下一个问题。然而，孩子们的认同反应（在说“不对”的同时微笑）会告诉你，你猜对了。另一种反应是简单地回答“是”。一旦你得到一个认同反应或者肯定回答，就不需要再问下一个问题了。然后，你可以和孩子一起讨论获得归属感和价值感的其他方式。如果孩子的目的是寻求关注，你要向孩子解释，每个人都想要得到关注。然后，将孩子引导向以建设性的方式来寻求关注。例如，“你可以帮我为你想出一些办法，并且是对别人也有帮助的办法。”

你也可以同意关注她的行为，并且让她知道，你会以眨眼睛和微笑来让她知道她得到了约定次数的关注。这可以是你俩之间的一个小秘密。对很多人来说，这看上去是在奖赏不当行为。实际上，这是德雷克斯所说的“朝汤里吐口水”。一旦意识到了，就没有多少胃口了。

如果孩子的目的是寻求权力，你要承认你没有办法强迫她改变行为。然后，请她帮助你设计一个互相尊重与合作的方案：“你是对的。我强迫不了你。我们怎样才能以相互尊重的方式来使用各自的权力解决这一问题呢?”请求帮助是一句非常重要的话，这句话能够引导大人和孩子双方由权力之争转向用权力作贡献。

如果孩子的目的是报复，你可以表达出你对于理解你或者别人怎么伤害了她的兴趣：“对不起，我没意识到我伤害了你。你能原谅我吗?”或者，“那种情形让你受到了伤害，我很难过。如果是发生在我身上，我可能也会有同样的感觉。”充满关切地倾听，而不要评判，是最能鼓励这种孩子的方法。不要辨解、解释或试图改变孩子的看法。反射式倾听会有帮助。在孩子觉得自己被理解之后，可能会更愿意听你的看法，并和你一起解决问题。

如果孩子的目的是自暴自弃，就要安慰孩子，告诉她你理解她的感受，因为你自己也有灰心丧气的时候。然后，要表达出你对孩子能力的信心，并且制定一个能确保孩子成功的分步骤的小计划。“我知道你不相信你能；但我知道你能；而且我愿意尽我一切所能帮助你成功。”

目的揭示法可以成为你识别孩子错误目的的第三条线索。在德雷克斯和一个孩子谈话的短片中，看上去德雷克斯已经确定了孩子的目的是寻求权力。他不断地通过用各种方式问“会不会是……”的问题，希望能得到一个认同反应，但他得到的始终是否认的反应，而且没有认同反应。最后，德雷克斯改问报复的问题，孩子终于承认是他父母的所作所为让他感到受了伤害。

老师可以用目的揭示法来加深对孩子的理解，并表达对孩子的兴趣。一旦你知道了孩子的目的，你就能够以此为基础来展开讨论并解决问题。

失望行为的不同表现

孩子并不是必然从寻求关注开始，并依次过度到自暴自弃。那些更被动的孩子，如果受到无情的对待或因为其他原因而相信自己缺乏归属感和价值感，就有可能直接自暴自弃。

那些选择了寻求权力而又十分倔强的孩子可能永远不会陷入自暴自弃，但他们常常被那些坚持要赢得权力之争的大人迫使进入报复循环。

史密斯太太在小组学习中告诉我们，她为什么对了解“四种错误的行为目的”及其纠正方法是那么的充满感激。她的大儿子赛思是个让她头疼的孩子，这个孩子常常做些伤害性或破坏性的事情，正如下面的例子中那样。

有一天，史密斯全家（史密斯夫妇、赛思、他的弟弟斯科特以及小妹妹玛丽亚）一起出去看房子。赛思和斯科特不停地抱怨多么无聊，以及天气有多热。他俩一直要求回家。2 岁的玛丽亚很惬意，累了就在妈妈腿上打个盹儿。

史密斯夫妇第二天还要出去看房子，但为了让赛思和斯科特舒服点，决定把他们留在邻居家里。那天天气很好，他们已经足够大了，完全可以和周围的朋友一起玩。因为玛丽亚前一天没有什么麻烦，而且也还太小，没法在邻居家玩儿，夫妇俩决定把她带在身边。当他们准备出发的时候，赛思说他也想去。史密斯太太提醒赛思，昨天他怎样无聊得难受、热得难受，想让他相信留在家里会更开心。赛思坚持要去。史密斯太太对自己的决定很坚定，甚至各给了赛思和斯科特两角五分钱去买棒冰（行贿）。赛思仍然不满意，但史密斯夫妇留下他就走了。

等他们回到家的时候，史密斯太太惊愕地发现，赛思用刀把玛丽亚的高脚餐椅上的塑胶垫给划得破破烂烂的。史密斯太太的第一个反应是非常伤心，心想："他怎么能做这种事？"愤怒很快就盖过了她的伤痛，她打了赛思，并把他关进他自己的房间。

这件事情发生时，史密斯太太正在参加一个父母学习小组，每天写日记，以记录一些她准备拿到小组上讨论的事情。当她一开始写日记时，她已经能足够客观地从赛思的立场来看问题了，并且理解到了赛思的错误目的是报复。她就像下面这样运用了"赢得合作的四个步骤"（见第2章）：

史密斯太太走进赛思的房间，问道："你是不是觉得我们带玛丽亚去却不带你，是因为我们爱她胜过爱你？"

赛思含着眼泪回答："是。"

史密斯太太说："我能理解你怎么会那么想。我肯定那不会让你感觉很好。"赛思开始哭了起来。

史密斯太太搂住他，等他不哭了，又接着说道："我想，我能理解你的感受。我13岁那年，我妈妈带着我16岁的姐姐去了纽约。我也想去，但她们说我太小了。我不相信。我真的觉得是因为我妈妈爱我姐姐胜过爱我。"赛思充满了同情。史密斯太太问他："你想知道我为什么把你留在家里吗？"赛思点点头。史密斯太太告诉他，"昨天你那么热、那么无聊，让我真替你难过。看你那么遭罪，我们看房子也觉得很没趣。我真的觉得如果你留在家里和你的朋友一起玩就不会觉得无聊，这样我们大家都会更开心。你能理解为什么我觉得是为了你好吗？"

赛思说："也许吧。"

史密斯太太接着说："我知道为什么你会觉得我们更爱玛丽亚，因为我们带她去了而没有带你，但并不是你想的那样。我非常爱你。我本来也想把玛丽亚留在家里的，但我知道她不能像你那样出去和朋友一起玩。"

史密斯太太继续搂了赛思一会儿，然后问道："你觉得我们该怎么修理高脚餐椅?”

赛思热切地回答:“我能修好。”

史密斯太太说:“我肯定你能。”

他们做出了一个方案,用赛思的一些零用钱买了一块塑胶垫。他们一起把它剪成合适的形状,钉在了高脚椅上。高脚椅比以前更好了——他们母子关系也更好了。(这又一次让我们看到,错误可以变成一个机会,让事情变得比以前更好。)

史密斯太太认识了到她和赛思已经陷入了报复循环。赛思错误地认为父母不爱他(缺乏归属感和价值感),这使他受到了伤害并激发他产生了以牙还牙的错误目的。他就会做出伤害性或破坏性的事情,但史密斯太太以愤怒来掩盖她的伤痛,就会以更多的惩罚来还击赛思。

史密斯太太后来认识到椅子已经损坏,惩罚不可能修好椅子。她还知道不能对这种行为坐视不管。虽然惩罚让她觉得她没有让塞思“躲过去”;但她现在明白了惩罚不能产生她想要的长期结果。

在认识到赛思的错误目的是报复之后,史密斯太太就能有效地处理这件事,并得到了积极的长期效果。如果赛思再做出破坏性的事情,她就会告诉他,她能够看出他受到了伤害而且很生气,她会稍后跟他好好谈谈。在一段冷静期之后,她就会通过“赢得合作的四个步骤”——正如在上面的例子中那样——找到解决问题的方法,这使得他们之间的感情纽带因此越来越紧密,报复循环结束了,不良行为也消失了。

这是发生在几年以前的事情。史密斯太太告诉我,现在她和赛思之间母子关系非常好。赛思也不再有伤害或破坏性的行为了。她不敢想象,假如当初他们让报复循环继续下去将会是什么情形。

对待十几岁的孩子

当你在考虑“四种错误的行为目的”时，我相信你会认识到，即使大人也经常会有这些错误观念和行为目的。然而，等孩子长到十一二岁以后，要从这四个“格子”里找到他们就不那么简单了。许多做出不良行为的十几岁孩子的错误目的虽然也包括了寻求过度关注、寻求权力、报复或自暴自弃，但还有其他因素掺杂其中。

同龄人压力对于十几岁的孩子极其重要。较小的孩子虽然也会受到同龄人压力的影响，但大人的认可对他们来说更重要。对于十几岁的孩子来说，同龄人的认可却比大人的认可更重要，而寻求同龄人的认可也就成为了他们行为的错误目的之一。与此同时，十几岁的孩子还正在经历一个重要的个性化过程。他们正在探索脱离了父母的自己到底是谁。他们对父母价值观的检验往往会表现为叛逆的行为。这种叛逆极少会延续到 20 岁以后，除非父母对孩子进行控制和惩罚。

大卫·沃尔什和纳特·贝内特对人类大脑的最新研究表明，在 10~20 岁之间，大脑的额叶前部皮层可能有迅速的发育，这会造成十几岁孩子的一些困惑。十几岁的孩子常常把周围其他人的身体语言误解为挑衅性的行为。仿佛做个十几岁的孩子还不够辛苦，大脑还要用误解和不良沟通来给他们增加难度。父母要认识到额前皮层的发育要到 25 岁才会完成（保险公司有它的道理），因此，养育十几岁的孩子时，必须格外注意要表达清晰，而且不要妄加猜测。

过度控制的管教方式对于十几岁的孩子来说是灾难性的，相对于年龄较小的孩子来说，十几岁的孩子更不甘屈于俯首帖耳的地位。当他们受制于大人时，“合作”一词在他们看来就意味着“屈从”。他们的这种理解往往是正确的——因为这正是许多大人所谓的合作。

鼓励（在第7章会有更全面的介绍）对于十几岁的孩子就像对小孩子一样重要。当我和琳·洛特出版《我站在你一边：解决你与十几岁儿女的冲突》一书的时候，这本书在两年之内都卖得马马虎虎。然后，书名改成《十几岁孩子的正面管教》，两个月卖得比原来两年卖的都多。这意味着什么呢？虽然我们不太确定，但很明显的是，父母们没有意识到，向孩子表明他们与孩子站在同一边有多么重要。许多父母和十几岁的孩子是楚河汉界、两军对垒，而且父母们似乎更热衷于控制儿女。这让我们感到很悲哀，因为我们知道，要控制住十几岁的孩子根本是不可能的——已经太迟了。你越是要控制他们，他们就越是不屈，并且越是远离你。

赢得十几岁孩子的合作的最好途径，是以相互尊重、相互平等的态度来解决问题。家庭会议和班会能教会他们社会责任感，并让他们参与决策过程。当大人以和善、坚定、尊严、尊重相待，与孩子共同解决问题的时候，十几岁的孩子通常在20岁以后会重归父母的价值观，而且会学到脱离大人的监管之后所必需的更多的重要人生技能。

回顾

这一章讨论的四种目的之所以被称为错误目的，是因为它们是由怎样获得归属感和价值感的错误观念而导致的不良行为。这四种错误目的，代表了孩子感到自己没有归属感和价值感时所产生的四种错误观念。

对于我们这些父母和老师来说，要记住不良行为是孩子在用一种密码——当他们的行为激起的是我们的挫折感而不是关爱时，他们是在试图告诉我们，他们想要的是归属感——和我们说话，有时候的确是很难的。有些专家认为，如果我们对一个正在作出不当行为的孩子给予积极的回应，就会强化这种行为。但是，如果我们能理解，一个行为不当的孩子是一个失去信心的孩子，那么很显然，消除孩子不良行为动机的最佳途径，就是找到一种积极的方法，帮助孩子找到归属感和价值感。

把这一观念当做知识来接纳是一回事儿；要把它付诸实践则是另一回事儿。因为：

1. 大多数大人在面对一个正在作出不良行为的孩子时，很难有积极的心态；

2. 大多数大人不能充分理解是自己的不良行为导致了孩子的不良行为，因而他们不愿意为自己在这“一出戏”中扮演的角色承担责任——怎么会是自己的不良行为引起了孩子的不良行为呢？实际上，能意识到自己的问题，不归咎于他人，是迈向解决冲突的一大步。

3. 极少数能够以正面鼓励回应孩子不良行为的大人，往往会遭到孩子的拒绝。这是因为孩子（正如我们大多数人一样）在最需要鼓励的时候，却往往无法接受鼓励。要在一段冷静期之后，再次尝试鼓励。

最惹人讨厌的孩子，往往是最需要爱的孩子。

理解这四种错误的行为目的，能帮助大人们记住孩子是在通过不良行为告诉我们：“我只是想有所归属。”它同样能帮助大人们了解，怎样以一种鼓励的方式帮助孩子解决问题，同时教给孩子人生技能。

记住，惩罚虽然能暂时制止不良行为，但不能永久性地解决问题。只有通过鼓励来帮助孩子体验到归属感和价值感，才能获得长期的积极效果。

如果在出现行为问题的当时，无法给予孩子鼓励或孩子无法接受鼓励，在冷静期之后，立即给予孩子鼓励是相当重要的。而且，要记住，不论是权力之争还是报复循环，都需要两个人。你也许应该审视一下你自己的错误目的，努力将其变成更具鼓励性的态度和行为。

正面管教工具

1. 承担起（不责备）你在孩子的不良行为中的责任。
2. 理解四种错误目的产生的行为，并以鼓励来回应。
3. 做一个“密码破译员”，理解孩子是在用不良行为告诉我们：“我只是想有所归属。”
4. 用本章所说的线索帮助你理解孩子行为的错误目的。你有什么感受？孩子对你的行为有什么反应？
5. 对于寻求过度关注，复习第 76 页提供的所有工具。
6. 对于寻求权力，复习第 77 页提供的所有工具。
7. 对于报复，复习第 77~78 页提供的所有工具。
8. 对于自暴自弃，复习第 78~79 页提供的所有工具。
9. 以友善的态度，用目的揭示法帮助孩子了解他们的错误目的。
10. 赢得合作的四个步骤。

问题

1. 大人以什么方式对所谓的“孩子的不良行为”承担“责任”呢？
2. 对于现在我们所说的不良行为，还可以用哪些其他术语来表达？

3. “四种错误的行为目的”是什么？

4. 孩子的每种错误目的背后的错误观念是什么？

5. 为什么识别这些错误的行为目的非常重要？

6. 能帮助大人识别错误目的的线索有哪两条？

7. 对每一种错误目的的行为，大人的第一心理反应分别是什么？请逐一回答。

8. 当你要求孩子停止错误行为时，他们会怎样反应？请就四种错误目的逐一回答。

9. 你可以用来纠正每一种错误目的行为的有效反应或行动有哪些？

10. 为什么这四种目的被称为错误目的？

11. 孩子的行为并不以事实为基础，而是以什么为基础的？

12. 孩子在以不良行为告诉你什么？

13. 为什么你会难以记住孩子真正想告诉你的是什么？

14. 孩子行为不当的时候，为什么可能会拒绝你积极回应的努力？

15. 通常什么样的孩子是最需要爱的孩子？

16. 要帮助孩子消除其不良行为的动机，你能够做的最重要的事情是什么？

第 5 章

当心逻辑后果

多年来，我一直提倡使用逻辑后果。然而，我常常感到非常沮丧，因为不少父母和老师提供给我的使用逻辑后果的实例，在我看来更像是惩罚。

一些父母和老师似乎以为他们可以通过把一个惩罚称为“逻辑后果”，而把惩罚伪装起来。然而，当我指出大多数“逻辑后果”只是经过拙劣伪装的惩罚时，他们同意我的看法。我一直以为自己是最先发现这一现象的人，直到有一天我读了《孩子：挑战》[①] 这本书，才发现德雷克斯早就注意到这个问题了。他说：“当我们使用‘逻辑后果’这个词时，父母们往往把它误解为这是将他们的要求强加给孩子的一种新方法。这正是孩子们对‘逻

---

① “Children: the Challenge”，作者 Rudolf Dreikurs and Vicki Soltz（鲁道夫·德雷克斯和维姬·索鲁滋），1964 年出版。这是一本以智慧和人性指导父母改善亲子关系的经典著作。下面这段话引自于 1991 年再版第 80 页。——译者注

辑后果'的看法——经过伪装的惩罚。"

你仔细想过孩子们在受到惩罚时（哪怕大人美其名曰"逻辑后果"）会怎么想吗？有些孩子会认定自己是坏孩子或没用。有些孩子会决定不再做那些让自己受到惩罚的事，但他们这是出于恐惧和害怕，而不是因为有了对与错的概念。正是这些孩子可能会成为"讨好者"，他们总想要证明自己还有可取之处，因为其内心深处认定自己不够好。另一些孩子则可能琢磨着以后怎么打败你，或者将来怎样才不会被你抓到。很多孩子想的是报复。受到惩罚的孩子常常会很快做些什么来跟你扯平。在受到惩罚之后，有些孩子心里会留下不公平的感觉。他们不会将心思集中在招致自己受到惩罚的行为上，而是对惩罚他们的人充满了怨恨，或者感到自己很屈辱。

有些成年人错误地认为，孩子之所以继续他们的不良行为，是因为惩罚没有严厉到使孩子从中吸取教训的程度。所以，他们会更严厉地惩罚孩子——而孩子则会找到更聪明的方法来扯平，报复循环便会永无休止。直到孩子长到十几岁以后，以离家出走、怀孕、吸毒或其他极端伤害性的行为来彻底反叛时，父母才可能认识到报复循环的严重后果。具有讽刺意味的是，孩子们通过这种报复对自己造成的伤害，远远甚于给父母带来的伤害。

我不是说惩罚（即使在被称为逻辑后果的时候）不管用。与孩子打过交道的任何人都知道，惩罚会制止孩子的不良行为，至少是暂时制止。正是因为这一点，大人们可能认为他们赢得了管教孩子的许多战斗。然而，当孩子找机会扯平、挖空心思不被抓到或者由于恐惧而俯首帖耳或自认没用时，大人就会不可避免地在管教战争中彻底败下阵来。

再次重申，我们必须当心是什么在起作用，并且必须考虑长期效果。只要大人们志在必赢，就会迫使孩子成为输家。

大多数父母在考虑惩罚带来的长期效果时，都会感到非常震惊。他们的意图从来不是要造成使孩子产生自卑感或反叛的环境。他们真的认为惩罚会促使孩子做得更好并成为更好的人。对于许多父母而言，考虑惩罚所带来的长期效果是一个全新的概念。然而，那些花时间考虑了自己的行为所造成的长期效果的父母，在发现能够帮助孩子发展自我能力感并且学到有益的社会和人生技能的长期有效的管教方法时，会惊喜不已。

因为我看到，对逻辑后果的误用远远多于对它的有效使用，我现在提倡不要使用逻辑后果——至少尽量不用。我会完全取消逻辑后果，除非我知道它被用于孩子的时候，能够得到正确运用，能成为一种有效的令人鼓舞的方法。然而，逻辑后果现在已经成了我在绝大多数情况下都不会采用的方法。很多父母和老师告诉我，当他们不再注重于后果而转为关注于解决问题（见第6章）时，家里和教室里的气氛出现了戏剧性的变化。

即使逻辑后果几乎是我的工具箱中最少用到的工具，但有以下三个原因，使我们要讨论逻辑后果以及自然后果。实际上，我只是很少用逻辑后果，而自然后果给孩子们提供了绝好的学习机会，只是大人不要插手干预。

1. 在某些时候，自然后果和逻辑后果是恰当的、有帮助的、有效的。

2. 逻辑后果是家庭和学校最为广泛使用的方法。父母和老师们可以从我们的讨论中发现什么是真正的逻辑后果，以及如何恰当使用。

3. 自然后果和逻辑后果对孩子的作用可以是尊重性的、鼓励性的，然而却经常被误用或未被充分利用。在运用得当的时候，孩子们就能从中学到有助于他们以尊重和有尊严的方式培养责任感和义务感的大量东西。

自然后果

自然后果是指自然而然地发生的任何事情，其中没有大人的干预。站在雨中，就会被淋湿。不吃东西，就会饿。忘记穿外套，就会感冒。这里不允许借题发挥。当大人说教、叱责、说“我早就告诉过你了”，或者以其他任何行为把责难、羞辱或痛苦附加到孩子原本能够自然而然地获得的体验之上时，就是在借题发挥。借题发挥会阻碍孩子在体验自然后果的过程中的自然学习，因为此时孩子会停止体验自然后果，而把心思集中到承受或者抵挡这些责难、羞辱和痛苦上。因此，大人不能借题发挥，而应当对孩子正在经历的事情表达同情和理解：“我敢肯定肚子饿了（或淋湿了、得了低分、丢了自行车）很难受。”在恰当的时候加上一句：“我爱你，我相信你能处理好。”对于要给孩子提供支持的父母来说，不解救孩子或对孩子过度保护是有一定困难的，但这是你能做的帮助孩子培养对自我能力的感知力的最鼓舞人心的事情之一。让我们来看一个自然后果如何起作用的例子。

比利是一年级小学生，他每天上学都会忘记带午饭。他的妈妈每天都得要中断繁忙的工作，开车去学校给他送午饭。在学习了自然后果之后，她决定试试看，如果让比利体验几次忘记带午饭的自然后果，他或许就能记住自己带午饭了。她首先就此与比利进行了讨论，让比利知道，妈妈相信他能承担起记住带午饭的责任。她还告诉比利，如果他忘记了，她不会再到学校送饭了，因为她知道他能够从自己的过失中汲取教训。当你计划改变你的行为并且让孩子体验他们的选择所产生的自然后果时，事先以尊重的态度和孩子商量是非常重要的。

开始时，妈妈的计划被扰乱了，因为比利的老师承担起了责任，当比利忘记带午饭时，老师就借钱给他买午饭。直到妈妈和老师达成一致，要让比利从自己行为的自然后果中学习，他才开始承担起自己记住带午饭的责任。

比利对此进行了考验。当他又一次忘记带午饭时，他问老师能否借钱给他买午饭。老师说："我很抱歉，比利，但咱们说好了的，你要自己解决午饭问题。"然后，比利打电话给妈妈，要妈妈送饭来。妈妈也同样和善但坚定地提醒他应该自己解决午饭问题。比利为此噘了半天嘴，尽管他的一个朋友分给了他半块三明治。

自此以后，比利就极少忘记带午饭了。即使是偶尔忘记了，他也会想办法找到愿意分给他一些食物的同学。到他上二年级时，他不仅能够记住带午饭，父母还让他自己承担起了准备午饭的责任。

许多人受不了孩子哼唧、噘嘴和失望。比利的妈妈要拒绝孩子的要求、让孩子去体验自然后果，这并不容易。她注意到了自己因为孩子在挨饿而产生的愧疚感，但她提醒自己，孩子忘记带午饭其实只是一个小错误，是比利一生中可能会犯的错误中的一个。如果她不能坚持自己的计划，比利就学不会在早晨更有条理，也体验不到自己能处理问题的良好感觉。相反，他会学到每当事情解决不了时就哼哼唧唧或者抱怨，并且让别人来替他解决问题。以这种方法看问题，比利的妈妈才能保持平静。

决定你自己要做什么

上面这个自然后果的例子，也可以叫作"决定你自己要做什么，而不是让孩子做什么"。因为自然后果和逻辑后果经常被误用、滥用，我在下面给出几个能增进"后果法"的正确使用的例子，这些例子中的“后果”是以其他名称出现的。

茱莉的妈妈发现，“决定自己要做什么”对于帮助 11 岁的女儿为她自己的干净衣服负责很有效。她以前总是唠叨茱莉把她的脏衣服放进洗衣篮里。茱莉对这些唠叨没有反应，但老是抱怨她要穿的衣服还没洗。妈妈总是让步，并且赶紧为茱莉专门洗一次衣服，以免孩子难受。

当茱莉的妈妈了解到，她这样做与其说是在帮助孩子，毋宁说是伤害孩子以后，她通过决定自己要做什么，来让茱莉体验自然后果。她和善但坚定地告诉茱莉，她相信茱莉有能力对自己的脏衣服负责。她解释说，从现在开始，她只洗在洗衣日放在洗衣篮里的脏衣服。通过决定她要做什么，而不是试图让茱莉做什么，妈妈让茱莉体验不在洗衣日之前把脏衣服放进洗衣篮里的自然后果。

茱莉对此进行了考验。几天之后，茱莉想穿一条自己忘记放进洗衣篮里去的裤子。在茱莉埋怨的时候，妈妈同情地说：“我敢肯定，那条裤子不干净让你很失望。”当茱莉恳求她专门洗一次时，妈妈说：“我不愿意那么做。我相信你能想出其他办法。”然后，她转身洗澡去了，以避免在冲突之中与女儿做进一步讨论。茱莉那天不得不穿了另外一条裤子，非常窝火。不过，此后很久她都没有忘记把她的脏衣服放进洗衣篮里。

有些人或许会把这一例子称为逻辑后果，因为妈妈介入其中了。然而，你应该注意到，除了表示同情和鼓励以外，妈妈的介入是“置身事外”，并且让孩子体验不把衣服放进洗衣篮里的自然后果。

尽管自然后果通常是帮助孩子培养责任感的一种方式，但是，在有些情况下不宜采用自然后果：

1. 当孩子处于危险中的时候。例如，我们不能让孩子体验在大街上玩儿的自然后果。

说到这一点，一定会有人以此作为打孩子的理由："我之所以要打这个刚学会走路的小家伙，就是要教她知道不可以跑到大街上去。"我问这位妈妈，在她用打"教"过小宝宝不可以在街上玩儿之后，她是否就愿意让孩子在没有监护的情况下自己在交通繁忙的街边玩儿？回答永远都是"当然不会"。我再问，她觉得需要打多少次，才可以放心地让孩子自己在交通繁忙的街边玩儿？大多数父母都表示，不论他们用打"教"了孩子多少次不能在街上玩儿，在孩子长到6~8岁之前，他们不会让孩子在没有监护的情况下自己在交通繁忙的街边玩儿。这说明了一个事实，孩子的成熟程度或者承担责任的愿望是关键——而不是打。

2. 花时间训练。在孩子逐渐成熟的过程中，大人仍然需要花时间训练孩子，但是，用逻辑后果而不是惩罚作为帮助孩子培养责任感的一种方式会更有效，更少给孩子造成屈辱感。在上面这个例子中的逻辑后果，应该是每当孩子自己跑到大街上去时，就和善而坚定地把孩子放回家里或院子里（这又是"决定你自己做什么"）。有人把这种做法称为转移注意力。监护、转移注意力、转移孩子的行为是你可以用于幼小孩子的三大法宝。同时，你可以花时间训练孩子，直到孩子的大脑成熟到能理解因果关系。花时间训练孩子，应该包括在你每次和孩子一起过街时，都要把危险告诉她。在过街前，让你的宝宝看看左边再看看右边，看是否有汽车开过来。问孩子，如果你们在汽车开过来时过街会发生什么事情。让她在觉得可以安全过街时告诉你。孩子由此而实际学到的东西要比从挨打中学到的多得多，但是，在到一定的年龄之前，孩子仍然不能在没有监护的情况下在街上玩耍。

3. 当自然后果会影响到其他人的权利时。例如，大人不能容忍孩子朝别人扔石头的自然后果。这就是为什么4岁以下的孩子尤其需要监护的一个非常重要的原因。防止这个年龄段的孩子出现危险状况的唯一办法就是监护，这样你才能随时冲过去，并防止危险发生。

4. 当孩子行为的结果在孩子看来不是什么问题时，自然后果就不会有效。例如，不洗澡、不刷牙、不做作业或者吃大量的垃圾食品，在孩子看来都不是什么问题。

逻辑后果

逻辑后果不同于自然后果，它要求一个大人——或其他孩子——在家庭会议或班会上介入。重要的是，要决定哪种后果能为孩子创造有益的学习体验，鼓励孩子选择负责任的合作。

例如，琳达写作业时喜欢在课桌上敲铅笔。这会干扰到其他孩子。老师让她选择是停止敲铅笔，还是交出铅笔等别人写好作业后她再写。让孩子选择是停止不良行为还是体验逻辑后果，是一个好办法。当然还有其他办法。孩子们通常意识不到自己的行为干扰了别人。这个老师可以只是简单地要求琳达停止敲铅笔；或者和琳达一起想个解决办法；还可以在班会上请求同学们的帮助。如果一个后果让人感觉更像是惩罚，就要选择正面管教的其他工具。

小丹带了一辆玩具车到学校。他的老师把他叫到一旁，问他是愿意让老师替他保管到放学，还是愿意让校长替他保管到放学。小丹选择了把玩具车交给老师保管。（在可能的情况下，私下里把一个后果告诉孩子，以免孩子在同龄人面前丢脸，也是个好办法。）

给孩子一个选择，并且私下里把后果告诉孩子，并不是有效运用逻辑后果的唯一指导原则。倘若如此的话，让孩子选择是停止不良行为还是挨一顿打似乎也很合理了。我们可以用“逻辑后果的四个 R”作为甄别的准则，以确保我们要采取的方法是逻辑后果，而不是惩罚。

逻辑后果的四个 R

1. 相关（Related）
2. 尊重（Respectful）
3. 合理（Reasonable）
4. 预先告知（Revealed in advance）

“相关”是指后果必须是与行为相关的。“尊重”是指后果一定不能包括责难、羞辱或痛苦，并且应该和善而坚定地执行；而且对所有相关人员都是尊重的。“合理”是指后果一定不能包括借题发挥，并且从孩子和大人的角度来看都是合理的。“预先告知”就是预先让孩子知道，如果她选择了某种行为将会有什么结果出现（或你将会做什么）。如果遗漏了这四个 R 中的任何一个，就不能再被叫做逻辑后果了。

当一个孩子在课桌上涂写时，很容易断定其相关的后果应该是让这个孩子清洁这个课桌。但是，如果遗漏了任何其他一个 R，将会怎样呢？

如果一个老师不尊重孩子，在要求孩子清洁课桌时加上了羞辱，就不再是逻辑后果了。马丁老师以为自己在使用逻辑后果，他在全班面前对玛丽说：“玛丽，我实在惊讶你居然会做这么愚蠢的事！现在去把桌子清洁干净！否则，我会让你的父母知道我对你是多么失望。”在这个例子中，尊重被丢掉了，而且老师借题发挥对孩子进行了羞辱。

如果一个老师不合理，要求这个学生清洁教室里的所有桌子，以确保这个学生吸取教训，也就不再是逻辑后果了。合理性被丢掉了，取而代之的是以权力保证孩子吃苦头。这通常是因为，人们常常误认为孩子只有吃到苦头才能学到东西。

如果后果没有预先告知，就很容易被孩子解释为是惩罚。在可能的情况下预先告知，是为尊重和选择增加了空间。

当一个孩子弄洒牛奶时，相关的后果是让他清理洒出来的牛奶。如果你说："你怎么这么笨？这是我最后一次让你自己倒牛奶。"就是不尊重。尊重的说法应该是："哎呀。现在你需要做什么？"（令人惊讶的是，孩子常常知道什么是一个逻辑后果，并且当大人以尊重的态度提出要求时，孩子们很愿意去执行。）如果孩子不知道该做什么，那可能是因为你没有花时间训练他——因而，你的期望或要求本身就不合理。以尊重的态度处理事情，也表明错误是学习的大好时机。为了确保孩子为他们的错误吃苦头，而对孩子说："为了确保你接受教训，我要你擦干净整间屋子的地板。"这就是不合理。第四个 R（预先告知）不适用于此例。

实际上，如果大人遗漏了四个 R 中的任何一个，而使得后果不再是相关的、尊重的、合理的、或预先告知的（情况允许时），那么，孩子感受到的可能就是第 1 章解释过的"惩罚造成的四个 R"。我们把这四个 R 再写在下面，看看它们与后果的误用有何联系。

惩罚造成的四个 R

1. 愤恨（Resentment）——"这不公平！我不能相信大人！"
2. 报复（Revenge）——"现在他们赢了，但我会扳回来。"
3. 反叛（Rebellion）——"我偏要对着干，以证明我不是必须按他们的要求去做。"
4. 退缩（Retreat）
   a. 偷偷摸摸——"我下次绝不让他抓到。"
   b. 自卑——"我是个坏孩子。"

尽管父母和老师们不愿意承认，但他们喜欢使用惩罚的主要原因，是要显示自己能“赢”孩子的权力，或者通过让孩子吃苦头而报复孩子。在这种念头背后的下意识想法是“我是大人，你是孩子。你要按我说的去做，否则有你好看。”这种心态在一部卡通片中被刻画得淋漓尽致，妈妈看到爸爸拿着一根棍子追孩子，便大声叫道：“等等，再给他一次机会吧。”爸爸回答：“但他可能就不会再这么做了。”显然，对这位父亲（以及许多大人）来说，让孩子为自己的不良行为吃苦头，比帮助孩子改正错误更为重要。

吃苦头不是逻辑后果需要的条件。例如，一个孩子可能很喜欢清理自己的课桌。（这很好，因为逻辑后果的目的是为了停止不良行为并找到解决方法，而不是为了报复而给孩子造成痛苦。）因此，逻辑后果的另一个名称是转移孩子的行为。

转移孩子的行为

当一个逻辑后果能将孩子的行为转向一个有用的（有贡献的）行为时，它就是有效的逻辑后果。

马克上课时很不尊重老师、特能捣蛋，当老师要讲课的时候，他就大声说话。史密斯老师告诉他，必须把“我在教室里要举止得体，尊重他人”抄写 30 遍，以此作为惩罚。但是，马克不会很赞同地想：“噢，太棒了！这是我应得的，这会让我接受教训，再也不在课堂上乱说话。”相反，他感到的是反抗和愤恨。所以，他根本不抄写这句话。史密斯老师像许多成年人一样认为，如果惩罚不起作用，那一定是惩罚得不够狠——因此，他加倍惩罚，要马克抄写 60 遍。

马克感到更加愤恨和抗拒，拒绝抄写。他妈妈指出，如果他不抄，史密斯老师可能会再加倍惩罚（不论那样是否公平），而且马克还可能被罚停学。马克说："我不在乎！我肯定不写！"惩罚又被加倍到了120遍，妈妈也被叫去了学校。许多老师也同样相信，如果惩罚不起作用，那一定是家长不支持那个惩罚。在这件事上，老师们倒是对的。马克的妈妈不相信惩罚的有效性。

在协商时，妈妈首先表明她同意老师的看法，马克的确没有尊重老师，扰乱了课堂，这种行为应该得到纠正。她认为逻辑后果可能会更有效，并且建议说："由于马克做的事情使你的工作很不愉快，让他做一些能使你的工作更愉快的事情来弥补，怎么样？"

史密斯老师说："比方说？"

她建议让马克擦黑板、倒垃圾或者上课时教一部分内容。

马克对这个建议非常感兴趣，插话说："对呀，我可以帮你讲讲及物动词和不及物动词。"

史密斯老师说："对，你的确掌握了，好多学生都还没有理解。"然后，他看着马克的妈妈，说道："但是，他会因此而很开心。"

史密斯老师不愿意按照这个能把不良行为转变为有贡献行为的建议去做，因为他担心这会奖励不良行为，并且会鼓励马克继续他的不良行为。

这是一个非常典型的错误概念的例子，这种错误概念是：为了让孩子们做得更好，就得先要让他们感觉更糟。史密斯老师也是这些大人的代表，他们更看重的是让孩子为自己的行为付出代价，而不是从自己的行为中学习。我要再说一遍，事实正好相反。孩子们在感觉更好时，才会做得更好。正如你将从后面的例子中看到的那样，很多老师发现，把孩子的不良行为转变为有贡献的行为，对于鼓励孩子停止或大大减少不良行为很有效。

逻辑后果与行为的错误目的

使用逻辑后果的另一个重要指导原则是，要考虑到行为的错误目的。在发生冲突的时候，逻辑后果可能有效，但只在孩子的目的是寻求过度关注时才有效。当孩子的目的是寻求权力或是报复时，逻辑后果在冷静期之后或赢得孩子的合作之后的解决问题阶段，才是有效的。这又是德雷克斯（正是他第一个把逻辑后果的概念介绍并推广给大家，以鼓励孩子改善行为）教给我们的指导原则之一。他说："逻辑后果不能运用于权力之争，除非极其小心，因为它常常沦为惩罚性的报复行为。由于这个原因，使用自然后果总能有所收获，但逻辑后果则很可能事与愿违。"

例如，假设一个孩子不做课堂作业。老师可以对这个孩子说："你需要在下课前完成作业，要么就在课间休息时去作业台写作业。"（注意，给出一个选择作为逻辑后果的一部分，是如何体现对孩子的尊重的。）如果孩子的目的是寻求过度关注，这个孩子很可能朝你笑笑，并且开始做作业。另一方面，如果孩子的目的是寻求权力，这个孩子则可能拒绝做作业，以证明"你制服不了我"，除非你通过事先与这个孩子讨论这种行为并且问过了她的选择，而赢得了孩子的合作。如果孩子的目的是报复，这个孩子可能会以拒绝写作业来伤害你的感情，直到她自己受到伤害的感觉得到处理。如果孩子的目的是自暴自弃，她需要的是训练，而不是逻辑后果。

换句话说就是，要有效地使用逻辑后果，就要理解孩子的行为以及长期效果。

记住，不论孩子的错误目的是什么，逻辑后果都有可能完全不适合。或许是要求孩子做的作业毫无意义。或许是老师没有让孩子参与制定作业计划，并且没有让孩子感到自己与这个作业有任何关系。或许是老师应该与学生一起讨论应该做什么作业、怎么做、为什么需要做作业。没有什么事能比让学生参与问题的解决更能引起他们的兴趣、赢得他们的合作的了。逻辑后果只是一个工具，而且常常不是适合当时情形的最佳工具。

转变态度的必要性

当我第一次接触这些概念时，正在学习心理学课程，我相信开放、诚实、自然的态度很重要。我的问题在于，我对自己孩子的不良行为的开放、诚实、自然的反应，是威胁、吼叫和打。我以为，当我觉得需要坚定时，对孩子和善就不是诚实或自然，因为我通常会对不良行为愤怒不已。幸运的是，我很快认识到，既然我希望孩子们控制他们的行为，那么要求我控制自己的行为也不为过。这需要练习，但其结果是值得我们为之付出努力的。

我对逻辑后果的第一次体验失败了，因为我忽略了和善而坚定的重要性，而且那时我还不知道“逻辑后果的四个R”。我只是坚定，但不和善，而且还加上了羞辱。

我事先告诉我的孩子们，如果他们晚饭时间回来晚了，就可能会错过晚饭，并且只能自己做晚饭，而且吃完后必须收拾干净。我还说，我不想承担喊他们回来吃晚饭的责任，也不想承担做两次饭、收拾两次厨房的责任（决定我要做什么、不要做什么）。当孩子们第一次回家晚时，在执行决定的时候，我没做到和善而坚定，而是责骂他们没记性，还加上了“我早就告诉你们……！”我把一个本来的逻辑后果变成了惩罚，之后还纳闷逻辑后果为什么无效。

如果我当时懂得执行规则时要和善而坚定，我就会说：“我很抱歉你们错过了晚饭。如果你们自己弄吃的，根据咱们的规则，你们需要做什么？”（只有在孩子事先已经同意要做诸如饭后清理的情况下，才可以这么说。）后来，我对逻辑后果的使用更加成功了，因为我知道了使用逻辑后果的所有指导原则，包括让孩子们事先参与。

让孩子们事先参与

多少年来，我一直在唠叨让孩子们在早上穿好衣服。在学过自然后果和逻辑后果的概念之后，我们开了个家庭会议，一致决定早饭时间定在八点到八点半。任何人如果到时没有穿好衣服、没有做好吃早饭的准备，就必须等到午饭时间才可以吃。由于孩子们参与了规则的制订，他们在头几个星期都很热切地积极配合。7 岁的肯尼甚至决定在晚上入睡时把自己的衣服摆成“消防员式”，以便他早上起来能很快穿好衣服。

肯尼也是第一个试探规则的孩子。一天早晨，他穿着睡衣蜷在沙发里，用一只眼睛瞄着钟表。在 8 : 31 时，他走进厨房要求吃早饭。我说：“对不起，肯尼，早饭已经结束了。我相信你能坚持到吃午饭。”肯尼争辩说他不会等，并爬上橱柜去拿麦脆。我咬紧牙关以保持态度和善，同时坚定地把他抱了下来。他大哭，并且大发脾气。这场哭闹持续了 45 分钟，只是中间有几次停下来要爬上橱柜。我每一次都和善而坚定地抱他下来。最后，他终于走开了。我完全不能确定这一次效果会怎样，同时想着打他一顿而不用熬这 45 分钟该多么容易——尽管为了同一件事情我要一又一次地打孩子。

自始至终的和善而坚定果然有效。接下来的两个星期，每个孩子都能在早饭前穿好衣服、按时就餐。然后，肯尼决定再试探一次。当他穿着睡衣在 8：31 走向餐桌时，我重复了和上次同样的话：“对不起，你错过早餐时间了。我相信你能坚持到吃午饭。”我心里在想：“老天！如果他又要大发脾气，我不认为自己能再坚持 45 分钟的和善与坚定。”

让我高兴的是，我只需要把他从橱柜上抱下来了一次，随后，他自己低低地嘟囔了一句：“反正我也不想吃早饭。”就出去玩了。

这是我最后一次面对孩子们在早上吃饭前要穿好衣服的问题。哈哈，起作用啦！这个例子是对我们之前讨论过的两个概念的一个说明：

1. 当孩子试探规则时，事情在变得好起来之前往往会变得更坏。在孩子试探的过程中，保持和善而坚定是有困难的，但却是有效的。

2. 惩罚可能让你得到更快的结果，但是，逻辑后果——如果使用得当——是帮助孩子培养自律与合作的很多非惩罚方式中的一种。

即使逻辑后果在这个例子中起了作用，但其他方法也许效果会更好。在孩子们对那项决定的热情开始消退时，我们应该在另一次家庭会议上再次讨论。正如我在第 9 章中解释的那样，这个办法对于正在消失的做家务的兴趣很有效。我也可以和肯尼一起坐下来，问他一些启发性的问题，以搞清楚他对正在发生什么事情、他对此的感受以及他有什么好主意来解决这个问题的看法。还有，我还可以给他一个大大的拥抱，并告诉他我真的需要他的帮助来执行我们的计划，以便我们有一个安宁的早晨。

当另一种方法会更有效时，人们也经常用逻辑后果。关键之一，是要考虑到长期效果。如果问题的解决比逻辑后果能让孩子学到更多的东西，那就运用那种方法。另一方面，只是简单地让孩子体验自己的选择所造成的后果，就能教给孩子很有价值的生活经验。下面是一个自然后果和逻辑后果都会很有效的例子，但可惜都没用上。

吉娜把自己的垒球手套给弄丢了。其自然后果应该是她玩球时不戴手套。然而，她母亲是一个超级妈妈，以至于不能容忍她的孩子从自己的生活经历中学习。超级妈妈想要控制一切。吉娜的妈妈用了“打一巴掌揉三揉”的方法。在对吉娜作了一番道德说教（吉娜听过无数遍了）——她如何必须保管好自己的东西，以及既然这么不负责任她就如何应该不用手套——之后，妈妈投降了，开车带她去商店（一如既往地发誓说妈妈是最后一次这么做），买了一副新手套。没有让吉娜体验自然后果本来也不是什么太坏的事情，如果妈妈代之以逻辑后果，让吉娜自己挣钱去买副新手套的话。但是，吉娜的妈妈像大多数妈妈一样。她对这件事的介入不符合逻辑。吉娜已经被妈妈“训练”得很明白她不必对自己负责，尽管妈妈每次都会对她大惊小怪。

很多父母和老师都说过这句话，“我已经告诉过你一百遍了”。他们需要认识到，愚笨不堪的不是孩子。孩子们知道什么对他们有作用。大人需要认识到，说一百遍是没有效的。只要大人通过反复提醒或者通过替孩子解决问题，而不是和孩子一起解决问题，将本应该由孩子来承担的责任揽过去，孩子就永远也学不会对自己的行为负责。

西尔维斯太太已经告诉过她的孩子一百遍要把玩具收好了。在学到了这些概念之后，她和善地告诉孩子们，从现在起，如果他们不收拾玩具，妈妈会收——这又是决定她自己要做什么。然而，她补充说，凡是她收起来的玩具，她会全都保管起来，直到孩子们用收拾其他玩具的行动表明他们会照料好自己的玩具。

要记住，玩具被随便乱扔的问题，其实通常是由于父母买的玩具太多了。如果是这种情况，孩子们就不会在乎你收走玩具并永久放起来。这些父母应该对这个问题负责，并采取一些措施（不再买太多玩具），而不能期待孩子们的合作。

西尔维斯太太注意到了哪个玩具是她的孩子们真正在乎的，以及哪个是她买玩具太多而造成的问题。每当玩具扔在一边，她都只问一遍：“你想把玩具收起来，还是想让我来收？”孩子们会收走他们喜欢的玩具。她收起来的那些玩具都被束之高阁，再无人问津了。

当孩子们不在乎的玩具全被收到顶橱里之后，西尔维斯太太告诉孩子们，她不会再提醒他们了，但会拿走任何没收拾好的玩具。这下她不用被迫收起很多玩具了，因为孩子们会爬过去跟她抢。当孩子们向她要被她放起来的玩具时，她只在孩子们能连续一个星期都收好自己的玩具时，才会把玩具还给他们。

这个例子说明了有助于理解逻辑后果的又一个指导原则，那就是孩子需要知道与特权相伴的是责任。明白了这一点，下面的公式就很简单了：

特权=责任

缺乏责任=丧失特权

拥有玩具是一种特权。与这个特权相伴随的责任是照料好玩具。不接受照料玩具的责任的逻辑后果，显然就是失去拥有玩具这个特权。西尔维斯太太还表明了，决定她自己做什么、以尊重的态度预先让孩子知道以及始终坚持并说到做到的有效性。

西尔维斯太太还给这个故事加了一个后续。她现在只给孩子们买那些他们真的非常想要，以至于肯自己把零花钱攒到能承担至少一半的价钱时的玩具。她再也没有遇到严重的问题。孩子们对他们自己投资的东西似乎更加在意。

即使在父母和老师们对自然后果和逻辑后果的价值确信无疑

的时候，这两种方法可能仍然是很难运用的。在理性的时候，大人知道自己的关键目标是促使孩子成长为幸福而有责任感的人。然而，大人们太容易陷入权力之争，太容易受情绪支配而把“赢得”孩子变成“赢了”孩子。父母和老师们都不愿意承认惩罚让他们感觉挺好，因为这给了他们一种在孩子行为不良时使他们觉得被剥夺了的权力感。另外，他们相信让孩子举止得体是他们的职责。他们忘记了，强迫并不是一种为逐渐培养孩子的良好品格所需的生活技能的激励因素。他们还忘记了，管教的主要目的是激励孩子做得更好。

这里引出了需要我们记住的另一条指导原则。我已经在这一章和整本书里提到或暗示了很多次：逻辑后果对于处理大多数问题来说，并不是最佳工具。很多父母和老师对于逻辑后果是如此兴奋，以至于他们想为每一种不良行为都找出一个后果。我都记不清人们问过我多少次了：“这种情形的逻辑后果应该是什么？”我告诉他们：“如果一个逻辑（相关的）后果不明显，很可能就是那种情形不适合运用逻辑后果。”很多其他方法或许更为有效，比如开一次家庭会议、关注于解决问题而不是孩子的行为后果、设立日常惯例、提供有限制的选择、请求孩子的帮助、处理孩子行为背后的观念、决定你要做什么而不是让孩子做什么、以尊重孩子的态度执行决定、拥抱、帮助孩子发现他们的选择会带来的后果而不是强加后果，以及这本书中讨论到的许多其他概念。

回顾

正面管教工具

1. 好好想一想。“逻辑后果”真的是经过拙劣伪装的惩罚吗？
2. 当心是什么在起作用。想一想你的管教方式造成的长期效果。

3. 避免借题发挥，要对孩子的体验表达你的同情和理解。

4. 不要把自然后果强加给孩子；但要让孩子体验他们自己的选择所造成的自然后果，不要在自然后果上施加责难、羞辱和痛苦，也不要包揽孩子遇到的困难。

5. 决定你要做什么，而不是让孩子做什么。

6. 只要可能，就给孩子提供选择。

7. 思考“逻辑后果的四个 R”。

8. 思考“惩罚造成的四个 R”，从而看清你的管教方式的长期效果。

9. 记住，“若要让孩子做得更好，就得先要让他感觉更糟”是一个荒谬的观念。

10. 孩子感觉更好时，才会做得更好。

11. 把不良行为转向有贡献的行为。

12. 你如果希望孩子们控制他们的行为，你就要做自我控制的榜样。

13. 逻辑后果不适用于大多数错误目的的行为。

14. 要自始至终和善而坚定。

15. 通过启发式问题帮助孩子探讨他们的选择所造成的后果。

16. 逻辑后果并不是处理大多数问题的最佳方式。

17. 使用公式：特权=责任；缺乏责任=丧失特权。

18. 为营造更好的家庭气氛和班里的气氛，要专注于解决问题的办法。

问题

1. 父母和老师们有时候会如何掩饰惩罚？

2. 很多孩子在受到惩罚时，想的是什么？

3. 惩罚的即时效果是什么？

4. 惩罚的长期效果是什么？

5. 为什么我们有时候要当心是什么在起作用？

6. 如果大人志在必赢，那他们留给孩子是什么？

7. 自然后果的定义是什么？举几个例子。

8. 大人在自然后果中起什么作用？

9. 逻辑后果的定义是什么？

10. “逻辑后果的四个R”是什么？

11. 如果遗漏了任何一个R，逻辑后果为什么就会变成惩罚？举一个例子。

12. 如果孩子体验不到“逻辑后果的四个R”，他们可能会体验到另外的哪三个R？

13. 当大人以强权迫使孩子吃苦头时，大人的错误信念是什么？

14. 为什么和善与坚定并行很重要？

15. 为什么说要做到和善与坚定并行很困难？

16. 为什么有时候你什么都不做反而是你能做到的最有效的事情？

17. 为什么逻辑后果并不是一切不良行为的最好解决方法？

18. 逻辑后果通常对孩子的哪种错误目的有效，即便是在发生冲突的时候？

19. 在试图解决以寻求权力或报复为目的的问题时，如果要使用逻辑后果，必须先做哪两件事情？

20. 对哪种错误目的的行为，既不宜使用自然后果也不宜使用逻辑后果？

21. 你怎样才能帮助孩子探讨他们的选择造成的后果，而不是把后果强加给孩子？

22. 在绝大多数情况下，你不能关注逻辑后果，而应该关注什么？

第 6 章

关注于解决问题

把思路转向关注于解决问题，需要态度和技巧上的一些小调整。调整虽小，却能带来巨大的变化。当你习惯于某种思考方式时，即使是小的转变也可能很困难，但是，一旦转变之后，你可能会惊奇："我怎么就没早点儿想到呢?"然后，事情就很简单了。

传统的管教方式关注的是教给孩子不要做什么，或者因为别人是"那么说的"而去做什么。正面管教关注的是教给孩子要做什么，因为我们已经要求孩子认真考虑了相关情形并要求他们运用一些基本指导原则——比如互相帮助、互相尊重——找到解决问题的方案。孩子们是整个过程的积极参与者，而不是被动的（也往往是抗拒的）接受者。孩子们会开始做出更好的行为选择，因为这对他们有明确的意义，因为受到尊重的对待并且尊重地对待其他人的感觉确实很好。

当我们专注于解决问题时，孩子们就能学到如何与他人相处，并且拥有了面对下一个挑战的工具。不，他们不会在下一次总是能处理得好（大人也不会在第一次尝试时就能学到手），但他们会从中学习。大人们面对的挑战是要放弃自己的疯狂念头——人要先受到伤害，才能更有收获。我之所以反复强调这一点，是因为这种观念在我们的文化中太根深蒂固，以至于我们必须通过伤害孩子来教给他们分辨对错。

关注于解决问题与关注于惩罚，甚至关注于逻辑后果相比，会营造出一种非常不同的家庭氛围和教室氛围。你的思维方式和行为会因此而改变，孩子的思维方式和行为方式也是如此。很多父母和老师都告诉我，当他们关注于解决问题时，权力之争大大减少了。

关注于解决问题的主旨是：问题是什么以及其解决办法是什么？当大人肯花时间训练孩子，并且放手给孩子充分的机会施展他们解决问题的技能时，孩子们就会成为出色的解决问题能手，并且能想出许多很有创意、有助于解决问题的方案来。

“关注于解决问题的 3R1H”和第 5 章的“逻辑后果的四个 R”非常相似。事实上，前三个 R 是完全一样的，唯一不同的是 H。然而，关注点是非常不同的，因为它强调的是帮助孩子学会解决问题，而不是为问题付出代价（通过惩罚）。

关注于解决问题的 3R1H

1. 相关（Related）
2. 尊重（Respectful）
3. 合理（Reasonable）
4. 有帮助（Helpful）

下面的内容摘自《教室里的正面管教》，说明了当学生们由关注于逻辑后果转向关注于解决问题时，在两次头脑风暴中提出的建议有着怎样惊人的差异。

在五年级一个班的一次班会上，老师让同学们做头脑风暴，对两名因为没听见课间上课铃声而迟到的同学讨论逻辑后果。下面是学生们列出来的后果清单：

1. 让他俩把自己的名字写在黑板上。
2. 让他俩放学后留下，他们上课迟到了几分钟就留几分钟。
3. 扣除他俩明天的课间休息时间，他们迟到了几分钟就扣几分钟。
4. 取消他俩明天的课间休息。
5. 向他们吼叫。

然后，老师要求大家忘掉逻辑后果，为有助于迟到的同学准时回到教室的解决方案做一次头脑风暴。下面是他们列出来的解决方案清单：

1. 大家可以一起大喊：“打铃啦！”
2. 迟到的同学可以在靠近电铃的地方玩。
3. 迟到的同学可以注意别人什么时候回教室。
4. 把电铃调得更响一些。
5. 迟到的学生可以选一个好朋友，提醒他们该回教室了。
6. 打铃的时候，大家可以拍拍那两个迟到同学的肩膀。

两个清单之间的差别是非常大的。前一个不论看上去还是听上去都更像是惩罚。它关注的是过去，以及让两个孩子为自己的错误付出代价。第二个清单则不论看上去还是听上去都更像是解决问题的方案，它关注的是帮助这两个学生在将来做得更好。其焦点在于把错误当成学习的机会。换句话说就是，第一个清单是用来伤人的，第二个是用来帮人的。

乔迪·麦克维蒂是华盛顿州埃弗雷特市的一名获得“正面管教协会”资格证书的会员。她向我们讲述了在一次班会上，她稍加推动就使讨论由“伤人”方案转为“帮人”方案的故事。

我作为一名观察员参加了一次班会。当我到那儿的时候，他们已经一切就绪，已经开始进入解决问题阶段了。他们讨论的问题是一个没被说出姓名的同学没有征得亚历克斯的同意就拿走了他的铅笔。主持班会的学生让大家传递用做发言棒的小企鹅，提出解决问题的建议。开始的时候，提出的建议都是后果性的：“让她课间休息时待在教室里。”“老师可以把她的桌子挪开。”

我很快就明白了，每个同学都知道谁是“犯错”的人，尽管没有说出她的名字来。而且，看来很清楚，她是个“惯犯”，一些孩子都“厌倦”了处理她。她坐在自己的椅子里，渐渐地越缩越小。

我问全班同学，他们对这个问题是否愿意考虑另一种方法，我作为他们的顾问或许可以提供。他们都很急切地想听听是什么主意。我不认为有谁喜欢让别人感到很难堪。我向他们指出，尽管他们没有说出那个同学的名字，但他们都知道说得是谁，连我也已经知道是谁了。他们点点头。我问他们，能否猜一猜乔安娜听了大家的建议后，感觉会更好还是更糟。大家认为乔安娜或许会感觉更糟。我于是提醒全班，大家已经同意在班会上要“帮人”而不是“伤人”，并且建议他们关注解决问题的方案，而不是关注逻辑后果。解决方案是以一种有助于他人的方式解决所发生的问题的方法，而且，在提出解决方案的过程中，全班同学能够想出如何防止类似问题再次发生的办法。我问乔安娜和全班同学，他们想不想试试看。他们都赞同，并且开始重新提建议。

这次，他们提出的建议包括：“她可以问人家借铅笔。”“我们可以做一个铅笔库给全班用。”“她可以用别的东西去交换铅笔，等用好了再换回来，这样亚历克斯就不会担心铅笔拿不回来了。”

看着乔安娜在她的椅子里逐渐“涨大”了起来，真是令人惊异。等小企鹅传递了整整一圈、想要提供建议的同学也全都发过言之后，我支持主持班会的学生问问乔安娜和亚历克斯愿意选择哪个方案。记录员宣读了建议清单，亚历克斯和乔安娜都愿意接受“借铅笔时要先问”这一建议，而且他俩会在一星期以后向全班汇报这一方案的执行情况。

这个方案是明白的、尊重的并且令人鼓励的。问题就此得到了圆满解决。旁观整个过程给我的震撼是，亲眼看见乔安娜的“缩小”和“涨大”。之后我想：“这一班的学生从中学到了什么?”我的感觉是，这个“惯犯”也许是第一次感受到来自全班的支持和接纳。她似乎被这个“先问再借”的简单建议赋予了力量。

她以后还会遇上麻烦吗？很可能。但是，她和她的全班同学现在已经掌握了解决问题的方式，而且这一方式所传递的信息是“你是我们中的一员”，而不再是“你不是我们中的一员，你要被驱逐出去。”

当孩子们和大人刚开始就问题的解决方案做头脑风暴时，你会发现许多建议都是惩罚性的。有时候，需要打断头脑风暴的进程，并且建议他们专注于解决方案。另一种选择是，等完成头脑风暴之后，把建议清单审视一遍，让大家去掉那些不符合“关注于解决问题的 3R1H”的建议。有时候，老师和父母还会要求孩子们去掉那些伤害性或不可行的建议。比如，去夏威夷旅游也许是有帮助的，但是不可行。在去掉伤害性和不可行的建议之后，问题的“事主”就可以选择他们认为最有帮助的建议。当孩子可以选择一个方案，而不是由别人来告诉他应该选择什么——或者由全班投票决定要当事人接受哪个方案时，会极大地增进孩子的受尊重感和责任感。

我们常说，只要给孩子机会，孩子们会比大人更善于解决问题。下面的例子恰好说明了这一点。

在另一所小学里，一、二年级学生使用操场时有些问题。玩绳球[1]的时候，孩子们会耍赖并且好斗。老师们对于如何解决这一问题没有任何好办法，而操场的主管对于如何“让孩子们对自己的行为负责”越来越失望。这看起来像是一个不可能的任务。

在一次讨论这个问题的班会上，一群二年级的学生提出了一个不同寻常的见解：耍赖和好斗的原因之一，是因为玩绳球的赢方得到了很高的奖励。你赢的时间越长，就能玩儿更长的时间。这使得大家都想要赢，而且使得那些在等着轮到自己的孩子要等很长时间。

凯蒂对这个问题提出了一个很好的解决方案。她建议：不要让赢家再继续玩下去，两个玩伴都重新排队。这样，赢球（或者耍赖）的冲动就减小了，并且可以有更多的孩子在课间玩到球。同学们都赞同这个建议，而且还把它提交给了一、二年级的其他班讨论。他们都同意试行几个星期。老师们有些怀疑。他们认为孩子们会找到办法绕过这个规则，让任何所谓的“成功解决”都转瞬即逝。

结果令人非常意外。孩子们喜欢这条新规则。实际上，想到是他们中的一员——一个二年级的学生——想出了这么个有效的办法，孩子们就充满了力量。操场上的气氛发生了极大的变化，这些年少的学生因为自己成功地解决了问题而觉得浑身是劲儿。在随后的一系列班会上，好几个班级都创造性地为其他一些问题

---

① 用绳将一小球系在木杆上，两人用手或木棒反向击球，看谁先将绳完全绕在木杆上。——译者注

找到了解决方案。而且，老师们也相信了班会的价值——不仅能解决问题，还能教给孩子们有价值的生活技能。

当孩子洒了牛奶的时候，孩子决定（因为你问他应该怎么解决这一问题）去拿海绵和毛巾，这就是3R1H（相关、尊重、合理、有帮助）。你就是在教给孩子生活技能，并且为孩子提供机会发展他对自我能力的感知力。

当你的十几岁的孩子晚上回家晚了，超过了规定的时间，在你和孩子都平静下来以后（常常就到了第二天），你让孩子和你一起做头脑风暴，以找到对双方都尊重的解决方案，这就叫3R1H（相关、尊重、合理、有帮助），而你就是在教给孩子承担责任和解决问题的技能，并且让孩子明白要尊重你的要求。

当你的孩子玩垒球时打破了窗户，你俩决定解决问题的办法是一起修好玻璃（所需材料用孩子的零用钱来购买），你就做到了3R1H（相关、尊重、合理、有帮助）。只要你不责备孩子，并且把错误看作是学习的机会，你和孩子就不但是在练习解决问题的技能，而且是在相互尊重，并且会共享高质量的亲情时光。

在关注于解决问题的过程中，一个内在的、价值无量的人生技能就是让孩子知道“冷静期”的价值。在试图解决问题之前，绝大多数情况下我们都需要一段时间的冷静。让孩子理解并学会做到这一点非常重要。因为，当我们心绪烦躁并且受“原始脑”支配时，关注于解决问题的方案是很困难的，那里唯一的选择是“战”或者“逃”，等到我们冷静下来，并且能够重新接通理性大脑时，才有助于问题的解决。积极的“暂停”可以帮助我们做到这一点。

积极的“暂停”

如果你的配偶或同事把你逼得走投无路，并且说：“我不喜欢你刚才的所作所为。你去‘暂停’一下，想想你都做了些什么。”这时你会有什么感觉？你会怎么想？你会怎么做？你是会感激人家的帮助，还是会愤愤不平？你想的会是“哎呀，这真是太有帮助、太鼓舞人了”，还是“这太侮辱人了。你以为你是谁啊？”你会觉得因为这个人是在帮助你，因而决定把你所有的问题都告诉这个人，还是会与这个人拉开情感距离，甚至去另找一个伴侣？

既然这种做法对大人来说既是不尊重的也是不奏效的，为什么我们却认为这对孩子就会有效呢？成年人做了很多无效的事情，因为他们没有经过真正的认真思考。他们没有考虑长期效果。他们没有考虑孩子会有什么感受，孩子是怎么想的，以及孩子会对自己、别人以及将来该怎么办做出何种决定。他们也没有考虑自己说的是什么话。

我问父母和老师们，为什么说“你想想你做了些什么”这话很愚蠢。其愚蠢之处在于，这句话假设大人能控制孩子们的想法。他们控制不了。那些被送去“暂停”的孩子不大可能在那里想他们做了些什么。他们更可能想的是你做了些什么，以及你对他们多么不尊重、不公平。有些孩子可能会满腔愤怒和怨恨，想的是要怎样才能扯平，或者下次怎样才能不再被你抓到。最让人痛心的是那些因此而把自己想成是“坏蛋”或“不够好”的孩子。

积极的“暂停”则完全不同。它是要帮助孩子感觉更好（这样他们才能接通理性大脑），而不是让他们“感觉更糟”（这是一种错误的激励），不是让他们为自己的错误“付出代价”。在每个人都能足够冷静到接通理性大脑之前，专注于解决问题就不会有效。在让孩子和我们一起来布置“积极的暂停”区时，要遵循以下四项指导原则：

1. **花时间训练。**在使用“积极的暂停”之前，要和孩子谈谈它的好处。要将“冷静期”的价值，以及在解决冲突之前要等待每个人的感觉都好起来的重要性告诉孩子。

教孩子使用“积极的暂停”或者“重新振作起来的时间”的一个好办法，就是你要把它用于你自己。父母们可以把一本自己最喜欢的幽默书放在卫生间的抽屉里，需要时就到卫生间里待几分钟，以便重新振作起来。在一个教室里，“再振作”区是一个装饰成热带海岛的教室一角（被称为“夏威夷”）。孩子们可以先去“夏威夷”待几分钟重新振作起来。老师并不经常去那里，但她的抽屉里放了一棵充气棕榈树，当她需要去“夏威夷”时，她就会把棕榈树拿出来放在自己的桌子上。学生们就会知道，当老师在“夏威夷”时，他们应该给老师一会儿时间，以便让她平静下来并且再次振作起来。

2. **让孩子们自己布置他们的“暂停”区——这是一个有助于他们心情好转以便做得更好的小地方。**让孩子们布置（或至少参与布置）他们自己的“积极的暂停”区，对于孩子们来说很重要。如果孩子太小，还不能帮着做计划或做选择，那他们就还不到使用“暂停”的年龄。要向孩子解释，“积极的暂停”的目的不是要惩罚，或是给他们造成痛苦。要和孩子们一起做头脑风暴，提出一些在“积极的暂停”时能帮助孩子们心情好转的活动，比如读书、玩儿玩具、休息或听音乐。

很多父母和老师反对在孩子“暂停”时允许他们做些愉快的事情。他们相信，允许孩子玩玩具、读书、休息或听音乐是对孩子不良行为的奖励。这些人深陷于陈旧的观念之中，坚信孩子要遭到惩罚（感觉更糟）才能做得更好，却理解不了当孩子们感觉更好时会做得更好这一事实。

因为“暂停”这个词已经担了一个惩罚意味的恶名，所以让你的孩子或学生给它换个名字是个好主意。一位幼儿园的老师和她的学生们布置了一个名为“太空”的地方。他们在教室的一个角落里挂了一张黑色的网，并且从天花板上垂挂下一些星星。这个角落里放着两个豆子袋，因为有时候孩子需要带上一位“暂停”伙伴（或太空伙伴）一起进去，还放着一些书、填充动物玩具以及听音乐用的耳机。另一所幼儿园的老师用一些旧的软布填在几件旧衣服里做了一个“暂停”时用的“奶奶”。老师在需要时会问孩子：“你觉得到‘奶奶’的腿上坐一会儿会不会好些？”

注意“会不会好些？”这种问法。给孩子两种选择是对孩子的极大尊重。“你觉得现在怎样才能对你最有帮助？是去‘冷静角’，还是把问题放到班会（或家庭会议）的议程上？”

3. **事先和孩子们（或学生们）商量好一个计划。**要向孩子们解释，你们中的一方或双方也许会发现，在试图解决一个问题之前，做一个“暂停”，直到自己的感觉好起来，是很有帮助的。父母和老师们经常承认，更需要“暂停”的是自己，哪怕仅仅是几次深呼吸。要让孩子们知道，他们可以“选择”积极的暂停，如果他们认为这有帮助的话。

当一个孩子行为不当时，有些父母会说：“你觉得去你的‘快乐角’会不会好些？”如果孩子因为过于生气而说“不”，父母可以说：“你愿意我陪你去吗？”为什么不呢。也许你像孩子一样需要一些“暂停”。记住，你的目的是让孩子们感觉好起来，这样孩子才能做得更好。如果孩子还是说“不”，你可以说：“好吧，我想我要去。”这样，你就会给孩子做出榜样，表明“暂停”并不是什么坏事。

4. **最后，要教给孩子，当他们的感觉好起来之后，如果问题**

仍然存在，就要紧跟着找到解决问题的方案，或做出弥补。那些反对允许孩子在“暂停”时做些愉快事情的大人，往往根本就没有听说过这条指导原则。

有些采用正面管教的学校在操场设有“积极的暂停”凳。老师告诉学生们，当他们需要冷静时，任何时候都可以去坐这个凳子，直到他们能够做到尊重别人或爱惜操场的设备。当老师或操场的主管问一个学生，“你觉得在你的感觉好起来之前去坐坐‘暂停’凳会有帮助吗？还是你现在就想出解决问题的方法更有帮助？还是愿意把你的问题放到班会的议程上？”的时候，尊重、和善而坚定的态度是很重要的。

没有必要每一次都马上找到解决问题的方案。有时候，“积极的暂停”已经足以中断有问题的行为。仅仅是感觉好起来就足以让孩子转向更为社会所接受的行为了。当看上去确实适合紧跟着找到解决问题的方案时，用启发性问题帮助孩子探讨自己的选择造成的后果，并利用自己学到的方法来解决问题，是很有帮助的。有时候，孩子们可能想通过把问题放到家庭会议或班会上，来得到更多的帮助以找到解决方案。

玛莎是我的儿童发展课程班上的一名学生，她曾因为儿子行为不当而把他送到他自己的屋里去。一两分钟后，孩子就跑了出来，她立即又把他送了回去。当被问到她的孩子跑出来时是否还在继续不良行为的时候，她承认孩子没有。她不由得笑了起来，因为她认识到，如果她当时记住自己的目的是帮助孩子改变行为，而不是用权力让孩子吃苦头的话，就没有必要再送孩子回他自己的房间了。然后，我们又谈到，如果当时孩子自己选择去他的“特别的地方”——一个他帮着布置的地方——直到他心情好起来，就会更有效。

大多数父母和老师不知道有其他有效的方式可以代替惩罚。

当他们知道了等一段时间冷静下来并不是要“放过那个孩子”，并且也不是“娇纵”时，对他们大有帮助。既和善又坚定的正面管教方法只有在大人理解了人类行为和各种管教方式的长期效果之后，才会有意义。让父母和老师们知道在“积极的暂停”之后应该紧接着做什么，也是很有帮助的。通过启发式问题来帮助孩子探讨他们的选择造成的后果，是紧接着应该做并且专注于问题解决方案的最佳方式之一。

启发式问题

帮助孩子们探讨他们的选择会带来什么后果，与把后果强加给孩子有极大的不同。探讨要求孩子参与进来，自己思考，自己把事情想清楚，并且确定对他们重要的是什么以及他们想要什么。其最终结果是专注于解决问题的方案，而不是后果。把后果强加给孩子，往往会导致孩子的反叛和戒备心理，而不是探索式的思考。要帮助孩子探讨问题，关键是要停止告诉孩子们答案，并且开始问启发式问题。

典型的启发式问题

- 你当时想要完成什么？
- 你对发生的事情有什么感觉？
- 你认为是什么原因导致了那件事情的发生？
- 你从这件事中学到了什么？
- 你怎样才能把这次学到的东西用于将来？
- 你现在对解决这一问题有什么想法？

我之所以把这些问题称为典型问题，是因为提问时要格外注意你不能有腹稿。关键是要走进孩子的内心世界。你会注意到我没有建议你问“为什么”的问题。原因在于，“为什么”听起来像是在指责，并且会招致孩子的戒备。实际上，所有的问题都可以以一种指责的腔调来问。当孩子们觉得你对他们的观点真正感兴趣时，“为什么”才能起到作用。下面的指导原则会帮助你恰当地使用启发式问题：

1. **不要预设答案**。如果你对孩子应该如何回答这些问题预设了答案，你就无法走进孩子的内心世界。这正是这些问题被称为“启发”式问题的原因。

2. **如果你和孩子中有任何一个人心绪烦躁，则不能提问**。要等到你们两个都平静下来。

3. **你问的启发式问题要发自你的内心**。让你的智慧指导你该如何走进孩子的内心世界，并且要表达出你的同情和接纳。

我最喜欢的一个例子是，我女儿有一次告诉我，她打算在一次聚会时一醉方休。我倒吸了一口气，说：“跟我说说看，你为什么要那么做?”她说：“很多孩子都那么做，而且看上去他们喝醉了都很开心。”我克制住想要对她说教的冲动，问道：“你现在不喝酒，你的朋友们是怎么说你的?”她想了想，说：“他们总是说多么钦佩我，多么为我骄傲。”我接着说：“你认为你喝醉了酒，他们会怎么想或怎么说?”我能看出她在思考，之后她说：“我敢肯定他们会感到失望。”我跟着又问一句：“那你觉得你会怎么想你自己呢?”这个问题显然让她更费思量。她停顿了一下，说道：“我大概会觉得自己是个失败者。”她随即又加上一句，“我想我不会那样做的。”

如果我不知道启发式问题，以及帮助她探讨她自己的选择所造成的后果的价值，我也许就忍不住会强加一个惩罚性的后果给她，比如对她禁足。这很可能会促使她偷偷摸摸地去喝醉，而不是相信她可以和我讨论问题。最大的损失将会是她没有机会去探讨她自己的选择带来的后果，去发现她真正想要的是什么样的生活。

回顾

总的来说，关注于解决问题能够让孩子学到：

· **要从错误中学到东西，需要做什么。**我们该怎样解决这个问题？需要做些什么？有些事情无法完全解决，但能做到最好的是什么？

· **怎样才能发挥孩子们的优点。**当解决方案由孩子提出来，或者是由孩子们一起通过头脑风暴选出的最有益的方案，他们就会受到鼓励，以建设性、贡献性的方式来运用自己的力量。

· **错误是学习的机会。**孩子们会明白，犯错误并不可怕，只要你不因为犯了错误而痛责自己，并且把犯错误看作一种学习的途径。

· **怎样培养解决问题的技能。**你能够想象假如每个人都掌握了这一技巧，这个世界将会怎样吗？

· **怎样停下来、冷静下来并且解决问题，而不是做出反击。**这是一项非常了不起的人生技能！

· **怎样创造性地面对出乎意料的问题，而不是心绪败坏，放弃努力。**

· **怎样培养恰当的（有益于社会的）回应方式。**孩子们学会的是“要做什么”，而不是“不能做什么”。最有效的逻辑后果同时也是解决问题的办法（有所帮助的办法）。

刚开始学习正面管教方式的父母和老师们，应该每次只做一件事情，并且记住不要害怕不完美。要结束管教战争（世界的和平从家庭以及学校的和平开始），我们就必须避免权力之争，并且要营造一种能给孩子和大人都带来长期有效结果的氛围：互相尊重、承担责任、充满自信、足智多谋以及解决问题的技能。重要的是要把错误看作是学习的机会。关注于解决问题是实现这些目标的最佳方式之一。

正面管教工具

1. 关注于解决问题。
2. 关注于解决问题的 3R1H。
3. 明确问题所在，用头脑风暴找出解决方案。
4. 先要去掉那些不尊重人的方案，再让孩子选择他们认为最有益的解决方案。
5. 在解决问题之前先要冷静下来。
6. 积极的“暂停”。
7. 询问孩子怎样做会对他们最有帮助——而且，如果可能的话，至少给孩子两个选择。
8. 利用家庭会议或班会来解决问题。
9. 用启发式问题帮助孩子探讨他们的选择造成的后果。

问题

1. 什么是“关注于解决问题的 3R1H”？
2. 关注于解决问题的主旨是什么？
3. 关注于解决问题的头脑风暴与关注于后果的头脑风暴相比，其结果会有什么不同？
4. 你可以用什么样的提问来帮助孩子去除那些惩罚性的

建议？

5. 在寻找解决方案之前的冷静期为什么很重要？

6. “积极的暂停”与“暂停”的传统用法有何不同？

7. 作为一个成年人，如果你的搭档以惩罚的态度让你去“暂停”，你会怎样想、怎样看、做出怎样的决定？

8. 如果你知道每当你需要让自己心里好受些的时候，可以去你自己布置的角落去“积极的暂停”，你会怎样想、怎样看、做出怎样的决定？

9. 为什么告诫一个孩子“想想你都做了些什么”是很愚蠢的做法？

10. 教给孩子“积极的暂停”，需要遵循哪些重要的指导原则？

11. 在孩子“积极的暂停”之后，或者帮助孩子探讨了他们的选择会造成的后果之后，应该紧接着做些什么？

12. 把一项后果强加给孩子，与帮助孩子探讨他们的选择造成的后果相比，二者之间有什么不同？

13. 为什么和善与坚定并行很重要？

14. 为什么要做到和善与坚定并行很困难？

15. 为什么应该避免在心绪烦躁的时候处理冲突？

16. 如果不立即处理冲突，大人往往会担心些什么？

17. 为什么让孩子参与设立限制会更有效？

第 7 章

有效地运用鼓励

当他们走进屋来的时候，你是否眼睛发亮？

——托妮 · 莫里森[①]

如果一个孩子走向你，天真无邪地对你说："我是一个孩子，我只想有所归属。"你会生气并羞辱这个孩子吗？当然不会！大多数成年人恰恰是没有认识到，一个行为不当的孩子在潜意识中是在说："我只是想有所归属，而我对如何获得归属感有一些错误的想法。"当然，这种信息是用密码说出来的。如果大人们学会了理解这个"不当行为的密码"，就能对孩子有更多的鼓励。

正如在第 4 章中讨论过的那样，行为不当的孩子是丧失了信心的孩子。他们的不良行为是在让你知道，他们没有感受到归属感和价值感，而且他们对于如何找到归属感和价值感抱有错误的

① Toni Morrison，美国当代黑人女作家，1931 年生于俄亥俄州，现任普林斯顿大学写作专业教授。她的作品始终以探索和反映黑人历史命运及精神世界为主题。——译者注

信念。如果你能记住，在孩子不良行为的背后隐藏着一个失望的信念，你在把孩子的不良行为转变为积极行为时就会更有效。

德雷克斯强调鼓励，并且认为这是大人在帮助孩子时应该学会的最重要的技能。他说过很多次："孩子们需要鼓励，正如植物需要水。没有鼓励，他们就无法生存。"接受了这一前提，显而易见的就是通过鼓励来帮助一个行为不当的孩子是最好的方法。当失望感被消除的时候，不良行为的动机也就不存在了。尽管这是千真万确的，但对一个正在做出不当行为的孩子进行鼓励却不是一件容易做到的事，况且许多成年人不知道什么是鼓励。

有时候，鼓励并不容易，因为大人们很容易习惯性地以负面方式对孩子的不良行为作出回应，而不是处理隐藏在不良行为背后的信息，以激励孩子做得更好。鼓励之所以不容易的另一个原因，是因为太多的成年人囿于一个成见，坚信惩罚能促使孩子改善他们的行为。大多数相信惩罚会有效的父母和老师，没有探讨过惩罚的长期负面效果。即使那些探讨过惩罚的长期效果，并且知道惩罚并不是什么好事的父母和老师们，也往往不能自拔。

知道"不能自拔"是正常的，也许能给大家一些鼓舞。我们都有一些"穴位"，孩子们知道怎么去点中。当我们被点中"穴位"时，我们就转向了原始的"爬行动物脑"。我们不会像爬行动物那样"吃掉"孩子，但当我们生着气做出反应时，我们肯定是在"啃掉"孩子的归属感和价值感。在发生冲突的时刻，不论大人还是孩子都可能作出非理性的回应。毫不奇怪，此时没有谁能够倾听。这不是一个教给孩子任何建设性的事情的好时间，而正是在这个时候，大人们认为他们应该处理冲突。如果他们不处理，就是"让那个孩子得逞"了。这正是需要"积极的暂停"的一个原因——这样，大人和孩子才能在试图解决一个问题之前冷静下来，并且感觉好起来（并接通他们的理性大脑）。

即使大人冷静了下来，即使给予孩子鼓励听起来确实很好，但如果大人们不知道什么是鼓励，做起来还是往往令人茫然不知所措。鼓励是这本书的焦点。书中讨论的每一种方法都是用来帮助孩子和大人感受到鼓励的。鼓励，是给孩子提供机会，让他们培养“我有能力，我能贡献，我能影响发生在我身上的事情，我能知道我该怎么回应”的感知力。鼓励，是教给孩子们在日常生活和人际关系中所必需的人生技能和社会责任感。鼓励可以简单到是一个帮助孩子感觉好起来从而做得更好的拥抱。

很多年以前，我决定检验一下这个理论。我两岁的儿子一直哼哼唧唧，让我心烦得恨不能揍他。但是，我想到了鼓励的概念，便跪下来，给了他一个拥抱，并且告诉他我多么爱他。不但他停止了哼唧和哭闹，而且我自己的烦躁情绪也神奇地消失了，这都是我记住了他的行为背后隐藏的信息，并且花了几分钟时间做了一件鼓励性而非惩罚性的事情的结果。

令人遗憾的是，鼓励并不总是能像上面这个例子所表明得那么简单。这里有三个主要原因：

1. 要让大人记住一个行为不当的孩子其实是在说“我只是想有所归属”，有时候的确有困难。

2. 尽管大人通常很善长惩罚孩子，但对于鼓励孩子却不得要领。

3. 在冲突发生的时刻，孩子并不一定能够接受鼓励。

时机

在前面的例子中，我儿子在他哼唧时对鼓励作出了令人满意的回应。有时候，只有在一段冷静期之后，鼓励才能被令人满意地接受。当冲突发生之时，尤其是当错误目的是寻求权力或报复时，大人和孩子可能都会感到太愤怒，而不能给予或接受鼓励。由于这个原因，友善地退出来（你或者孩子去做“积极的暂停”）常常是你们在冲突时刻所能做的最有效的事情。如果你在双方冷静下来之前确实无法对导致冲突的行为视而不见，至少要用“我……”的句式来表达你的感受和意图，而不能用伤害性的评判或责备。

要退出冲突，大人可以这样说：“我想我们两个人现在心情都很糟，无法讨论这个问题，但我愿意在你我都冷静下来之后，再来和你讨论。”如果你在班会上已经和学生们讨论过冷静期的“积极的暂停”概念，而且你的学生们帮你布置了教室里的“积极的暂停”区，你这样说就会尤其有效。如果你正在开家庭会议或班会，你也可以提供一个选择：“你愿意把这个问题放到议程上吗？还是我来？”另一种选择可以是：“你觉得现在怎样做会对你最有帮助？是去做‘积极的暂停’，还是把这个问题列入议程，到时候请大家来帮你？”

如果你的鼓励不成功，可能是因为时机不对。认识到冷静期的重要性会增加你成功的机会。

相互尊重

相互尊重包含以下的态度：

1. 对你自己和他人能力的信任；
2. 对别人的观点以及你自己的观点的兴趣；
3. 承担起你对问题所应负责任的意愿。

将这种态度教给孩子的最好方法是以身作则。你将会看到，如何将时机和赢得合作的概念与相互尊重的概念融合在一起。

杰森是布拉德老师五年级班里的一个学生，他经常在上课的时候大发脾气，大声向别人宣泄他的敌意，包括对布拉德老师也是如此。布拉德老师试过好几种方式的惩罚，结果似乎只会让杰森的发作愈演愈烈。他把杰森送到过校长办公室，试过让杰森放学后留下来抄写500遍要克制脾气的句子。他最后尝试过要求杰森离开教室，坐到教室外面的板凳上去冷静。杰森会摔门而出。有时候，他会在教室窗前上窜下跳、做鬼脸。当他回到教室的时候，他会怒气冲冲，而且很快会再次怒火喷发。

布拉德老师决定试试鼓励。他提醒自己要牢记把握时机、赢得合作以及相互尊重这些概念。他以让杰森放学后留下来为开始，这时他们不会被人打扰。当杰森放学后去见老师时，他看到的是一位比平时友善得多的老师。布拉德老师首先感谢他肯占用宝贵的时间在放学后留下来。然后，他告诉杰森，老师很想和他一起探讨一个双方都满意的好办法。他还向杰森承认了自己的错误，对杰森说，不论咆哮课堂的行为多么令人生气，老师企图以惩罚来促使杰森表现更好的做法都是错误的，是对杰森的不尊重。布拉德老师继续说，他不愿意再使用任何惩罚，并且需要杰森的帮助。他问杰森，是否愿意和他一起找到解决问题的办法。

杰森还不愿意合作，并且充满敌意地声称，当其他同学惹他生气时，他忍耐不住。（记住，当我们改变我们的行为时，孩子需要一些时间才能相信这一变化。）布拉德老师表示他很理解这种感觉，因为有时候别人也会让他气得不得了。这句话引起了杰森的注意。他惊讶地看了老师一眼，眼睛里开始显出放松的神情。布拉德老师接着告诉他，他注意到当自己生气时，身体会出现某些反应，比如胃里有个硬结，肩膀变得僵硬。他问杰森是否注意到自己生气时身体会有些什么反应。杰森想不出来。布拉德老师于是问杰森，他是否愿意做个小实验，下次再发脾气时注意一下自己的身体出现的反应。杰森说他会的。他们约好，下次杰森发脾气的时候，放学后来找老师，告诉老师他有什么发现。

杰森在课堂上又发脾气是在5天之后——这对杰森来说是一个很长的时间了。也许仅仅是因为布拉德老师以友善和尊重的态度花时间和他谈了一次，杰森就感受到了归属感和价值感。他在这段时间内没有感到需要通过不良行为来寻求归属感和价值感。然而，这并不能持续到永远。

杰森这一次大发脾气的时候，布拉德老师温和地把手放到他的肩膀上，说："杰森，你注意到你身体现在出现什么反应了吗?"这一问题引起了杰森的思考，从而打断了他的发作。当布拉德老师补充说，"放学后你来告诉我啊。"时，听上去他对此更感兴趣并令人激动了。

杰森放学后来找老师，说他注意到自己发怒时握紧了拳头，咬紧了牙关。布拉德老师问他是否愿意在下次开始生气时控制住自己，并通过到教室外面去做"积极的暂停"，让自己冷静下来，以此承担起自己的责任。布拉德老师还说，杰森离开教室时不必征得老师的同意，因为老师知道杰森要去做什么，并且相信他完全能够自己处理好。然后，布拉德老师问杰森，他在教室外面的时候打算做些什么事来让自己的感觉好起来。

杰森说："我不知道。"

布拉德老师说："你数到10或者100，或者想些开心的事儿，或者干脆欣赏一下天气怎么样?"

杰森说："好吧。"

这一次，杰森过了五六天又大发雷霆。同样，他从老师以尊重的态度和他谈话中感受到了鼓励。也同样，这次鼓励并没有持续到永远。这个星期，杰森到教室外面去了三次，每次都在外面待3~5分钟就回到教室，明显地平静多了。每一次，布拉德老师都朝他竖起大拇指，并且眨眨眼睛，以向他负责任的行为致谢。布拉德老师并不知道杰森是怎么让自己平静下来的，但很高兴杰森没有在窗外做鬼脸。杰森一直很负责地控制着自己的怒气，一星期会离开教室四五次。直到三个星期之后，杰森又一次冲一个同学咆哮起来，忘记了走出教室。

布拉德老师在午饭休息时间找杰森谈了一次，并且说他最近一直做得很好。他还说，每个人在学习过程中都会犯错误，并且问他，是否愿意继续努力改进。杰森愿意。布拉德老师后来报告说，在随后的一年里，杰森偶尔会走出教室，但很少发脾气了。当杰森在冷静之后回到教室时，布拉德老师继续对他眨眼并微笑。杰森并没有变完美，但他有极大的改进。在一次全体教员会议上，布拉德老师说："杰森以前每天发几次脾气。现在他每个月才失控一两次。我很满意。"尤其让布拉德老师感到高兴的是，他俩之间的相处越来越和谐，师生关系越来越让人感到愉快。

改善，而不是完美

上面的例子也说明了要为了改善而努力，而不必期待完美。完美是一种极不现实的期待，追求完美的人往往会陷入深深的沮丧之中。孩子们宁愿不做任何尝试，也不愿意因为无法达到一个大人——或他们自己——期待的完美而体验持续的挫折感。承认孩子的进步会鼓舞孩子，并能激励孩子继续努力。

布莱莉太太正感到失望，因为她的儿子阿尔贝托在学校不断惹麻烦。他每次有不良行为时，老师就会罚他抄50句话。阿尔贝托不肯，老师就加倍罚。布莱莉太太担心阿尔贝托会变成一个小混混，所以她也开始对他说教并斥责他。阿尔贝托现在在家里和学校里都受惩罚。他通过表现得好像根本不在乎来进一步反叛，并且开始痛恨上学。布莱莉太太最后要求与老师谈一谈。在跟老师谈时，她问老师，阿尔贝托的"坏"行为占多大比例。老师说："大约15%。"布莱莉太太吃惊地认识到，因为更多地关注了

15%的不良行为，而不是85%的好行为，阿尔贝托正在得到（他也在照此“身体力行”）坏名声。

布莱莉太太正在参加一个父母学习小组，她与老师分享了自己正在学习的一些事情。阿尔贝托的老师对于了解非惩罚性的解决方法很感兴趣。他们达成一致，要制订一个积极的计划来帮助阿尔贝托。在另一次会面时，阿尔贝托也在场，他们都同意，每当阿尔贝托扰乱课堂或不尊重别人时，他就要做些有贡献的事情做出弥补，比如替老师做一些事情、辅导班上需要帮助的同学或者在某堂课上讲一个片段。阿尔贝托的不良行为被转向了有贡献的行为。从此，他很少再有行为问题。他的老师也开始召开班会，以便出现问题时由全班来解决。

负面的惩罚会激起反叛，并且让孩子、父母和老师都灰心丧气。当大人使用相互尊重、解决问题、鼓励以及关注于解决问题的方案时，孩子们就会得到归属感，并且发展出负责任的行为。

着眼于优点而不是缺点

正如下图所表明的那样，你的孩子或学生可能85%是优点，15%是缺点。可是，大多数大人关注的是什么呢？

你看到了什么就得到什么

优点　　缺点

当你把85%的时间和精力都用来关注15%的消极方面时，消极方面就会膨胀，而积极方面不久就会消失。你看到什么就得到什么。另一方面，如果你把85%的时间和精力用来认可并鼓励积极的方面，消极方面就会很快消失，而积极方面就会增长到100%，因为这是你所看到的全部。当你关注积极方面时，对你自己和别人都是令人鼓舞的。

将不良行为转向积极的方面

要从每个孩子的行为中寻找优点。扰乱课堂的孩子往往具有好的领导能力。当你看到这一点时，要帮助孩子并且将其不良行为转向有贡献的方向就不那么困难了。在“附录2”中描述的同伴辅导员计划就基于这一概念。老师们推荐那些把领导能力用于扰乱课堂的学生参加培训。这些学生经过培训之后成为同伴辅导员，并用他们的领导能力帮助其他学生。

一个幼儿园老师掌握了将不良行为转向积极方面的概念，多次加以运用。黛比不愿意在做完手工之后收拾起自己留下的乱糟糟的东西。老师就让她负责并教给她如何教其他孩子像她那样收拾起东西。肖恩总把其他孩子搭的积木打翻。老师就让他负责教给其他孩子在玩儿积木时如何合作，并在该收起积木时，帮助其他孩子。

作出弥补

这与将不良行为转向积极方面非常接近，但让孩子们更多地参与问题的解决过程。当孩子们做出了什么不负责任或者不尊重他人的行为时，给他们一个机会做一些能让被他们冒犯的人感觉好起来的事情，以此作为弥补。当阿尔贝托扰乱课堂时，他给老师的正常授课造成了困难。老师让他通过做一些事情使老师的工作轻松些，这就给了他弥补的机会。如果大人的态度是惩罚性的，这就不会有效。在大人的态度友善而尊重的时候，而且当孩子参与决定该如何弥补的时候，这样做会特别有效。

朱迪和琳达用橙子砸一个邻居家的汽车。妈妈和她们一起坐下来，以一种友善的方式用启发式问题进行了讨论。首先，她表示理解孩子的想法："用橙子砸希伯特先生的汽车一定是一次让人很开心的冒险。但是，我愿意先猜测一下。我敢肯定你俩没有想过，当他看见他的汽车被弄成这个样子会是什么感受。"

姐妹俩面有一点愧色了。

妈妈继续说："你们认为他会怎么想？如果有人往你的汽车上扔橙子，你俩会是什么感觉？"

两个小姑娘承认她们会很不乐意。

妈妈然后问："想想看，你俩能对希伯特先生做些什么来弥补呢？"

两个小姑娘耸了耸肩，说她们不知道。

妈妈继续说："姑娘们，这不是要给你俩找麻烦。我们都会犯错误。这是要从错误中学习，并尽可能弥补过失。你俩都是解决问题的能手。如果你们有辆车，别人用橙子砸了你的车，他们要怎么做才会让你俩感觉好一些呢？"

琳达说："我猜我希望他们说对不起。"

妈妈说："还有呢？"

朱迪说："我希望他们把我的车洗干净。"

妈妈说："这听起来都是好主意。你们愿意为希伯特先生这么做吗？"

两个小姑娘有些不情愿，但同意这是应该做的事情。

妈妈说："我知道这有点儿难，我还知道你们做完之后会感觉更好。你们是要妈妈和你俩一起去，还是你们想自己去找希伯特先生说？"

两个小姑娘都一致表示她们自己去找希伯特先生。

很幸运，希伯特先生赞赏她俩的行为。他说，对于她们来说，要承认自己的错误并且做出弥补是需要勇气的。假如希伯特先生发牢骚，妈妈仍然应该支持姐妹俩去弥补。即使别人不那么亲切地接受她俩的弥补，也很容易想象，朱迪和琳达以后做事情会多考虑一下后果。

在一所小学里，五个小男孩正在教室的门上乱画时被抓住了。管理员通过让他们帮助他给门刷油漆来做出弥补。这位管理员对待孩子的态度非常尊重，使得这几个孩子不但对他们的工作感到很自豪，而且还阻止其他孩子损坏公物的行为。

做出弥补是鼓励，因为它教给孩子社会责任感。孩子们在帮助别人时，会对自己感觉更好。以非惩罚性的方式让孩子们做出弥补是鼓励，因为孩子们经历了一个从错误中学习并且改正所造成的任何后果的机会。做出弥补是鼓励，因为孩子们因此知道了他们能够为自己的行为承担责任，而不必担心受到责难、羞辱和痛苦。

让人痛心的是，有些大人认为，让孩子们为自己的所作所为而感受到责难、羞辱和痛苦，比做出弥补并体验到那种能激励他们停止不良行为的鼓励更为重要。实际上，这些人大都错误地相信，帮助一个孩子感觉好起来就是在奖赏其不良行为，并且会鼓励孩子做出更多的不良行为。重要的是要注意到，当孩子受到鼓励做出弥补时，他们并没有"逃脱"不良行为的责任。他们是在不伤尊严和受尊重的情况下学习对自己的行为负责。

避开社会压力

当大人感到社会压力时，要使用有效的步骤处理孩子的问题就会有困难。当朋友、邻居、亲戚或其他老师在一旁观看你如何对待行为不良的孩子时，你可能会觉得，自己作为一个父母或老师的有效性，就取决于你对此事处理的好坏。在这种情况下，就很容易觉得这些旁观者期待着立竿见影的完美——这就是压力。你可能会受此诱惑而使用惩罚来满足旁观者，因为惩罚看起来能最快奏效。

在有社会压力时，要保持头脑清醒并且去做最有成效的事情，是需要相当大勇气的。一年夏天，我们和几个朋友一起背包徒步旅行。我们 10 岁的儿子马克很擅长运动，背着背包跋涉了 10 公里，到达一个山谷。当我们为漫长而陡峭的回程做准备时，马克抱怨他的背包硌得他疼。他爸爸开玩笑地说："你能受得了。你可是海军陆战队队员的儿子。"

马克太痛苦了，一点儿也不觉得这句话好玩，但他还是开始攀登了。他在我们前面没走出多远，我们就听到他的背包从山上朝我们滚了下来。我以为他摔倒了，关切地问他怎么了。马克生气地喊道："没什么！疼！"他不顾自己的背包，继续往上爬。其他人都饶有兴致地看着这一幕。一位朋友提出替马克背背包。我觉得尴尬极了——而且，因为写过一本论述正面管教的书，更带来了额外的社会压力。

我很快战胜了自己的虚荣心，知道最重要的事情是以一种能使马克感到鼓励和负责任的方式来解决这个问题。我先请其他人继续往前走，好让我们能私下里处理这个问题。然后，我们运用了第 2 章描述过的"赢得合作的四个步骤"。

我对马克说："我敢肯定你一定非常生气，你在开始爬山之前就想告诉我们你硌得很疼，可是我们并没有给予认真的关注。"

马克说："是啊。我不想再背那个背包了。"

我告诉他，我不会责怪他，而且在那样的情况下我的感觉可能会和他的一模一样。

他爸爸向他说了对不起，并让他再给爸爸一次机会来解决这一问题。

马克的怒气转眼间就消退了。他变得能够合作了。他和爸爸想出了一个办法，把他的外套塞在他酸疼的地方当护垫。马克背着背包走完了全程，只有很少的几次小小的抱怨。

当处于社会压力之下时，要离开旁边的观众。你自己走开，或者以尊重的方式请其他人离开，以便你们能在私下里解决问题。

安排特别时光

父母能为孩子做的最令人鼓舞的事情之一，就是定期按计划陪孩子享受特别时光。你可能已经在孩子身上花了大量时间。然而，"计划好的特别时间"与"不得已的时间""随意的时间"相比，大不一样。

两岁以下的孩子需要父母的大量时间，而且他们还没到能够理解"特别时光"的年龄。只要孩子能感受到你和他们在一起的乐趣，就没必要安排特别时光。在2~6岁之间，孩子需要保证每天至少有10分钟的特别时光。尽管时间越多越好，但是，哪怕你每天只能从繁忙的日程中抽出10分钟来，你都会惊讶地发现其效果有多么神奇。

在6~12岁期间，孩子们可能不需要每天都有特别时光（由你判断)，但他们仍希望至少能保障每周半小时。不同家庭的特别时光的时段和时间长短可根据自己的情况而定。特别时光可以是在孩子放学后和孩子一起分享一些小点心和牛奶，也可以是每星期六的一个小时。重要的是，孩子们要确切地知道，这段时间是特别为他们设立的。

特别时光之所以能如此具有鼓励效果，有下面几个原因：

1. 当孩子们能期待和你的特别时光时，他们会感受到归属感和价值感。他们会感觉到他们对你很重要。

2. 安排好的特别时光是对你的一个提醒，提醒你当初为什么要孩子——是为了和他们在一起的快乐。

3. 当你太忙而孩子希望得到你的关注时，让他们接受你当时没有时间的事实会容易得多："宝宝，我现在不行，但我盼望着我们四点半的特别时光。"

要和孩子一起计划特别时光的安排。用头脑风暴法把你们想在特别时光做的事情列个清单。在第一次为列清单做头脑风暴时，不要对清单中的事项做评估或剔除。稍后，你们可以一起审核并作出分类。如果某些事情太费钱，就把它列到等攒够了钱再做的事情的清单上。如果某些内容需要的时间超过了你们计划的10~30分钟时间，就把它列入可以有更长娱乐时间的家庭娱乐日历上。

我常常建议父母们摘掉电话听筒，以强调特别时光是不受打扰的特殊时间。然而，有一位妈妈却在陪她3岁的女儿享受特别时光时不摘听筒。如果电话响了起来，这位妈妈会接电话，并且说："对不起，我现在不能和你通话。这是我和萝莉的特别时光。"萝莉听见妈妈告诉别人她的特别时光是如此重要，总会不由得露齿一笑。

老师们或许会对每天放学后花两三分钟和一个孩子在一起并且不谈论这个孩子的问题的做法会多么有效而感到惊讶。老师可以问一些这样的问题："你最喜欢做的好玩儿的事是什么?"然后，告诉孩子你最喜欢做的事。当一个老师和学生分享他作为一个普通人所做的事情时，学生们就会感到非常特别。许多老师都说，放学后只要花几分钟作为给一个孩子的特别时光，就能帮助这个孩子感受到足够的鼓励停止其不良行为，尽管在这段时间里并没有提到不良行为。

彼得森老师很担心她班上一个以寻求权力为目的的孩子。黛比常常拒绝做作业，并且以冷嘲热讽和满脸愤怒来公开地表达敌意。一天，彼得森老师让黛比放学后留下来。黛比留了下来，看上去她好像已经准备好了要进行一场战斗。彼得森老师没有提黛比的任何行为问题，却问黛比是否愿意告诉老师昨天晚上她做过什么最好玩儿的事情。黛比不予理睬。彼得森老师想，"这看来没用"，但继续说道："呃，那我来告诉你昨晚我做了什么好玩儿的事吧。"然后，她说了自己昨晚和家人一起做的一些事。黛比还是拒绝回应。彼得森老师告诉黛比，她可以走了，但在黛比愿意分享的任何时候，老师都非常愿意听她说说她喜欢做的好玩儿的事。

彼得森老师有些灰心，觉得这次交流好像没有什么帮助。然而，第二天，她注意到黛比不再那么爱生气了，并且没有表现出任何敌意。放学后，黛比给彼得森老师看她画的一幅和一个朋友骑自行车的画。她解释说，这就是她昨天晚上做的最好玩儿的事。彼得森老师也讲了自己另外一件好玩儿的事。

如果你分析一下，你就会明白为什么这么简短的一次交流竟然有如此神奇的效果。首先，这个孩子觉得受到了特别关注。孩子开始时可能会拒绝这种特别关注，因为她怀疑那会是另一场指责和说教的序幕。第二，老师不提她的行为问题出乎她的意料之外。第三，大人往往只对让孩子说出做了什么事感兴趣，但他们不会把自己的事说出来与孩子分享以示相互尊重。当你和孩子们谈论你自己的一些事情时，孩子们就会尤其感到归属感和价值感。

我们建议老师们在一学年里对自己班上的每个学生都给予几分钟的特别时光。要从那些看上去最没有信心的学生开始，但要做好记录，确保不漏掉任何一个孩子。很多老师抱怨说自己没有时间可用于特别时光。确实，老师们为帮助学生通过各项学业考核已经感到了很大的压力。然而，那些理解鼓励与学业同样重要甚至更加重要的老师，总能在课堂作业时间、课间休息或放学后找到几分钟用于特别时光。

父母可以把特别时光作为孩子晚上就寝程序的一部分（尽管不能以此来代替白天的特别时光）。当布鲁娜太太在孩子们上床后帮他们掖被窝时，她会让孩子们先说说他们白天最伤心和最开心的事，之后她也会说自己最伤心和最开心的事。起初，孩子会因为有了机会可以诉说伤心事而过于激动，甚至会哭起来。她就耐心地等孩子平静下来，然后说："我很愿意听你把心事告诉我。等明天你不那么伤心时，我们再来多谈谈，看能否找到个解决办法。现在，说说你最开心的事吧。"如果孩子想不出开心的事，布鲁娜太太就说说她的开心事。在孩子们渐渐习惯了这个惯例之后，就以一种就事论事的方式来说伤心事了，随之还会提出如何解决或今后如何避免类似问题的想法。孩子们很快就更乐意分享他们的开心事而不是伤心事了。

鼓励与赞扬

多年以来，一场运动一直轰轰烈烈，宣扬赞扬对于帮助孩子获得积极的自我概念以及改善孩子行为的好处。这又是我们必须

“当心是什么在起作用”的时候了。赞扬可能会促进一些孩子改善行为。问题在于，这些孩子可能会变成“讨好者”和“总是寻求别人认可的人”。这些孩子（长大后就是成年人）可能会形成一种完全依赖于别人的观点的自我概念。其他孩子会憎恶并反抗赞扬，因为他们不想去符合别人的期望，或者因为他们害怕自己比不过那些好像轻易就能得到赞扬的人。即使赞扬可能看上去挺管用，但我们必须考虑其长期效果。鼓励的长期效果在于它能让孩子自信。赞扬的长期效果是让孩子依赖于他人。

正如前面讨论过的那样，成年人对赞扬的另一个错误看法是，他们能“给予”孩子自尊。自尊既不能被给予也不能被接受，自尊是培养出来的，是从应对失望、解决问题以及由错误中学习的大量机会中获得的自信和能力感中培养出来的。要成功地运用鼓励，需要大人具有尊重孩子、对孩子的观点感兴趣的态度，以及为孩子们提供能够使孩子培养出不为别人的负面观点所左右的自信而培养孩子的人生技能的愿望。赞扬和鼓励的特点在下页的表格中作了概括。

对于那些相信赞扬并且看到了其即时效果的人来说，赞扬与鼓励之间的不同可能难以理解。他们看见过孩子得到赞扬时满脸的光彩。然而，他们没有想过依赖于他人的观点的长期效果。即使是那些想把赞扬改为鼓励的人，要把张口就来的老习惯调整为说话前先要好好思考一下，也还是件蛮别扭的事。

如果你对要对孩子说的话是赞扬还是鼓励感到困惑，想想下面的问题可能会有帮助：

- 我是在激励孩子自我评价，还是依赖于别人的评价？
- 我是在尊重孩子，还是在摆家长的架子？
- 我是看到了孩子的观点，还是只看到了我自己的观点？
- 我会对朋友这么说话吗？

鼓励与赞扬之间的不同

	赞扬	鼓励
词典里的定义	1. 表达令人满意的评价 2. 美化，尤其是通过将完美归因于被赞扬的人 3. 表示认可	1. 鼓起对方的勇气 2. 激励，促进
指向	做事的人："好丫头。"	行为："干得好。"
认可	只针对完成了的、完美的结果："你做得正确。"	努力以及改进："你尽了力。"或者"你对你的成果感觉怎么样？"
态度	摆架子，操纵性的："我喜欢苏姬坐着的姿势。"	尊重的、欣赏的："谁可以让我看看我们现在该怎么坐？"
"我……"式句	评价式的："我喜欢你的做法。"	自我指向："我感谢你的合作。"
最常用于的对象	孩子们："你真是个好丫头。"	成年人："谢谢你的帮助。"
例子	剥夺人的自我成就："我为你得了个A而骄傲。"	承认对方的成就及其努力中的责任感："那个A反映了你的辛勤努力。"
导致	孩子们为他人而改变：总是寻求别人的认可。	孩子们为自己而改变：内省。
控制点	外在的："别人会怎么想？"	内在的："我是怎么想的？"
教给孩子	该想什么。 依赖于别人的评价。	如何想。 自我评价。
目的	遵从："你做得正确。"	理解："你想到了、学到了、感觉到了什么？"
对自我价值感的影响	当得到他人的认可时，觉得自己是有价值的。	觉得自己有价值，无需他人的认可。
长期效果	依赖于他人。	自信，自立。

我发现最后一个问题尤其有帮助。我们对朋友说的话通常都能符合鼓励的要点。

鼓励与批评

认为帮助孩子做得更好的最佳办法就是对他们做错的事进行批评，是一种错误的想法。很多人会争辩说，建设性的批评是有益的。茜德·西蒙对“建设性的批评”有个绝妙的定义：“束缚性的渣滓”。[①] 你仔细想一下就会发现，“建设性的批评”是一个自相矛盾的词。“建设”是指“建造”。“批评”意味着“拆毁”。这并不是说你不应该让孩子们知道还有改进的余地。而是意味着你不必为了使孩子们做得更好而让他们感觉更糟。讨论有待改善之处的一个有效方法是问孩子：“你觉得自己哪些地方做得好？哪些地方需要改进？”孩子往往不用你告诉就知道，而且当孩子们自己承认需要改进之处时，效果会更好。你可以问孩子：“你打算怎么改进？你需要做什么来实现你的目标？”然后，你可以和孩子一起做头脑风暴，想出各种可以帮助他们改进的办法来。这种做法能够教给孩子设立目标以及做出自我评价的价值。

鼓励自我评价

三年级的科丽把写满了字母 g 的作业纸交给了她的塔图老师。塔图老师看着她的作业，并且让科丽指出自己喜欢的 g。在科丽

① 前者是 constructive criticism，后者是 constrictive crudicism。两个词组完全谐音，形成一种透着幽默的批判。——译者注

向她指了几个之后，塔图老师说："我也可以指出我喜欢的吗？"科丽愉快地点点头。老师指出了另外一个写得很漂亮的 g。然后，塔图老师指着一个有两条小尾巴的 g，问科丽是怎么回事儿。

科丽惊讶地用手捂住了自己的小嘴，"啊"了一声。塔图老师问科丽是要自己改正，还是需要帮助。科丽说自己能做，然后回到座位上去修改了。

塔图老师没有只是指出错误。她先关注好的地方，然后让科丽自己去评价自己的错误。如果我们问孩子哪些地方需要改进，他们通常自己就能知道，而不需要我们告诉他们。这个例子包括了着眼于优点而不是缺点的概念。当你指出哪些做得好时，孩子们往往会希望继续做好，或者做得更好。

作为父母和老师，我们有责任帮助孩子学习并且改进学业和社会技能。然而，鼓励往往是激发一个孩子上进的最好方式。如果还要采用其他一些办法——诸如下面介绍的办法——如果我们先通过鼓励"赢得"了孩子，使孩子们更善于接受，这些方法将会发挥出其最大效果。

花一些时间训练孩子

这似乎不像听上去那么显而易见。大人们往往期待孩子们去完成那些未经过适当训练的任务。这种情形在家里比在学校里更为普遍。父母们可能指望孩子收拾好自己的房间，但从来不教孩子怎样收拾。孩子们回到自己乱糟糟的房间后，会感到不知所措。如果一个父母说："把干净衣服放进抽屉里，脏衣服放进洗衣篮里。然后我再告诉你下一步。"就会很有帮助。下一步，他们可以把玩具放到架子上或玩具箱里。为了使收拾起来更好玩儿，可以建议孩子先收有轮子的玩具，然后收小人儿玩具，再收动物玩具。

史蒂芬·格伦在他的讲演中指出，父母们往往只告诉孩子自己的期盼，而不愿意费事准确地说明这些期盼如何才能达到，于是双方之间往往出现一个很大的误区。花时间训练孩子能消除这些误区。

格伦用下面的对话来生动地表明了沟通的误区：

妈妈：吉尔，把你的房间收拾干净！

吉尔：我收拾好了。（意思是：我有地方放脚了。）

妈妈：你没有收拾好。（意思是：地板还没干净到能当餐桌用的程度。）

花时间训练，意味着你的用词和期望要非常明确。有一位妈妈花了几年的时间教孩子收拾床铺。她会给孩子们说得很明白，例如："如果你拉这里，会怎么样？"（会把褶子拉平。）她买的床单都是带格子或线条的，以便孩子们学会怎样顺着床沿把床单铺得横平竖直。到孩子们 6 岁的时候，他们的床铺已经整齐得能通过军队的检查了。

当你要求孩子收拾厨房时，一定要让孩子明确知道你的要求。对孩子们来说，收拾厨房可能就是简单地把用过的碗碟放进洗碗池里。很多父母因为孩子家务做得很糟糕而生气，尽管他们从来没有花时间教过孩子。花时间训练孩子并不意味着孩子就会做得达到你的满意。改善是贯穿一生的过程。而且，要记住，你想让他们做的事，不见得就是他们认为"优先重要"的事，除非等到他们自己也做了父母并且有了自己的孩子的时候。我们会把生活中"优先重要"的事做得更好。尽管整洁和礼仪对孩子来说不见得"优先重要"，但他们仍然需要学习这些品格。然而，大人们需要记住，孩子总归是孩子。

一旦你认为给孩子的训练已经足够了，就要通过问孩子来检查一下："要收拾干净厨房，你认为该做哪些事？"如果孩子说："把碗碟放进洗碗机。"你就问："地板呢？灶台呢？你应该做些什么把这些地方收拾干净呢？"孩子可能转着眼球，嘲讽地回答："扫地，擦灶台。"你应该无视那些举动并且承认："很好。我很高兴我们的理解一致。"

花时间训练可以是一件充满乐趣的事，例如，每星期选一个晚上来练习餐桌礼仪。可以让每个人都夸张地说"请——递给我黄油"，等等。你也可以做互相揪错的游戏，揪出诸如谁的胳膊肘放在桌上了、嘴里塞着食物说话了、打扰别人了、发牢骚了或把手伸到桌子的对面去了。你不妨规定，揪出最多错的人可以选餐后游戏。

花时间训练孩子还包括，当你要改变做法的时候，要告诉孩子。罗伯兹太太听了我关于让孩子自己穿衣服有多么重要的讲课。她的女儿康妮正在上三年级。她已经不再替女儿穿衣服了，但每天晚上仍然要替康妮把衣服放好。她决定自己不再这么做，并且相信康妮能自己做好。然而，她没有把她的新决定告诉康妮。第二天早上，她听到康妮恼怒地大叫："妈妈，我的衣服在哪儿？"

罗伯兹太太以很尊重的态度回答："在衣橱里，亲爱的。我相信你能自己找到。"

康妮反驳道："妈妈，当你决定要这么做时，能否请你告诉我一声？"

康妮是对的。在实行新做法之前，以尊重的态度与涉及到的人一起讨论将要发生的变化，是一个很好的主意。

日常惯例表

孩子越能自我照料，就越觉得自己能干，越能受到鼓励。能避免晚上就寝争斗以及早上起床争斗的一个最好的办法，就是让孩子参与制作日常惯例表，然后让他们按照自己的惯例表行事，而不是由你来告诉他们该做什么。可以先让孩子列出他们晚上就寝前应完成事项的清单。这个清单或许包括：收玩具、吃点心、洗澡、换睡衣、刷牙、为第二天早上选好衣服、晚间故事、拥抱。把这些内容抄到（如果孩子年龄足够大，就让他们自己抄）一张表上。孩子们会很喜欢自己做这些事的时候你替他们逐一拍照，以便他们把照片贴到表上每个项目的后面。然后，把这张表挂到孩子能看到的地方。让日常惯例表说了算。你不需要再告诉孩子该做什么，而应该问他们："按你的惯例表，接下来该做什么？"通常，你不是必须要问。孩子会自己告诉你。

当孩子们遵循早上的惯例表（你们可以另做一份早上的惯例表）时，头天晚上选好第二天要穿的衣服，就能消除第二天早上的一些麻烦。如果他们头天晚上就把自己要穿的衣服摆好，他们就不会因为最后一分钟还找不到衣服而发脾气。另一项应该在就寝前完成的任务，是让孩子头天晚上就把要带去学校的午饭准备好，这会让早上更顺利一些。

记住，目的是让孩子觉得自己能干，觉得受到鼓励。由此带来的一项额外好处是你可以不必再唠叨，并且会享受到平和的晚上和早晨。

教孩子把犯错误看作学习的好时机

即使孩子没有生活在责难、羞辱和痛苦之中，他们似乎仍然会从别的地方学到自责。通常，他们会自己认定自己“应该”更完美。我们应反复地教给孩子把犯错误看作学习的好时机。

凯茜·斯金斯基是“正面管教研讨会”的一名学员，她创作了下面这首歌词和大家分享。你可以自己谱曲，教给你的孩子或学生们。

一点点的不完美

凯茜·斯金斯基作词

一点点的不完美并不太糟糕。
一点点的不完美不致让你心碎了。
它能让你更真实
接近那些不那么完美的人
就像我一样。
一点点的不完美并不太难耐。
你再来一点点不完美就已经够能耐。
它让你再次脚踏实地
且让人们保持
自我的价值。
一点点的不完美其实恰到好处。
让不那么完美的世界更容易面对。
假如我们能学到
再来一点不完美

更多的我们就会找到正确之路。
一点点的不完美并不太糟糕。
一点点的不完美不致让你心碎了。
它让你接近到真实
接近那些就像我一样
不那么完美的人。

启发式问题

前一章我们讨论过，可以利用启发式问题来帮助孩子探讨他们的选择导致的后果。这也可以用来作为“花时间训练”过程的一部分。如果你用启发式问题而不是对孩子说（往往是对孩子提要求或说教），你就能够达到让孩子更多地参与、更好地理解的效果，并且能营造出更具有鼓励性和尊重性的氛围。只有当你真正对孩子的回答感兴趣时，启发式问题才会有效——也就是说，不要希望孩子会给出你想要的答案。

当孩子回答你的问题时，他们是在积极参与。当你向孩子说时，他们是在被动地参与。当孩子回答问题时，你就有了机会去听他们的理解和你的理解是否一样。例如，你不要告诉孩子去收拾厨房，而是问：“在厨房变干净之前，你看到有哪些事情应该做？”

孩子可能说：“洗碗。”

你可以接着问：“桌子上的东西怎么办？”

孩子可能会承认：“噢，呃，我猜应该收拾起来吧。”

你可以回答：“对。还有炉子上的东西呢？等东西都收拾起来后，桌子、灶台、炉盘上还需要你做些什么？”

通过运用这个方法，你也是在花时间训练、引导孩子思考并且让孩子积极参与解决问题，这些都是很具有鼓励性的。有时候，给予鼓励的最好方式就是一个简单的拥抱。

试试抱一抱

在很多情况下，当大人不再针对孩子的不良行为，而是处理孩子行为背后的原因——丧失了信心——时，他们就能帮助孩子改变行为。一位年轻的父亲为自己 4 岁儿子总是突然大发脾气而深感沮丧和困扰。斥责和惩罚只是使其愈演愈烈。这位爸爸从他的父母培训班了解到，一个行为不当的孩子是一个失望的孩子，而且鼓励是处理不良行为的最好方法。在这位爸爸看来，这个主意似乎是反的——倒是有点像在奖励不良行为。不过，这种当孩子感觉更好时会做得更好的观念，仍然激起了他很大的兴趣。他决定试一试。

当他的小家伙又一次突然大发脾气时，这位爸爸单膝跪了下来，向孩子大喊："我需要一个拥抱！"

他的孩子一愣，抽泣着问道："什么？"

爸爸再次喊道："我需要一个拥抱！"

他儿子停止抽泣好长一会儿，才不敢相信地问道："现在？"

爸爸说："对，现在！"

儿子看上去完全懵了，但他停止了哭闹，并且有点儿不情愿地说："好吧。"然后，他动作僵硬地给了爸爸一个拥抱。很快，僵硬就消失了，父子俩融化在彼此的怀抱里。

过了好一会儿，爸爸说："谢谢，这正是我需要的。"

儿子嘴唇微微颤抖着说道："我也一样。"

注意，拥抱也需要把握时机。有时候，拥抱不管用，因为孩子太气愤而无法给予或接受拥抱或其他形式的鼓励。不过，你仍然可以试试。如果孩子不愿意，你可以说："等你感觉好些再说吧，我真的想抱抱你。"然后就转身走开。父母们告诉我，当他们这么做时，孩子常常会立即跟过来，要求抱一抱。

有些人会问："抱过以后怎么办呢？对不良行为怎么办呢？"通常，鼓励已经足以中断孩子的不良行为，因而也就不需要再做什么了。另外一些时候，拥抱能营造出一种鼓励的气氛，从而使孩子变得愿意而且能够接受指正了。这可以成为最好的时机，用来训练孩子、问启发式问题、给出有限制的选择、用来娱乐或一起解决问题。

另一个鼓励孩子的绝好方式，是让他们通过贡献来感到自己有用。让孩子以他们的拥抱使你的感觉好起来——这是让孩子作出贡献的多么美妙的方法啊。当然，其附带好处是他们的感觉也会好起来。

记住，一个行为不当的孩子是一个丧失了信心的孩子。太多的人认为，孩子必须以受责备、羞辱或痛苦的形式为其不良行为付出代价（换句话说就是惩罚）。试试拥抱吧。

如果上面的方法没有一个有效，你可能就是陷入了一场使人愈来愈失望的权力之争或报复循环。把你的错误告诉孩子，并且请孩子帮助你重新开始。向孩子承认你的错误，是你能给予孩子的最好的鼓励之一。

一个孩子的观点

一个帮助你记住孩子的观点的绝妙办法，是回忆你自己的童年时代。闭上你的眼睛，让思绪回到你的童年。回想一件你和家里或学校的一个大人发生的让你觉得受到了挫败、误解、屈辱、不公平对待或这几种情形的任意组合的事件。设身处地地再去体验一次。回顾当时的具体细节和你的真切感受。重新体验一下那些感受。

继续闭着你的双眼，回忆一件你作为孩子和一个大人之间发生的使你感受到鼓励、理解、欣赏、激励、另眼相看或上述情形的任意组合的事件。设身处地地再体验一次。回顾当时的具体细节和你的真切感受。重新体验一下那些感受。

当你作为一个孩子感到失望时，你可能会觉得受到了屈辱、误解或不公平对待。你可能感受到了某种形式的责难、羞辱或痛苦。你可能会觉得自己毫无价值或要反抗。大概你很难觉得这些让你失望的经历能让你得到激励而有心进取，尽管这往往是大人的目的。你可能因为从大人那里受到的令人失望的批评而放弃努力提高自己在诸如钢琴、阅读、书法或运动方面的技能。

当你作为一个孩子感受到鼓励时，你觉得被人理解、欣赏并且另眼相看了。这些体验也许会激励你做得更好，追求更有价值的技能或目标。你作为一个孩子所拥有的大多数受到鼓励的体验，很可能仅仅来自一个大人表示欣赏和认可的几个字而已。

在后面两章，你会看到让孩子们通过班会或家庭会议积极地参与到鼓励的过程中来有多么重要。

回顾

正面管教工具

1. 注意把握时机。要等到“非冲突”时间（也许是在你和孩子都做过“积极的暂停”之后），等到你能够给予鼓励，并且孩子也愿意接受鼓励的时候。

2. 使用“我……”句式，为你的感受承担起责任。

3. 从冲突中退出来。(如果可能，去做“积极的暂停”。)

4. 和孩子约好，等你们双方都冷静下来并感觉好起来以后，大家再碰头。

5. 让孩子把问题写到家庭会议或班会的议程上（或你自己写)。

6. 倾听。记住，当孩子们觉得受到了倾听之后，他们才会倾听你。

7. 运用“赢得合作的四个步骤”。

8. 着眼于优点而不是缺点。认可并鼓励孩子好的一面，则好的一面的百分比就会提高。

9. 对于有待改进的地方，让孩子参与寻找互相尊重的解决方案。

10. 关注并认可孩子的进步，而不是完美。

11. 转移不良行为。寻找不良行为中显露出来的天赋或能力，引导孩子把这些天赋和能力转向建设性、有贡献的方向。

12. 支持孩子们为错误做出弥补。用启发式问题帮助孩子决定怎样做出弥补。

13. 避开社会压力。有时候，等到有“私下时间”和孩子一起友善地讨论解决问题的办法是适当的，这样会使你避开社会压力，不必担心别人会怎么评价你的做法。

14. 和每个孩子分别安排特别时光，并做出时间表来。

15. 晚上安顿孩子就寝时，给孩子一点时间，听他们倾诉一天中最伤心和最开心的事。然后把你经历的事情也告诉孩子。

16. 给予鼓励，而非赞扬。

17. 避免批评，要问孩子：“你打算怎么改进？你应该做些什么来实现你的目标？”

18. 鼓励孩子自我评价。

19. 花时间训练孩子，让孩子清楚你的要求。

20. 问："你对我们的决定是怎么理解的？"
21. 在你决定你要怎样做之前，先要让孩子知道。
22. 让孩子参与制订他们的日常惯例表。
23. 教给孩子把犯错误看作学习的大好时机。
24. 用启发式问题来代替唠叨、说教以及提要求。
25. 试试抱一抱。

问题

1. 什么是一个行为不当的孩子？
2. 不良行为背后隐藏着什么信息？
3. 德雷克斯认为大人要帮助孩子所必须掌握的最重要的技能是什么？
4. 什么是把握时机的重要性？
5. 什么是"赢得合作的四个步骤"？
6. 要使"赢得合作的四个步骤"有好的效果，大人必须具备哪些态度？
7. 要做到相互尊重，大人必须具备哪些态度？
8. 为什么"特别时光"有如此强大的力量，能给予孩子鼓励，激励孩子改善自己的行为？
9. 赞扬的危险性是什么？
10. 鼓励的长期效果是什么？
11. 鼓励和赞扬之间有些什么不同？
12. 当你需要自我检查你对孩子所说的话是鼓励还是赞扬时，你应该问自己哪些问题？
13. 让孩子参与制订日常惯例表的好处是什么？
14. 错误可以有什么用途？
15. 你还可以想出其他哪些方式来鼓励孩子？

第 8 章

班　会

正面管教方法是否有效，取决于大人在对待孩子时相互尊重的态度，以及对孩子的长期影响的关心。可以保证的是，那些体验到本书所列出的相互尊重的互动情形的孩子，就肯定能学会成为一个品行优良的人所应具备的自律、合作、负责、坚韧不拔、机智、善于解决问题，以及其他社会和人生技能。

上述所有这些好的结果和态度，在定期的班会和家庭会议中能够得到最充分的认识和体验。这种会议为大人和孩子提供了最好的环境，让他们能够学习和实践合作、相互尊重以及专注于问题的解决方案等民主程序。班会和家庭会议是给孩子们机会，培养第 1 章中所提到的“七项重要的感知力和技能”中的所有优点的两个最好途径。这些能力和技能是父母、老师和孩子们通过家庭会议和班会所能达到的最有益的长期目标。然而，有些父母和老师是受其能够消除管教问题的附带好处所激励。这很好，只要他们能理解消除或减少管教上的问题是一个附带的好处，而不是家庭会议和班会的首要目标就行——但这是多么了不起的一个附带好处啊！正如一位老师所说：“我是来当老师的，不是来当警察、法官、陪审员或执法官的。自从我们开始定期召开班会以后，我的学生们开始懂得互相尊重和互相帮助。他们自己解决自己的问题，而我则有了更多的时间用于教学。”

在班会上，学生们通过相互致谢以及通过头脑风暴来找到对人尊重的解决方案来培养解决问题的技能，来学习和实践怎样做一名“好的发现者”（汤姆·彼得斯在其著作《追求卓越》中使用的术语），会使孩子们在今后人生中的每一个主要时刻都受益匪浅。这些能力和学业同样重要，并且需要天天练习。我常常问老师们，他们是否会考虑让孩子们一个星期只接触一次阅读或算术。他们总是说“不”。我问为什么不，他们回答，为了让学生们练习并保持算术和阅读的技能，就必须天天接触。我于是就问，他们是否认为学生们每星期只练习一次，就能学会并保持培养好的品格所需要的社会和人生技能（而且其余时间里只能听老师说教）。当然，他们就明白过来了。

只要学生有了问题，老师就可以建议：“你愿意把你的问题放到班会的议程上吗?”就这一句话，已经足以带给孩子很好的安慰，足以算作一种“及时解决”了；同时，还提供了正式解决问题之前的一段冷静期。一位老师反驳我说，当她的特殊教育班上的学生生气时，他们需要立即帮助。我建议她试试让学生们把问题放到议程上去，看看会发生什么变化。她后来告诉我，孩子们走过去往议程上写问题时，带着明显的怒意，而当他们写完之后，会平静地离开。知道自己的问题很快会被提出来讨论，对这些孩子来说就已经足够了。

在讨论一个问题之前，至少一天的冷静期是必需的。让孩子们等待超过三天就太长了，会让他们失望。这就是为什么每周一次班会可能会无效的一个原因（更短的冷静期适用于年龄小的孩子。在幼儿园，一个小时通常就足够长了)。把一个问题放到议程上，可以起到一个短短的冷静期的作用。

学生们通常能够比老师更好地解决问题，因为学生的人数比老师多，而且在头脑风暴过程中能产生许多独特的想法。当他们被允许和鼓励发表见解时，他们会有很多杰出的想法。最终，许多管教问题就被消除了，因为，当他们被倾听并被认真对待时，而且他们的想法被认可的时候，学生们就会感觉受到了鼓励。孩子们在这一过程中还获得了主人翁感，会受到激励去遵守他们自己参与制订的规则或解决方案。老师们发现，当孩子们参与了决定的制订时，就会非常愿意合作，即使最后的解决方案是老师以前提出过很多次而毫无效果的。

让孩子们参与班会还有很多其他的好处。老师们常常惊讶于孩子们在班会上学到的学业知识和社会能力。由于孩子们频繁地参与解决那些与他们自己相关的问题，他们就学会了正确的表达、开阔的思路、倾听的技巧、记忆的技巧、客观思考的技巧以及自己的选择造成的逻辑后果。他们解决一些与健康和安全相关的问题。他们学习并实践如何解决冲突——包括当时的处理方法以及预防的手段。解决冲突的更大价值在于，它包括了每一个学生，而不只是选出来的几个学生。他们还获得了对于学习的价值和方法的鉴别能力。在一次班会上，作弊被列入了议程。孩子们讨论了不该作弊的所有理由（包括“你会学不到真本事”），而以前老师用这些理由对他们进行说教时，似乎总是一个耳朵进，另一个耳朵出。

成功班会的态度和指导原则

在班会上要避免的一些态度和行为：

1. 不要把班会当作说教的另一个平台。最关键的是，老师们要尽可能客观，并且不要评判。这并不意味着你不可以提出看法。你仍然可以把你的问题放入议程，并表达你的观点。

2. 不要把班会作为继续过度控制孩子们的手段。孩子们会一眼看穿，而且就不会合作了。

小学里，班会应该每天开一次（或至少每周三次）。如果班会的次数不够，孩子们就会因为自己放到议程上的问题被搁置太久，而感到失望，另外，也不能通过每天的练习来保持各种技能。

初中和高中的学生们能够更快地学会班会的步骤，并且保持这些技能的时间也更长，可以每周一次班会。然而，高年级的学生同样会在得到倾听以及对他们能力的尊重时，更愿意与老师合作。因为这个原因，有些初中和高中为了班会而另设一次早会。还有些学校让不同科目的任课老师每周主持一次班会，比如，星期一由英语老师主持，星期二是数学老师，星期三是历史老师；等等。一些特殊课程——比如音乐课——的老师们可以在问题发生时召开一个简短的班会，如果学生们对班会步骤很熟悉的话。

在本书的第一版里，我曾建议最后的决定根据“多数同意”的原则来确定。当议题涉及班里的每个人时，“多数同意”是适当的。这种情况下，“多数同意”不会在学生中造成分歧。它提供了一个很好的机会，让学生们懂得每个人的想法和感觉不会都一样。不过，有些老师喜欢继续讨论下去，直到全体达成一致。

当议题集中在一两个学生身上时（尽管全班都很关心，都想提供帮助），应该允许当事人选择他们认为对自己最有帮助的建议。这能鼓励当事人因为自己能为自己的错误承担责任而感觉更好，懂得感激其他同学提出的建议，明白同学们是在专注于解决问题，而不是责难、羞辱人并给他们造成痛苦。孩子们很快就会学到，最有帮助的建议是那些尊重他人并且可行的建议，而不是惩罚性的建议。

重要的是要注意到，在开始时，班会通常不一定成功。学生们（以及老师们）需要花时间来掌握技巧。我习惯于告诉老师们，在刚开始开班会时，要准备好经历一个月的痛苦，但如果他们能理解其长期好处，这就是值得的。之所以会有一个月的痛苦，是因为学生们还不习惯于互相帮助，而是更习惯于惩罚。他们还不习惯于把错误看作学习的机会并解决问题，而是习惯于逃避责任，因为他们害怕受到责难、羞辱和痛苦。

我后来发现，如果老师在最初的四次（或更多次）班会上，花时间把“有效班会的八大要素”教给学生们，可能就不需要一个月的痛苦了。“有效班会的八大要素”是《教室里的正面管教》中的主题。

有效班会的八大要素

1. 围成一个圆圈
2. 练习致谢和感激
3. 设立一个议程
4. 培养沟通技巧
5. 懂得每个人都是一个独立的存在
6. 角色扮演和头脑风暴
7. 分辨人们之所以做一件事情的四个理由
8. 专注于非惩罚性的解决方案

我们还开发了《教室里的正面管教——教师指南》，里面设计了一些老师和学生参加的活动，用以帮助孩子们学习“有效班会的八大要素”的使用技巧。在学生们试图相互帮助解决“真正的”问题之前，如果能预先学习一些技巧，并培养出对非惩罚性解决方案的积极态度，班会将会更加有效。在实际处理议程上的问题之前，班会的目的必须向学生解释、讨论清楚，并要通过实验性的活动进行体验。

班会的目的

1. 向别人致谢
2. 相互帮助
3. 解决问题
4. 筹划班级活动

有些老师（特别是小学低年级的老师）在设定了班会的两个主要目的是相互帮助和解决问题之后，会在每一次班会开始时，问学生们这样的问题：“班会的两个主要目的是什么?”

班会的几个目的

教会孩子们相互尊重

把相互尊重的含义教给学生们的一个方法，是与他们讨论下面的问题：

1. 为什么几个人同时说话是不尊重的?（我们无法听清每一个人在说什么。应该说话的那个人会觉得别人不在意他说的话，等等。）

2. 为什么打断别人的话是不尊重?（他们无法集中注意力，并且无法从中学到东西。）

3. 为什么在别人说话时要注意听？（这样才能做到互相学习、表现出互相尊重，而且我们都愿意别人能够听我们说。）

致谢、感谢以及感激

这几个词虽然不同，但概念是相同的。初中生和高中生更喜欢用“感谢”和“感激”这种说法。小学生则对“致谢”感觉更好。

花些时间和学生们一起探讨一下“致谢”或“感谢”和“感激”的含义，要使用和你的学生们年龄相适应的说法。这可以利用第一次班会顺便完成，不用那么正式。要帮助你的学生们理解，致谢、感谢以及感激要针对别人在下列方面所做的事情：

- 所做的事
- 对他人的帮助
- 任何让人感觉好的事情

要让学生们通过头脑风暴列举出各方面的具体事例。然后，教他们这样表达：“我想要感谢（同学的名字）……（做的某件事）。”这样的句子有助于学生们关注别人做了什么，而不是别人的衣着或外表。我曾经观察过许多学校的数百次班会，发现凡是没有采纳上述句式的班级，致谢或感谢都很不具体、很肤浅，而且讨论似乎也都跑题了。

开始时，很多孩子可能会说：“我要向吉尔致谢，因为他是我的朋友。”在最初的学习阶段，姑且让孩子这么说一阵儿，但最终应该再做头脑风暴，讨论如何将一个朋友做的值得我们认可和感激的事情具体化。

老师可以先给出几个致谢（可以从自己当天注意到的孩子们所做的值得致谢的事情中选几个）。很多老师用这一方式每天给孩子们做致谢的示范，以确保每天向几个不同的孩子致谢，做到最后全班同学一个都不漏下。

在第一次班会上，要让每个孩子至少向一个同学致谢，以确保他们都能学会该怎么致谢。如果哪个孩子有困难，老师可以通过问全班同学那天是否有谁注意到这个学生遇到了值得他致谢的事，像在课间陪他一起玩、帮他完成家庭作业、借给他铅笔或听他诉说烦恼，等等。待老师确认所有的孩子都学会了怎样向同学致谢以后，就将发言棒（或其他象征物）传递下去，直到传完一圈。拿到发言棒的学生可以发言向同学致谢，或是传给下一个人。这种致谢过程的另一个重要部分，是要教受到感谢的同学跟着说一句“谢谢你”。

刚开始的几次班会也许全部用来让学生们掌握如何致谢。很多老师都说，仅仅向同学致谢这一项，就已经在班里形成了一种更积极的气氛。在最初的启蒙之后，孩子们就都喜欢上了寻找、给予和接受正面的致谢。

专注于问题的解决方案

在尝试解决任何问题以前，要先教会你的学生们专注于问题的解决方案。首先要让孩子们做头脑风暴，问他们，如果没有人为干预，下列情形的自然后果是什么：

- 如果你站到雨中会怎样？（你会被淋湿。）
- 如果你在公路上玩儿会怎样？（你可能就会被车碰到。）
- 如果你不睡觉会怎样？（你会很疲倦。）
- 如果你不吃饭会怎样？（你会肚子饿。）

通常，帮助孩子们学习的最好方式是让他们去体验自然后果，而不用头脑风暴法寻找解决方案。如果大人要介入，可以是向孩子表达同情，或者用启发式问题来帮助孩子们探讨他们的选择所带来的后果。

在用头脑风暴法寻找解决方案时，孩子们似乎也像大人一样会混淆逻辑后果——经常会试图通过把惩罚叫作逻辑后果而把它伪装起来。然而，当要求他们专注于相关的、尊重的、合理的、有帮助的解决方案时，他们会很快就明白过来。要向孩子们解释，为找到解决方案而做头脑风暴，意味着提出的建议要能够被别人用来帮助他们为自己的行为承担责任并能从错误中学习。要向孩子们解释第 6 章中的“专注于解决问题的 3R1H”（相关的、尊重的、合理的、有帮助的）。你可以把 3R1H 张贴出来供学生们随时参考。然后，让他们做头脑风暴，为下列问题寻找解决方案：

· 有人在课桌上涂写
· 有人上课时不写课堂作业
· 有人上学迟到了

开始时，最好通过讨论一些假设的情形让学生们得到练习，这样不会使学生们夹杂进自己的情绪并对同学进行责备。在收集到尽可能多的建议并将其写下来之后，要对其逐一进行检查，看这些建议是否符合“专注于解决问题的 3R1H”的标准。要让学生们讨论他们认为每条建议是否是相关的、尊重的、合理的、有帮助的原因，并讨论每条建议是如何有益于他人，或者如何伤害他人的。最后，由全班决定哪些建议应该被剔除，因为它不符合 3R1H 的标准，或者在某种程度上是有害的，或者是不可行的。

超越逻辑后果

正如我们在第 5 章讨论过的那样，尽管逻辑后果能够有效地帮助学生从错误中学习，并且鼓励他们做得更好，但我担心的是逻辑后果经常被误用。当老师们试图通过把惩罚叫做逻辑后果而将其伪装起来时，学生们也就学会了这么做。很多班会刚开始时让人感觉就像是一个私人法庭，因为老师和学生们所专注的那些逻辑后果更多地是让相关的学生感觉受到伤害，而不是能让他们感觉受到帮助的。应该让学生们知道，逻辑后果关注的往往是过去，而不是未来。从过去汲取教训以便未来做得更好，固然是一个好主意。然而，如果关注过去是为了责难和羞辱别人，让别人痛苦，那就只能起到相反的作用。

认为为每个行为都找到一个逻辑后果就能解决问题，这种想法是错误的。即使对逻辑后果的理解对老师和学生们有帮助，专注于问题的解决方案也更为有效。只要给孩子们机会，他们就能提出大量与后果无关的解决方案。要让学生们针对几个假想的问题练习用头脑风暴找出解决方案。

班会指南

使用议程

要把议程介绍给学生们。有些老师会在教室里的简报栏上留出一块地方来。另一些老师会在全班人都能接触到的地方放一个记事本。记事本的好处是每个学生都可以翻到前面，看看以前问题是怎么得到解决的。要向学生们说明，你将要教他们解决问题，而不是由你来替他们解决全部问题。从现在开始，他们有了什么问题，不需要再来找你，而可以把他们的名字写到议程上。刚开始时，老师要告诉大家，不要把问题涉及到的其他同学的名字写上去。要让学生们知道，当他们学会了尊重并帮助别人时，就可以写上其他同学的名字。这样，其他同学才会对自己的名字出现在议程上感到兴奋，因为他们知道自己很快就会得到同学们有价值的帮助。要提醒学生们，刚开始的时候，他们可能会忘记，并且仍然会带着问题来找你，但你会提醒他们把问题写到议程上去。这些问题会在班会上得到解决。

当我在一所小学做心理辅导员时，每当有老师或者家长就他们与孩子之间的问题来问我时，我一贯的答案都是把问题放到议程上去。我总是建议在班会上解决，因为孩子们会提出最好的解决方案，并且最愿意遵守自己参与制订的方案。

当解决方案看上去不管用时，只需要把问题再次放入议程，进行更多讨论。当你有自己的问题需要放入议程时，要确保只写问题，而不是要指责任何人。孩子们会因为能帮助你解决问题而很开心。

议程上的问题要按照时间顺序在你规定的时间内讨论。任何在班会结束之前没有讨论完毕的问题，都要留待第二天的班会继续讨论。是否所有的问题都立即得到了解决，其实并不重要。重要的是解决问题的过程。经常出现的情况是，到议程上的一个问题被提出来讨论时，那个把问题放到议程上的学生说问题已经解决了。有些老师说声“很好”，就进入下一个问题。另一些老师会问这个孩子是否愿意告诉大家问题是怎么解决的。

使用冷静期

要向学生们解释，为什么人在生气的时候不能解决问题。他们很喜欢听你用第 7 章的“爬行动物脑”来做比喻（当人生气的时候，他们会失去理性，而且不愿意听别人的观点）。对于年龄大一些的孩子，你可以通过问为什么当我们生气时很难解决问题，来激发起他们的讨论。对年龄较小的孩子，要向他们解释，在解决议程上的问题之前等待几小时或者一两天的目的，是给人提供一个冷静和平静下来的机会，这样才能以尊重的态度解决问题。

围成圆圈

学生们围坐成一圈开班会是很重要的。让孩子们坐在各自的座位上，不但会造成干扰班会进程的身体障碍，而且我还亲眼看到过一次坐在课桌前的班会，学生们不停地把东西从课桌里拿进拿出而烦躁不安。

要花时间训练孩子们搬动课桌时尽可能减少噪音和混乱。有些班花几天的时间来练习。我看到过各种搬动并安排课桌以便让学生们面对面围成一圈的方法。花时间最少的是15秒钟。大多数都能在30~60秒内完成。

训练可以包括几个步骤。首先，你可以问学生们，他们认为需要怎么做才能以尽可能小的噪音和混乱来搬动课桌。他们通常会提出顺利搬动所需要的所有好主意。然后问他们，在有效地实施他们的好主意之前，他们认为需要多少时间来练习。

有些老师喜欢指定位置。在第一天，他们会每次叫一个学生把自己的桌椅搬到指定的地方。另一些老师一次会让一组或一排学生搬动自己的桌椅。如果他们在搬动时吵闹或干扰别人，就让他们反复练习，直到解决这个问题。一旦学生们学会了安静地搬动桌椅，就可以一次全搬了。

班会的组织

在我学会组织班会的程式以前，我主持的一些班会是失败的。当学生们未能立即被我要做的事情吸引住而开始捣乱时，我就会放弃，对学生们说："哦，显然你们现在不想开班会。那就等大家准备好时我们再开吧。"换句话说就是，我不仅没有为自己准备不充分而承担责任，而且还向混乱状态投降了。当学生们先学习了有效班会的要素，并运用下面的程式之后，班会的成功率就提高了。

1. 从致谢开始。用一个小物件作为发言棒，顺着圆圈传递。想要致谢的学生可以在发言棒传到自己手里时发言。发言棒应传递一整圈，以便每个学生都有向同学致谢的机会或者把发言棒往下传。重要的是，传递时起点和终点一定要一致。与老师随意点名发言或指定传递到谁停止相比，这样做可以避免学生指责老师“不公平”。

2. 宣读议程上的第一个问题。问那个把这一问题写到议程上的学生，问题是否得到了解决。如果这个学生说已经解决了，就进入下一个问题。如果你有时间，可以问这位学生是否愿意向大家讲讲问题是如何解决的。

3. 如果问题还没有解决，就顺着圆圈传递发言棒，让大家发表意见和建议。要从那个把问题写到议程上的学生开始传递，终点是排在这名学生前的最后一个人。我建议把发言棒传递两圈，因为学生们在听过别人的发言之后常常会有更多的想法和建议。第二圈不会用太长的时间。

4. 把每条建议都原汁原味地写下来。如果学生的年龄足够大，这项工作可以由一个学生来做。（如果孩子们的建议是伤人的而不是帮人的，你可以在本章后面的“常见问题”部分找到应该怎么做的建议。）

5. 宣读所有的建议（或者让一个学生来宣读），然后问问题涉及到的学生，他认为哪一个建议最有帮助。如果涉及到的学生不止一个，就让他们各自选择一个。如果他们选择的不是同一个建议，但都有帮助，那也很好。如果两个学生选择的建议相互冲突，就让他们私下里商量，以决定哪个建议对双方都有用，而又不冲突。

6. 问做出选择的学生，愿意何时开始执行自己选定的建议。你可能想给出一个有限制的选择，比如是今天还是明天，或是在课间休息时，或是放学以后。由你给出一个什么时候执行建议的选择，有一些心理上的好处。这会给学生们一种承担责任和实践承诺的感觉。

这个程式提供了一种可供一步一步地遵循的程序。然而，它并非是不能改变的，老师可以有自己的独特做法和创造。

打手势是一个很好的办法，既可以让别人知道他们的观点，又不会打扰或不尊重别人。有一位老师教学生们这样打手势：要表示不同意，就用双手在自己腿上来回交叉摆动；要表示赞同，就把一个拳头举过肩膀上下挥舞。

有一次，我邀请了一个小组和我一起旁听一次班会。会上，一个孩子选择的建议是当着全班同学的面，为被放到议程上的不良行为道歉。这使一位旁听小组的成员感到很担心。她在问答时间说，她认为当着全班的面道歉对那个孩子是一种羞辱。我请她去问问那个孩子和班里的其他学生，当着大家的面道歉是否会让他们感到苦恼。全班都表示，这并不令他们苦恼。这里的关键是，要了解孩子就要走入孩子的内心世界，而不是以我们自己的想法来揣度孩子。

老师的态度和技巧

1. 放弃控制，邀请孩子合作

《教室里的正面管教——教师指南》里面有一些活动可以帮助老师体验正面管教的基本原理。有一项活动名为“请坐好”，参加者组成三人小组，每组中由一个人扮演学生坐在椅子上，另外两个人扮演大人站在椅子后面，各自把双手放在“学生”的肩膀上。“学生”的目标是要努力从椅子上站起来，而“大人”则要竭力让“学生”坐在椅子上。在活动过程中，通过问每个参与者是怎么想的、有什么感受或者打算决定将来要怎么做，来讨论全部问题以及控制所带来的短期和长期结果。那些扮演学生的人都说他们的感觉是愤怒、怨恨或彻底失望。他们还说，自己把整个心思都放在了思考如何击败控制他们的那个“大人”或扯平的办法上，或者（更糟糕）以自我价值感的极大损失为代价放弃努力而驯服。扮演大人的则说，尽管他们在控制着，但他们的感受却是对局面失去了控制。还有些人谈到，陷入权力之争而不考虑长期效果简直太容易了。他们唯一想到的就是战胜对方，或不被对方击败。没有一个人想到，即使他们赢了，其代价只能是学生成为输家。

2. 作出榜样

老师具备几种技巧，可以大大提高班会的效果。最重要的是，你要为你希望教给孩子们做的事情——好品格所需要的社会技能和人生技能——作出榜样。老师应该带头使用礼貌语言，比如“请”“谢谢”“不客气”等等。

3. 问启发式问题（“苏格拉底法”）

第6章介绍的启发式问题，在用于班会时，有一点不同。不论是为了做出相互尊重的榜样，还是为了让孩子培养对个人能力的感知力，最重要的一项技能就是问开放式问题。[①] 你想说的任

① 开放式问题就像问答题一样，不是一两个词就可以回答的，而是需要解释和说明。——译者注

何一句话都可以使用问句的形式。如果你想让孩子们知道，你认为他们太吵闹了，你就问："有多少同学觉得现在太吵闹了？"如果你采用双向提问，会尤其有效。如果你问了有多少人认为太吵闹，就还要问有多少人认为不算吵闹。你越少表露你的看法，孩子们就越能做到自己思考。令人惊讶的是，孩子们常常会说出与老师如出一辙的说教性的话来，而这些话以前由老师说出来时，孩子们往往会抗拒。

开放式问题可以把一种负面气氛转变为积极的气氛。下面就是一个例子：

一个老师来找心理辅导员，请求帮助解决史蒂夫的问题，因为史蒂夫在操场上总是造成很多麻烦。辅导员觉得处理这个问题的最好办法是召开一次班会。这位老师从来没有主持过班会，所以，辅导员决定利用这次机会做个示范。

辅导员先请史蒂夫离开教室到图书馆去。一般的原则是，不能谈论一个不在场的孩子；但这件事有点特殊，她知道目前还没有形成一种积极的气氛，她不想冒险让史蒂夫因为大家提出的意见而受到伤害。她在班会开始后提出的第一个问题是，问谁是班上最能惹麻烦的人。学生们异口同声地说："史蒂夫。"她又问史蒂夫做的哪些事情造成了麻烦。学生们提到了打架、藏球、骂人、起外号，等等。这头几个问题让孩子们表达了他们的想法和感受。

接下来的问题则给孩子们提供了一个从积极的角度来思考和感受的机会："你们认为史蒂夫为什么要这么做呢？"回答包括"他故意使坏""他喜欢欺负人"诸如此类的事情。后来，有一位学生说："可能是因为他没有朋友。"另一位学生插话，说出了史蒂夫是个被寄养的孩子[1]这一情况。当这些孩子们被要求讨论一个孩子被寄养意味着什么时，他们说到离开家一定非常痛苦，要不停地搬来搬去，等等。他们此时表达的是对史蒂夫的理解，而不是敌意了。

当被问道，“你们有多少人愿意帮助史蒂夫？”时，班里的每个孩子都举起了手。黑板上列出了他们为帮助史蒂夫提出的一长串建议，包括陪史蒂夫上下学，中午陪他一起吃午饭，课间休息时陪他玩，还有大约十来条其他建议。每条建议后面都填上了自愿帮忙的同学的名字。

稍后，辅导员告诉史蒂夫，全班讨论了他在操场上的问题。当辅导员问他觉得会有多少同学愿意帮助他的时候，史蒂夫眼睛盯着地板，回答道：“可能没人吧。”当他听说每个同学都愿意帮助他时，他抬起头，眼睛睁得大大的，不敢相信地问道：“每个人？”很明显，事情的转变让史蒂夫深受鼓舞。

当全班一致决定帮助史蒂夫，并且实践他们的诺言的时候，史蒂夫感受到了强烈的归属感，他的行为因而出现了戏剧性的改善。

4. 要为一些问题承担起责任

另一项技巧，是要愿意为一些问题承担起责任，并请求帮助。一位 7 年级老师讲了自己经历的“嚼牙签”事件。学生们嚼

---

① 在美国，如果父母因为暴力、酗酒等原因被政府认定是不称职的父母，政府就有权力把孩子送到寄养家庭去。另一种情况是孩子的亲生父母不愿意抚养孩子，也可以向政府申请把孩子送到寄养家庭去，比如孩子的劣行令父母实在无法应付，或者家里太穷了。这些寄养家庭要预先向政府申请愿意接受寄养孩子，而且要通过政府的各种审核。寄养的孩子并不算过继给寄养家庭，寄养父母也只是临时照顾和抚养这个孩子，直到亲生父母有资格、有意愿把孩子接回去；或者干脆把孩子过继给人家。——译者注

牙签让她感觉都快疯掉了，不仅是嚼牙签的样子在她看来很讨厌，而且她发现教室内外的地上全都是牙签。虽然这对她来说是个问题，但她的学生们并不认为是问题。她说教并且恳求过很多次，让学生们不要再嚼牙签。毫无效果。

最后，她把这个问题放到了班会议程上，并且承认，她可以理解这对学生们不是个问题，但如果学生们能帮她想出解决这个问题的办法，她会很感激。因为每堂课的时间只有 50 分钟，他们每天的班会时间不能超过 10 分钟，所以他们往往好几天也提不出对一个问题的最终解决方案。到他们第三次讨论牙签问题时，她的开场白是："我们还没解决嚼牙签的问题。"

一个学生问她这几天是否看到过有谁嚼牙签。她承认自己没看到过。这个学生说："这个问题也许已经解决了。"

这位老师惊讶地说："也许已经解决了。"

我们多次看到，仅仅是对一个问题进行讨论，就足以让每个人意识到这个问题，并在班会场合之外继续朝着解决问题的方向努力。这就是一个极好的例子。

5. 要客观，不要评判

尽量不要评判。当学生们感到他们可以不受评判地讨论任何问题的时候，他们就会把很多事情提出来，让大家公开讨论并从中学习。有位老师担心，如果她谈论一些诸如在卫生间吐痰这样的事，会提醒别的学生也想起来这么去做。经过讨论，她认识到，学生知道发生了什么事儿，而且她认识到，不公开谈论就不会消除问题。

不要审查议程上的项目。有些老师觉得应该审查那些在他们看来是"打小报告"的项目。在你看来好像是"打小报告"的项目可能是孩子们真正关心的问题。还有些老师想剔除那些与已经讨论过的问题类似的问题。同样，对你来说也许是类似的问题，但对孩子们来说却是个独特的问题。要记住，解决问题的过程比问题的解决办法更重要。即使问题在你看来是相同的，但孩子们解决的方式可能会有所不同，或者会因为他们已有的经验而使问题得到更快解决。

6. 寻找每个行为背后的积极意图

最后，能够找到每个行为背后的积极意图是很重要的。这能让孩子们觉得受到了认可并感觉到自己的价值，这是孩子改变行为的先决条件。在一次班会上，学生们讨论的问题是作弊。存在这个问题的一个小姑娘解释说，她在拼写测验之前看单词是因为她希望能够通过测验。米德尔老师问大家："有多少同学认为想要通过测验的想法很好？"大部分同学都举起了手。有一个男孩子承认，他曾经作弊被抓到过，不得不补考一次。米德尔老师问道："这件事对你有帮助吗？"男孩子说："有。"这是两个从看似只能是负面的事件中找到积极因素的例子。全班继续开会，为改进这种行为提出建议。

常见问题

在为北卡罗莱纳州的一所学校举办的一次"教室里的正面管教"研讨会上，与会者提出的问题和我们的回答被记录了下来并做了整理。这些问题是很多教师所普遍关心的。

问：难道孩子们不需要立即得到他们的问题的解决方案吗？我认为，我的学生们不会为了他们的问题被放到班会上讨论，而等上三天。

答：我和另一位有这种感觉的老师探讨过这一问题。她以前一直是在午餐后立即召开班会，解决午餐时出现的所有问题。我鼓励她试试让学生们把问题写到议程上，并且至少要等一天再拿到班会上讨论。她后来说，自己非常惊讶于把问题写入议程这一简单的行为就让孩子们表现出了那么多的满足感。这就是孩子们的即时解决方案。当孩子写好问题离开的时候，他们的身体语言表明了他们如释重负。她还告诉我，当问题在一到三天之后拿出来讨论时，孩子们理智多了，提出的建议也更有帮助，因为他们的情绪已经相当平静了。

问：如果决定了的一个解决方案没有什么效果，该怎么办？

答：在被再次放入议程之前，对一个问题的决定应该继续生效。有一个班存在的问题是学生们坐在椅子上时喜欢往后翘起来。这个班决定凡是往后翘的人都必须站到自己椅子后面去。这个办法不太管用，因为很多孩子喜欢站在自己的椅子后面，而这么做是对班会的干扰。老师把这个问题又放入了议程。学生们也认为这么做会干扰班会，并且决定凡是往后翘椅子的人，就要离开班会现场，以此为提醒，但当他们觉得自己能够好好坐的时候，可以回来。

问：如果有人觉得一个后果不公平，该怎么办？

答：如果是学生自己选择的感到最有帮助的办法，这通常就不是一个问题。另外，当你关注的是解决问题的方法而非后果时，这个问题也就可以避免了。

问：如果学生们建议的是惩罚而不是解决方案，该怎么办？

答：把所有的建议都写下来。在孩子们刚开始学的时候，一个好办法是让他们逐一查看经过头脑风暴提出的建议，并删除那些他们认为不尊重或没有帮助的项目。这就给了学生们更多的时间来思考长期效果。还有一种办法，就是让几个自愿的学生以角色扮演的方式来演示惩罚性建议。之后，问那些在角色扮演中体验到惩罚的学生当时是怎么想的、学到了什么以及他决定今后该怎么做。这是另一种教学生们认识惩罚的长期效果的绝妙方式。

问：如果学生们开始结伙对付某个孩子，该怎么办？

答：有时确实会出现这种情况，即使是在学生们学会了积极帮助别人之后。在一次由弗兰克·米德尔老师主持的班会上，他们正在讨论一个新来的学生在操场上说“脏”话的问题。学生们似乎正在结伙以伤害性的方式对待她。弗兰克用有效提问转变了大家的行为。他问道：“你们有多少人知道新到一个学校的孩子有什么感觉？”有几个学生讲了自己的体会。然后，弗兰克问他们：“有多少人花了时间来和新同学交朋友，并告诉她学校的一些规矩。”没有人举手。弗兰克转向那位新来的小姑娘并问她，她以前的学校里的学生们是否说脏话。她承认是这样。弗兰克于是问，有多少人愿意和她交朋友，并且把学校的规则告诉她。好多孩子举起了手。然后，班会回到了常规程式，但此时的气氛已经变得很正面、很有帮助了。学生们认为这个问题讨论一次就足够了，因为这个新同学不知道这里的规矩。

在一个八年级的班会上，可以明显地看出来，被大家讨论的那个学生觉得自己被别人结起伙来对待了。我问学生们：“如果你们处在比尔现在的位置，有多少人会觉得自己正在得到帮助呢？”没有人举手。我又问：“假如你处在比尔的位置，有多少人会觉得别人在结伙对付你？”大多数孩子举起了手。我然后问：“对别人提意见和建议的时候，你们有多少人愿意设身处地考虑对方的感受？”大家都表示愿意，并且承认他们以前没这么想过实在很可笑。

问：如果一个问题涉及到其他班上的学生，该怎么办？

答：许多学校都在同一时间开班会，所以这时可以邀请别的学生到另一个班来。在邀请其他班的学生来你们的教室之前，要让学生们讨论被叫进另一个教室会有什么感觉，要让他们讨论应该怎么做才能让被请来的学生觉得大家是在帮助他，而不是要伤害他。在有些班级里，学生们会通过头脑风暴想出那位被邀请来的学生做过的积极的事情，这样，他们就可以从向这个学生致以敬意开始。

斯图亚特被请到了彼得森老师的班里，因为有些学生抱怨他踩毁了他们的沙堡。他们从向他的运动成绩和领导能力致以敬意开始。然后，彼得森老师问斯图亚特，他是否知道自己为什么要毁掉沙堡。他解释说，有一次是因为不小心，另一次是因为反正上课铃已经响了。老师问斯图亚特有什么建议来解决这一问题。他想不出来。有一个学生建议让他当沙堡巡逻员，以确保没人损坏沙堡。斯图亚特和全班同学一致同意了这个建议。

由致以敬意开始，会减少孩子们的抵触，并促进孩子的合作。有些班级在讨论每一个问题之前，都从向与问题相关的双方致以敬意开始，感谢他们做过的让别人感激的事情。

问：你怎么阻止学生们在议程上打小报告？

答：不要阻止。改变你的看法会更有帮助。这些问题对学生来说往往确实是问题。要珍惜学生们拥有的能锻炼他们能力的每一个机会。如果老师审查议程上的项目，学生们就会对班会失去信任。而且，当学生们利用班会程序时，这些问题就失去了其“小报告”的内涵，因为学生们会努力以帮助性而不是伤害性的方式来解决这些问题。

问：如果少数学生垄断了议程，该怎么办？

答：把它放到议程上，让学生们解决这个问题。有位老师告诉过我她的经历。汤米一天最多能往议程上放10个问题。我建议她把这个问题放到议程，但她发现另一个学生已经这么做了。全班决定每人每天只能在议程上放一件事。这位老师承认，如果由她自己来解决这一问题，她会允许每人每天放3~5个问题，但她更喜欢孩子们的办法。

问：学生要是对老师有了意见，也可以写到议程上吗？

答：如果老师领悟到了班会的精神，他们应该能够坦然地把讨论自己的错误当作一次学习的机会。这也会给学生们树立一个极好的榜样。

弗兰克·米德尔把他的学生带到“教室里的正面管教”研讨会上来示范班会。议程上要讨论的一个项目是弗兰克在课间休息时收走了一个学生的一袋薯片，因为学校规定不允许在操场上吃东西。在回教师办公室的路上，弗兰克把薯片吃掉了一些。学生们提出的解决方案（也是弗兰克选择的）是，他为这个学生去另买一袋薯片，但他可以先吃掉一半，因为在他收走时，那袋薯片只剩半袋了。

还有一次，一位学生把米德尔老师写进了议程，因为他让一个在上体育课时行为不当的学生在跑道上跑步。学生们觉得这是惩罚，而不是解决问题的方法。他们决定米德尔老师应该沿着跑道跑四圈。弗兰克接受了这一决定，但在跑完之后，他把问题放到了议程上，认为要求他跑四圈不公平，因为他先前只要求那个学生跑了一圈。他把这件事当成了一个机会，让学生们讨论在牵扯到惩罚时多么容易陷入报复循环。

问：当孩子们不承认自己做过被别人指责的那些行为时，该怎么办呢？

答：一旦形成一种信任和相互帮助气氛，鲜见孩子们不为自己的行为承担责任。在这种气氛形成之前，你可以问班里是否有其他同学看见发生了什么事。有些老师会让学生们就发生的事情做角色扮演。这种角色扮演常常会很幽默，引得全班大笑。这有时会鼓励原本不愿意承认的孩子把真实情况说出来。

你可以利用这个机会，问几个有关为什么有些学生会不愿意承认自己做过的事的问题，比如："如果你觉得别人可能想伤害你，而不是想帮助你，你们有多少人会愿意承认是自己做的？""你们有多少人有过被别人指责你做了某件事，而你却认为自己什么都没做呢？"很多老师发现了一种有效的做法：问学生们是否愿意这次先记下那个学生说自己没做过的话，并且，如果再发生一次，就把它放到议程上。

问：如果学生把议程当成一种报复方式，该怎么办？我的学生们就会去看议程，如果看见上面有自己的名字，他们就会将把自己的名字写上去的那个同学的名字也写上去。

答：在学生们了解并且相信议程的目的是互相帮助，而不是互相"逮住"之前，这种情况会经常出现。很多老师通过用鞋盒装议程来解决这个问题。他们让学生们把每天的问题写在不同颜色的纸上，这样就可以知道哪些问题是最早提出来的。同时，老师会让学生们讨论，为增进相互间的信任应该做些什么。另一种做法是让学生们在往议程上写问题时，不写任何人的名字。这样，学生们可以专注于一个典型问题的解决方案，而不论涉及到谁。这种做法有助于学生们习惯专注于问题的解决方案。大多数使用鞋盒的老师会在他们认为学生已经适应以后，马上把议程改为公开的形式。有一些老师还让学生们把致谢条投进盒子里，在口头致谢之前，这些致谢条会被宣读出来。

问：学生们在课间休息后一进教室都挤到议程本那里去，我该怎么办？

答：如果因为学生们一进教室就挤到议程本那里而给上课造成了困难，可以制定一条规则，规定只有下课离开教室时才可以使用议程本。有时候，只是让学生等到下一次课间休息就已经是一段足够的冷静期了，有些学生可能会决定某些问题还没有严重到要写进议程的程度。一些老师刚开始时会实行这一规定，等学生都能够把握好时间而不会影响到上课时，就允许学生们在任何时候都可以使用议程本了。

问：真的有必要每天都开班会吗？我没那么多问题，而且不愿意占用那么多时间。

答：每天一次班会的主要目的，是让孩子们在这个过程中练习具备好的品格所需要的社会技能和人生技能。如果两次班会之间的间隔长达一星期，很多学生就无法真正学会这个过程。很多老师发现，是否每天开班会，能造成成功与失败之间的区别。一位带了一个很难带的班的老师甚至准备放弃班会了，直到他每天开一次班会。他发现，当每天开班会时，他的学生们学会并且信任了这一过程。他班里的气氛也变了，因为学生们学会了能够用于全天生活的积极的技巧。

另一位老师说，她没有开过班会，因为她的班非常合作，没有什么问题。后来有了一个大问题，她想用班会来解决，却发现学生们因为没学过而无法处理这个问题。这位老师没有理解班会作为一个过程的重要性在于教给孩子们在出现问题时解决问题的技能——更重要的是，教给他们能够用于日常生活的技能。

还有一位小学老师发现，他的学生不在议程上写问题的原因是他们的班会一星期才一次，写上去的问题要等太久才会拿出来讨论。

在小学阶段，最好每天开一次班会。如果议程上实在没有什么问题，就利用致谢之后的时间计划或讨论其他事情。

问：如果议程上的一个事项涉及到的学生正好缺勤，该怎么办？

答：如果缺勤的学生是写这个议题的人，那就划掉这一条，并进入下一个议题。如果缺勤的学生是被涉及到的人，就跳过这个议题，但要把它留在议程上，作为这个学生回来上课后班会要讨论的第一个议题。这会减少学生因为逃避议程而缺勤的可能性。然而，如果你怀疑学生们因为自己的名字被写到了议程上而想缺勤，应该在班会上讨论这个问题，让全班决定应该怎么做才能确保大家知道，他们是想互相帮助，而不是互相伤害。

问：如果家长们反对，该怎么办呢？

答：邀请他们来旁听。在亲眼见过开班会之后，就很少有家长会反对了。有些学生可能觉得通过向父母抱怨自己在班会上受到了责备，就能得到父母格外的关注。即使在学生们想准确地描述班会的时候，在父母听来仍然像是私人法庭。要向家长们表明，你能够理解他们的关切，而且如果你没有看见过整个过程和积极效果，你的感觉或许会和他们的一样。有些家长会来。有些家长则会因为你的理解和邀请而放下心来。我在附录 3 中放了一封写给家长的邀请信。

如果家长参观过后仍然反对，或如果他们拒绝来参观但坚持不让他们的孩子参加班会，就安排他们的孩子在开班会时到别的班或者图书馆去。有个学生向他妈妈抱怨班会，结果他妈妈冲到学校来“过度保护”她的孩子，坚持她的孩子不参加班会。后来，她的孩子抱怨说他觉得自己被漏掉了，因为每次开班会时，他都不得不去图书馆。

问：如果学生不愿意参加，该怎么办呢？

答：学生们对此应该没有选择权，正如他们无权选择是否要上算术课一样。你们可以讨论一次，为什么有人会不愿意参加班会，以及如何改进班会，让每个人都愿意参加。

问：你怎么执行班会的决定？

答：没有必要由老师去执行。不论是全班的决定还是个人的决定，学生们自己会很清楚事情的进展，而且，假如有谁“忘记”了，自然有同学去提醒，或者把它再写进议程。

问：由老师还是学生来主持班会？

答：只要学生们的年龄足够大，让他们承担起尽可能多的责任就是个好主意。许多老师让学生轮流做班会主席和秘书。一个学生可以担任一个星期的主席，其职责是负责班会议程以及会场的设施。秘书的职责是记录所有的建议以及最终决定。

问：对于幼儿园和小学一年级的孩子们该怎样做呢？

答：好问题！我曾经参观过很多低年级小朋友的班会，他们做得是那么出色，以至于我不得不掐疼自己，提醒自己他们并不是六年级学生的微缩模型。他们使用的词汇和处理问题的技巧居然和六年级的孩子一样！

许多幼儿园现在让2~5岁的孩子参加班会。在《3~6岁孩子的正面管教》一书中有一个故事，讲述了用班会来解决小朋友朝操场扔小木片的情景。年龄大一点儿的孩子提出了一些非常出色的建议。当发言棒传给两岁半的克丽丝汀娜时，她说：“我今天早上在麦脆上加了香蕉。”老师感谢了她的发言，发言棒传给了下一个孩子。尽管克丽丝汀娜还不能完全理解班会的目的，但她的参与得到了认同，她也因此感到了自己的价值。同时，她从大孩子们身上汲取和学习着有用的东西。

年龄较小的孩子在将问题放入议程时可能需要帮助。有些低年级老师让孩子们来找老师或者助手，由孩子口述他们想要讨论的问题。还有些老师让孩子们把名字写在议程上，并画一幅画以提醒他们是什么问题。在这些低年级中，一半以上的问题都会自动消失，因为按议程轮到自己时，孩子们已经忘记是什么问题了。这也正是冷静期的目的所在。年幼的孩子更容易忘记，也更善于原谅。

还有，年幼的孩子们也许需要多一点的引导和指导，所以，老师可能需要更主动地参与。在每次班会的开始，亚特尔老师会让她们一年级的小同学背诵班会的目的：

1. 要互相帮助
2. 要解决问题

然后他们还要背诵三条规则：

1. 不带任何物品进入圆圈
2. 一次只能有一个人说
3. 六条腿必须全在地板上（两条人腿，四条椅子腿）

其他建议

秘密好友

有些老师喜欢利用星期一的班会让每个学生写下本周秘密好

友的名字。而星期五的班会则通过描述那个秘密好友所做的好事，让学生们来猜谁是自己的秘密好友。

要让这一方法有效，需要做些预备工作。首先，要让学生们对他们能为秘密好友做些什么进行头脑风暴，比如，留一张善意的字条、分享东西、帮助做事情、一起玩耍、每天问候和微笑或在小伙伴的课桌里放一块糖。等黑板上写出一串建议后，可以让每个学生抄下至少五项自己愿意做的事。孩子们可以把它贴到自己的课桌上，每完成一项就划掉一项。这样做会减少有些学生被忽视的可能性。这个活动在很多班级里都显著地增强了孩子们对友谊的积极感觉。

找到可以用来在班会上感谢自己的秘密好友所做的事情，也可以是每个学生的任务，这样做可以保证每个孩子都得到一个致谢。

班级规则

有些决定不能让学生参与，比如课程设置（除非你想鼓励学生们去和做出这种决定的成年人谈谈）。然而，还有很多领域是学生们可以参与决策的。当学生们被允许参与并且帮助决策时，他们就会在实施这些决策时以更高的热情予以合作。

看到有那么多老师把这一建议付诸实施，我非常高兴。大多数班级都将班级规则张贴在教室里。在那些通过学生们的头脑风暴制定的班级规则上，其标题都是“我们决定……”的字样。这些规则与那些完全由老师决定而没有学生参与制订的规则几乎完全相同。那些对这两种方式都尝试过的老师们注意到，在学生们参与制定班级规则的情况下，师生间的合作与相互尊重得到了很大的改善。

很多老师发现，如果事先经过班会讨论，郊游就会更加成功。让学生们讨论可能会致使郊游不愉快的所有问题，并就这些潜在问题的解决方法作出决定。然后，让他们讨论为了让郊游更愉快，需要做些什么。

班会还能让代课老师的工作容易很多。在第一次向学生们介绍班会时，我经常以此为话题。我会问："大家会做些什么样的事情来'折腾代课老师'？"他们就会列出一长串他们干过的事，比如换名字、换座位、约好时间一起把书掉到地上，等等。然后我会问他们，一个代课老师被折腾的时候会有什么感觉。令人惊讶的是，有那么多学生竟然从来没有考虑过代课老师的感受。这时，学生们列出的内容包括老师会感到伤心、悲哀或生气。我接着会让他们想一想怎样让代课老师的工作愉快起来。当学生们得到这个机会之后，你听到他们提出那么体贴代课老师的建议，真是让人高兴啊。然后，我会问有多少人愿意帮助而不是伤害代课老师。他们全都愿意。很多代课老师都说，在定期召开班会的班级里代课，真是件非常愉快的事情。

如何结束班会

如果班会非常有效，学生们往往非常投入，到了时间却还意犹未尽。如果班会是在午饭前或课间休息前开的，这个问题就不存在了。学生们很少会想在午饭或课间休息时间还继续开会。

事情在变好之前，往往会变得更糟

学生们常常不相信大人们会真的愿意倾听他们并把他们当回事儿。需要一些时间才能让他们习惯。刚开始的时候，他们可能将此作为一种伤害并惩罚别人的新武器，因为他们已经习惯了那么做。

要记住你的长期目标，并要勇于接纳不完美。有哪个学生——不管他身处什么环境——能对别人的倾听和对其想法的认可无动于衷吗？有哪个学生能从学习寻找非惩罚性的解决方案中不受益吗？有哪个学生能在知道为自己的错误承担责任是安全的，知道犯错误不会给他们带来责难、羞辱和痛苦的惩罚，而是他们学习的机会时，却仍然无法学到责任感、义务感和社会责任感吗？我不相信会这样。

很多老师在走过崎岖之前就想放弃。有些可能就那么放弃了。那些因“咬定青山不放松”而终于走上坦途的老师，表现出来的是为自己和学生们从中得到的所有益处而倍感欣喜。

回顾

班会指导原则

1. 学生围坐成一圈，老师和学生同高度地坐在圈中。（也就是说，如果学生坐在地板上，老师也要坐在地板上；如果学生坐在椅子上，老师也要坐在椅子上。这和老师平常站着上课不同。）

2. 只要有可能，就要让学生来主持班会，越早越好。

3. 主持班会的学生通过让大家传递发言棒（或用于此目的的其他物品）而开始致谢，每个同学都可以致谢或要求别人致谢，也可以直接把发言棒传下去。

4. 受到感谢的同学要说声“谢谢你”。

5. 老师或主持的学生负责议题，宣读下一条需要讨论的内容。

6. 议程宣读过后，写这条议程的学生可以做以下三个选择：1）将他的感受告诉大家；2）讨论问题，但不做定论；3）请求大家帮助解决问题。

7. 如果上述学生要求的是第 2）和第 3）个选择，就让发言棒再次绕场传递，请大家讨论，或用头脑风暴法提建议。

8. 老师不要对学生提出的建议进行评论（除非你是为了提醒学生应该给别人提建议——你可能需要说：“你怎么把它变成一种建议？”）当发言棒传到老师手里时，老师也可以进行评论或提出建议——但仅限此时。

9. 每条建议都由老师写在议程本上或者活页夹上。如果可能，让学生来写。

10. 在大多数情况下，发言棒要传递两圈，让那些听了别人的发言后又有了新的想法的孩子有机会再提建议（第二圈花的时间会比第一圈少很多）。

11. 把问题写入议程的学生可以选择自己觉得最好的建议。如果另一名同学牵涉其中，他也可以选一条建议。如果俩人所选的建议相冲突，让他们私下里讨论决定怎么做会对双方都有帮助。当讨论的问题涉及全班同学时，可以投票表决。

班会失败的六个原因

1. 没有围成圆圈。
2. 没有定期召开班会（小学生需要每星期三到五次）。
3. 老师的审查（把学生的担心看作是搬弄是非）。
4. 没有给学生时间学习非惩罚式解决问题的技能。
5. 老师小瞧（贬低）学生，而不是信任学生的能力。
6. 没有绕场传递发言棒给每个学生说话的机会。

第 9 章

家庭会议

当吉姆和贝蒂结婚的时候，他们各自为这个新家带来了三个孩子。六个孩子中最小的 6 岁，最大的 14 岁。显然，要做出很多调整。贝蒂在外面有工作。她真的喜欢这个新家，每天下班后都迫不及待地想回家见到家人——除了一件事让她头疼。回到家，首先映入眼帘的就是满屋的凌乱。孩子们放学回家后，把他们的书、衣服和鞋子到处乱扔。饼干渣、空奶杯和玩具也扔得到处都是。贝蒂就会连唠叨带哄劝："你们怎么就不能把自己的东西收拾起来呢？你们知道这会让我心烦。我愿意和你们在一起，可是一看见这种乱糟糟的样子我就会生气，哪里还高兴得起来。"孩子们就会过来收拾东西，但这时贝蒂已经变得心情烦躁，对孩子和自己都窝了一肚子火。

贝蒂最终把这一问题放到了他们每星期一晚上的家庭会议的议程上。她承认这是她自己的问题，因为孩子显然不觉得把家里弄得乱糟糟的有什么不妥，但她问孩子们是否愿意在这个问题上帮助她。孩子们觉得妈妈没有指责他们，就提出了一个“安全寄存箱”计划。这是他们要放在车库里的一个大纸板箱。规定是，任何人都可以把自己看到的扔在公用房间（比如客厅、游艺厅、厨房）里的任何东西，投到这个“安全寄存箱”里。他们还规定，必须过一个星期以后，失主才可以取出被投进里面的东西。这一方案运行得很顺利。乱扔东西的问题有人在意了，“安全寄存箱”里也塞满了东西。然而，这造成了一些新的问题，让这个计划受到了考验。如果他们不坚守规定，这个计划就会无效。例如，12 岁的大卫的校鞋不见了。他到处找，后来想起了“安全寄存箱”。那可不，鞋子就在箱子里。

大卫只好穿着他臭烘烘的网球鞋去上学，但第二天连网球鞋也不见了。他没有别的鞋可穿了，可是其他几个孩子坚持他必须过一个星期才可以把鞋子拿出来。大卫去找妈妈，妈妈很明智地说：“对不起。我不知道你该怎么办，但我也必须遵守规定啊。”最后，他的两个同胞帮他想出了穿他卧室里的拖鞋的办法。大卫没有更好的办法，所以就穿着拖鞋上了三天学。从那个星期以后，他再也没有忘过收起自己的鞋子。

接着，大卫 8 岁的妹妹苏珊失去了外套。对于她的妈妈和爸爸来说，对这件事儿要做到袖手旁观是很困难的。毕竟，什么样的父母才能让孩子在天冷下来的时候穿着拖鞋去上学，不穿外套就到外边去啊！不过，他们决定忘掉别人会怎么想，让苏珊和大卫一样，自己处理这个问题。苏珊只好穿着两件毛衣上了一个星期学。

吉姆也“丢”了几条领带、一件运动衫和杂志。对贝蒂具有启迪的事情是，她自己也有那么多东西消失在了“安全寄存箱”里。她认识到，与看到自己乱扔东西相比，多么容易看到别人造成的杂乱啊。

这个计划之所以有效，是由于以下几点：

· 问题在家庭会议上提了出来。孩子们想出了解决方案。

· 在实施全家人的决定出现问题时，妈妈和爸爸不承担责任。

· 因为父母置身事外，孩子们执行规定。

· 规定适用于全家每一个人，包括妈妈和爸爸。

另一个家庭也用了几乎一样的方式解决了同样的问题。在一次家庭会议上，他们制定了一个被称为“失踪箱”的规定。丢了东西的任何人都可以随时从“失踪箱”里取回，但每取一件就必须往“聚餐罐”里投一角硬币。当罐子装满硬币的时候（罐子总是很快就满了），他们就用这些钱去买些冰淇淋、比萨饼之类的回来吃一顿。还有一个家庭，把这样的箱子叫做“黑洞”，大家可以在每周一次的家庭会议结束后取回各自的物品。

父母通过提议把问题放到家庭会议的议程上去解决——在冷静期之后——能避免与自己的孩子之间的很多争吵。像班会一样，让孩子参与家庭会议能消除很多管教上的问题，但这只是附带的好处。最重要的好处是，孩子们有了机会来培养“七项重要的感知力和技能”（见第 1 章）中的优点。他们每周都有了机会来学习和练习解决问题的能力，而且大多数家庭都发现，这种每周一次的练习在平时也在起着作用。

家庭会议还是加强家人之间的合作和亲密感的好办法。它提供了强化家庭的价值观和家庭传统的机会。当然，家庭会议的成功，取决于前面几章中解释过的大人们的态度和技巧。

父母们应该认真读一下第 8 章关于班会的内容，因为，使班会成功的很多重要概念对家庭会议同样有效，而且家庭会议的程式与班会的也基本相同，除了下面六点区别之外。

家庭会议与班会有哪些不同

1. 家庭会议应该每周一次，而不是每天一次。在确定了家庭会议的时间之后，就要雷打不动。如果有朋友打电话来，就告诉对方你等会儿打回去。（我家的做法是摘掉电话听筒。）不要因为忙或者其他事情而改变或取消一次家庭会议。孩子会根据你的行为来判断家庭会议的重要性。一旦有效地形成了惯例，每个人就都会盼望这种全家聚在一起的机会——直到孩子们成长到十几岁（后面有详细内容）。

2. 决定应该在全体一致同意的基础上做出。如果全家人无法就议程上的一项内容达成一致的决定，就应该把它放到下次会上再讨论，到时候就可能达成一致，因为多出了一个星期的冷静期和想出新主意的时间。在家庭会议上实行“多数票”原则，将会凸显家庭的不和。应该在家里传达一种信任的态度——你们能共同找出对每一个人都尊重的解决方案。

3. 家庭会议应该包括对下周活动的讨论。随着孩子们逐渐长大以及越来越多地参与家庭活动，比如照料婴儿、运动、约会、上课，等等——这一点就尤为重要。协调汽车的使用时间并照顾到大家的方便是必不可少的。

4. 家庭会议结束前的最后一项，应该用来计划下周的家庭娱乐活动。

5. 家庭会议应该以一个全家人参与的活动来结束。你们可能想一起玩个游戏、吃爆米花或是每人轮流给大家制作甜点并给大家端上来。不要看电视，除非有一个全家人都期待的节目。如果你们确实看了一个电视节目，看完后要关上电视，并且要讨论节目描述的是什么价值观（或缺乏什么价值观），以及如何用于你们的生活中。

6. 围着一张干净的桌子坐，有助于专心解决问题。和班会不同，桌子在家庭会议中不会成为一道屏障。随意坐在客厅里开会也可以，但把家庭会议作为晚餐的一部分似乎很难让大家不跑题。

家庭会议的“构件”

主席

这项工作应该大家轮流做。孩子们非常乐意当主席，并且在四五岁之后就能做得非常出色。会议主席的职责包括召集大家开会、带头开始致谢、开始解决问题、第一个持发言棒发言，并监督发言棒逐一传递，以确保每个人都有机会发表意见或提出建议。

秘书

这项工作也应该大家轮流做，只要会写字就有资格。秘书的任务是记录会议讨论的内容和做出的决定。（看以前的家庭会议记录和看家里的影集一样有趣。）

致谢

每次家庭会议都要以让每个人向每一个其他家庭成员致谢为开始。如果孩子们有互相羞辱的习惯，这在初期可能会有点儿尴尬。如果是这种情况，就要先花时间讨论找出能够相互致谢的一些事情来。父母可以通过向每一个家人致谢来为孩子们做出示范。另外，你如果看到孩子们之间正在发生一些好的事情，就要提醒孩子记在心里，好用于致谢。你甚至可以建议他们把这件事情记到议程上，以免他们忘记。

史托福太太向我们讲了她们家刚开始在家庭会议上致谢时的一件事。6岁的苔米自告奋勇要先说。她轻松愉快地向妈妈和爸爸致了谢。当要向9岁的哥哥马库斯致谢时，她停了一下，说："这真的很难。"史托福夫妇鼓励她随便说。她总算想到点儿什么向哥哥致了谢，然后加了一句，"但是他还欺负我了。"

爸爸妈妈提醒她："不要但是。"轮到马库斯时，他对向苔米致谢一点儿也不热心，但还是做了。史托福太太说，现在兄妹俩能很轻松地相互致谢，并且说："听着两个以前总是互相羞辱的孩子，现在互相说着对方做的好事，那感觉真是好极了。"

有一年夏天，我们一家人都特别忙，结果本应雷打不动的家庭会议中断了。这对我们是一个很好的教训，让我们再次领悟到了家庭会议的重要性。争吵和管教的困难急剧增加。孩子们开始频繁地相互侮辱。最后，我终于"醒悟"过来，召集了一次家庭会议。孩子们彼此之间已经毫不客气，以至于我觉得他们很难相互致谢了。然而，前几年的训练没有白费，他们相互友善地向对方致了谢。随着我们恢复定期的家庭会议，孩子们之间的相互侮辱明显减少了，争吵和管教的困难也明显减少了。

感激

我们可以致谢，也可以说出自己的感激。让每个人说出一件让自己感激的事情，有助于我们想到原来有那么多我们通常认为是理所当然的事情需要我们感激。

议程

电冰箱好像是最受欢迎的放家庭会议议程的地方，用一块磁铁把一张纸贴在冰箱前面或侧面非常方便。我很后悔自己没有把那些纸保留起来，因此我建议你使用用打孔机打过孔的纸，并将这些纸保存在家庭会议册里。①

讨论议程上的问题要按着时间顺序来，这样就不用考虑哪个问题最重要了。

解决问题

要像第6章介绍的那样，和孩子讨论专注于问题的解决方案。“专注于解决问题的3R1H”可以用来在家庭会议上解决很多问题，正如在班会上一样。然而，在家庭会议中，解决方案必须经过全体同意。重要的是，家庭会议也不能纠缠于后果。许多家庭都说，当他们专注于每个问题的解决方案，而不是考虑其后果时，权力之争明显减少了。

计划家庭活动

让每个人平等地参与到计划大家都喜爱的活动中来，家庭成员就会更乐意合作。当全家人都参与讨论可能出现的冲突以及如何避免冲突时，每周一次的家庭活动以及度假都将会更成功。我丈夫巴瑞·尼尔森写的下面这篇文章就提供了一个非常好的例子。

“我们带孩子一起去夏威夷吧。”我妻子说。

“你在开玩笑吧？他们会让我们俩苦不堪言的。”我回答道。

我当时完全没有想到，六个星期以后，我从多年来最让我开心的一次举家出游中回来了。这次旅行成功的原因就是家庭会议。

---

① 我们在网上提供“正面管教家庭会议册”［A Positive Discipline Family Meeting Album］电子版，网址是 www. focusingonsolutions. com ——作者注

我们每个星期天晚上开家庭会议。每个家庭成员都能得到尊重的对待，并且每个观点都能够被倾听和讨论。

在我们去夏威夷旅行之前几个星期的一次家庭会议上，我告诉孩子们，妈妈和我不久要去夏威夷，并问他们是否愿意和我们一起去。顿时就像炸开了锅。在我们好不容易让他们安静下来之后，妈妈说："如果要带你们去夏威夷，我和爸爸也要开心才行。如果你们打架，或者让你们做点儿事就讨价还价，我们就没法开心了。"

孩子们发誓他们会像天使一样！这话我听过多次，知道光发誓是不够的。我们决定做头脑风暴，把带孩子度假时会让父母苦恼的事情都列出来。

"那让孩子苦恼的事呢？"马克打断我说，我差点儿说他"别以为就你自己聪明"，可我忍住了，我们都认为这是个公平的问题。妈妈把可能出现的问题列成了两栏：父母的苦恼，以及孩子的苦恼。

父母苦恼的事包括向父母要钱、除了垃圾食品什么都不吃、相互打架、和父母讨价还价、不收拾自己的东西、不背自己的包、不告诉我们一声就自己跑开、睡得太晚、不愿意去我们想去的一些地方。孩子苦恼的事包括在高档餐厅用餐、穿讲究的衣服、两个人合睡一张床、钱不够花、父母干涉钱该花还是不该花、坐飞机的时候座位不靠窗。大家同意的解决办法是，孩子尽量多存些钱；我们到时再额外补助一笔给他们（不再追加）；他们要把钱分成七天用，由我们替他们保管，每天交给他们一份；我们不告诉他们怎么花他们的钱，花完后也不再给他们；他们同意负责各自的旅行包，而且只带他们带得了的东西；马克带上一个睡袋，如果只有一张床时，他可以打地铺；当我们去高级点的餐厅用餐时，他们可以去吃麦当劳；在飞机起飞和降落时，兄妹俩可以轮流坐在靠窗的位置；他们同意不打架，而且要去哪里一定先告诉我们。

我问："要是你们忘了，又开始打架，该怎么办?"

"给我们个秘密信号，怎么样?"马克建议。

"好主意，"妈妈说，"如果我们见你们打架，就拉拉我们的耳垂，给你们一个无声的提醒，你们说好了不打架的。"

"爸爸，对你也一样哦。"马克插话说。

"你什么意思?"我愤愤不平地问。

"当你开始对我或玛丽发火时，我拉拉我的耳朵给你发个信号可以吗?"

我暗想，你个小鬼头。但我随后想了一下，便同意了："好主意，儿子。"

在我们出发前一个星期，也就是三次家庭会议以后，我们的问题清单又加长了。家里洋溢着一种激动而合作的气氛。孩子们往前赶着学校的作业，并且努力地节省着钱。

当马克想带上滑板时，第一次冲突就开始到来了。我向他解释把滑板放在旅行包里背着会有多困难，以及在夏威夷拥挤的"歪唧唧大街"（Waikiki Streets）上滑板会造成的问题。由于已经形成了一种合作的氛围，他没有争辩就同意了把滑板留在家里。

去旧金山赶飞机的两小时车程，最终用了我们三个小时。当我们被堵在海湾大桥上时，玛丽开始哼唧说她口渴。马克提醒她，我们大家已经谈到过这类麻烦，她很快就决定自己可以等到我们到达机场。哈，家庭会议的又一个胜利!

火奴鲁鲁的旅馆客房里有两张双人床。我们很高兴带了马克的睡袋，避免了一次可能的争论。

托家庭会议的福，我们的旅行非常快乐!有过几次小麻烦，但一提起我们的约定，问题很快就解决了。两个孩子走丢了一次。我们开了一次家庭会议，讨论如何避免将来再出现这种问题。我们决定，一旦走散，就回到原来在一起的地方，等其他人回来找。兄妹俩还要记住旅馆的名称和地址，如果他们再走丢，可以把这些信息告诉警察。

我们作为一家人感觉到的亲密无间，是远比夏威夷之旅本身更加美好的体验。回到家两个星期之后，我们的大儿子从佛罗里达打来电话，说他两个月后要结婚。“我们要带两个小的一起去!”我说。

计划家庭娱乐活动

计划每周的家庭娱乐活动是家庭会议的一项重要内容，但这被很多家庭忽视了。很容易就能想到，全家人一起做些有趣而开心的事对于一个幸福家庭来说是多么美好。问题是许多家庭都希望它会“自动出现”，而不做任何努力。这种事情不会发生，除非你们做些事情使它发生。要让它发生，你们必须“计划并行动”。

我们家用一张“家庭娱乐表”（见第 211 页）来计划和实施家庭娱乐活动：我们决定，每个星期六晚上是约会时间。每个月的第一个星期六，妈妈和马克一起做些事情，爸爸和玛丽一起做一些事情。第二个月的第一个星期六，就换成妈妈和玛丽一起度过特别时光，爸爸和马克一起度过特别时光。每个月的第二个和第四个星期六是爸爸和妈妈单独约会的时间。第三个星期六则全家一起活动。

讨论家务事

要在家庭会议上讨论家务事，以便让孩子来帮助解决做家务的问题。如果孩子们能够说出自己的感觉，并且参与讨论和选择，他们就会更愿意合作。

当我们要一个孩子做家务时，孩子总是会说：“怎么每件事都要我做?”在一次家庭会议上，为消除这种现象，我们列出了妈妈和爸爸做的所有家务事（包括全日制工作）。然后，我们让孩子们做头脑风暴，列出他们认为孩子能够做的家务。在他们列出的清单上，我们还加上了他们忘掉的一些事情。即使这样，他们的清单也远远没有我们的长。当他们看到我们要求他们做的家务和我们自己做的家务之间的比较结果时，他们被感动了。然后，我们把他们能做的家务每一项写在一个小纸条上，放进一个罐子里。每个孩子每星期抽出四件家务来做。这些纸条每星期都重新抽一次，以免一个孩子总是做同一件家务——比如倒垃圾。

这并非一种有魔力的解决方案。我们发现，做家务的问题每个月至少有一次要放到家庭会议的议程上。我称之为“三周综合症”。第一周，孩子们通常都热情高涨地遵守由他们参与制订的家务事计划。第二周，他们继续做该做的家务，但热情大减。到第三周，他们会开始抱怨。这就是我们应该把家务事再次放入议程的讯号了。

有一次，我的讲演结束以后，一位女士过来对我说：“我们试着开了一次家庭会议，孩子们做了大约一个星期的家务就不做了。所以，我不觉得家庭会议能有多大作用。”

我问她：“你找到鼓励孩子们做满一星期家务的其他什么办法了吗？”

她说：“呃，没有。”

我说：“在我看来这就是成功了。我建议你坚持下去。”然后，我跟她说了我家的“三周综合症”。尽管我们需要不断地把做家务的问题提到家庭会议的议程上来，但我们觉得通过家庭会议处理这个问题比我们尝试过的任何其他方式都能得到孩子们更多的合作。孩子们一段时间内会承担起责任，当责任感松懈下来的时候，我们就把它放到家庭会议议程上。

我家孩子们经常会提出一个新的方案。有一段时间，他们喜欢用“家务事转盘”。这是他们用一个圆形纸板做成的，边上画着需要完成的家务，中间用大头针钉了一个指针。他们每周用转动指针的方式挑出几样家务来做。后来，他们又饶有兴致地做了个带口袋的“家务表”，上面一溜口袋装着“未做的家务”，下面一溜口袋装着“完成的家务”。当他们能把一张家务卡从上面挪到下面的“完成的家务”袋里时，看上去就会有一种成就感。

每三四个星期处理一次家务事的问题，比起每天都要为家务事而争执，要好不知多少倍。我最小的两个孩子（我总共有七个孩子）曾经提出过一个被使用了六个月的方案，而不只是三个星期。当他们在六个月后开始抱怨时，他们又想出了一个方案，这个方案使用了一年多。

他们决定，我应该把他们每个人应承担的两项主要家务写到电话机旁边的白板上。讨论的时候，我希望规定他们一放学就立即做这些家务。他们想自己掌握时间，只要在晚上睡觉前完成任务就行。我问道：“如果你们睡觉之前没有做家务怎么办？”他们认为，合理的做法是由我把他们的名字在白板上圈出来，被圈到名字的人第二天必须在放学之后立即做当天和前一天留下的全部四项家务。这个方法在六个月之内一直执行得很好。我有那么几次在白板上圈出了一个名字，第二天，他们在放学后就立即开始做该做的四项任务。

然而，在六个月之后，兄妹俩都开始抱怨起来，问我：“他（或她）怎么就老是做些轻松的家务呢？”我已经花了大量时间通过调换家务来保持公平了，但没有从他们的角度来考虑。我对自己感到非常自豪，因为我没有向他们说教我的公平观，而是简单地把问题写入了议程。他们提出的方案既简单又深刻，我不知道自己怎么没有早点儿想到这么好的办法。那样可以少费多少脑筋！马克说：“你干嘛不在白板上写四项家务，谁先到谁先挑？”这再一次提醒我，只要给孩子们机会，他们能想出的办法会多么伟大。

第一个星期，他们各自调好闹钟，都想抢先一步挑选自己认为容易的家务。不过，这没有持续多长时间。他们很快就决定，睡觉要比一件轻松的家务重要得多，所以晚到的人也就能优雅地接受自己的运气了。

一些特殊的挑战

年幼的孩子

有些家庭发现，年龄小于4岁的孩子会在家庭会议上讨论解决方案时造成干扰。在我自己家里，我们会等到婴儿和刚刚会走路的孩子睡觉以后才开家庭会议。

一旦孩子的年龄足够大时，我们就会让他们参加家庭会议的某些部分。3岁的孩子喜欢参加结尾部分的藏扣子和捉迷藏游戏以及随后的甜点分享。他们甚至可以学着向别人致谢了。到了4岁的时候，他们就能提出很有创意的解决方案，完全可以全程参加家庭会议了。

十几岁的孩子

在很多家庭里，到孩子十几岁的时候，权力之争和报复循环已经根深蒂固了。家庭会议能够极大地改变这种状况，但需要做一些特殊的基础工作。首先需要的就是，父母要谦虚地承认自己的做法（控制过多或过于娇纵）不管用。第二步是向孩子承认这一点。

莱昂先生讲了他是如何赢得自己的十几岁的孩子的。他告诉他们："我一直在用错误的方法对待你们。我朝你们大吼大叫，要你们合作，其实真正想的是：'照我说的做。'难怪你们不情愿。我很佩服你们在这方面的洞察力。我真的想重新开始，我需要你们的帮助。我听说家庭会议很有效，全家人一起坐下来，尊重地对待每个人的观点，来解决问题。当我又开始用老办法想要控制你们的时候，请你们帮忙提醒我。”

莱昂先生的几个十几岁的孩子，被他们父亲的这个前所未有的举动震惊得说不出话来了。莱昂先生又赶快很明智地加了一句：“我知道这对你们是前所未有的。这样好不好，你们先想想看，明天再来告诉我，你们是否愿意试试这个新办法。”

莱昂先生陶醉地对父母学习小组的同学说：“他们怎么可能拒绝呢?”是的，他们没法拒绝。他又和大家分享了自己在家庭会议上的美妙体验，以及自己现在和孩子们在一起享受到多少快乐，当然还有麻烦。

有趣的是，孩子们常常想得到与自己已经拥有的相反的东西。莱昂先生的孩子们很高兴有了家庭会议，因为那是新的东西。而当我的孩子们长到十几岁时，则开始抱怨家庭会议。家庭会议对他们已经是老新闻了。我们把他们对家庭会议的怨言——比如时间太长——放到了议程上。结果，大家决定家庭会议占用的时间不能超过 15 分钟。

一天，玛丽在朋友家住了一夜之后回到家来，这位平常对家庭会议怨言最多的人居然说：“妈呀，那个家庭有问题。他们应该开家庭会议。”玛丽上了大学以后，在她的宿舍里也和室友开家庭会议。

尽管我在社区大学教了 10 年的儿童发展课程，但我忘掉了个性化（反叛）过程对于十几岁的孩子来说是正常而健康的。除了考验自己父母的全部价值观之外，他们难道还有其他途径来发现自己想成为什么样的人吗？我忘掉了这个正常的考验期，因为我最小的两个孩子（在正面管教下长大的）在十几岁之前是那么的可爱。他们已经养成了自律、负责的品格，掌握了解决问题的技能。尽管他们不完美（我也一样），但非常乐于合作，正如我们能从错误中学习一样。

当我最小的孩子长到十几岁，开始他们的个性化过程时，我慌了。（我应该提一下，那些学会了自信和自立的孩子们，往往会夸耀自己的反叛，而不会偷偷摸摸地反叛。）我不得不承认，我很担心别人会怎么看待我。我都准备好要把《正面管教》扔出窗外，回到对孩子控制和惩罚的老路上去了。实际上，我那么做了一段时间，并造成了权力之争和相互伤害的真正混乱。万幸的是，我清醒了过来，并认识到我的孩子们比我的自我更重要。也正是从那时起，我和琳·洛特（Lynn Lott）合作，致力于《十几岁孩子的正面管教》的写作。这使我回到了正轨上，寻找和善、坚定、尊重地对待我的十几岁孩子的方法，并且在这个过程中寻求给他们——以及我自己——力量的方法。

单亲家庭

认为没有双亲就是孩子的缺憾，这是一种没有根据的说法。很多取得非凡业绩的人都是在单亲家庭长大的。单亲家庭只是给孩子提供了不同的机会。在我们的《单亲家庭的正面管教》一书中，我们呼吁人们不要再把单亲家庭看作“破碎的家庭”。单亲家庭并不是破碎的家庭，只是不同的家庭。

单亲父母的态度非常重要。如果你因为你的孩子们只有一位全时家长而感到内疚，孩子们就会感觉到悲剧正在发生，并且会作出与此相应的行为。如果你接受现实，认为你在这种环境下正在尽自己的最大努力，并且正在走向成功而不是失败，孩子也会感受到这一点，并相应地表现出来。

家庭会议在单亲家庭中也同样有效。一个家庭可以是一个家长和一个孩子，或者一个家长和几个孩子。家庭会议是向孩子传递积极的感觉，并让他们参与解决问题而不是去操纵别人的好方法。

朵荷蒂和拉迪玛是两位单亲妈妈，她们住在一起，各有一个孩子。她们对我说，如果没有一周一次的家庭会议，她们不可能走到今天。她们在每周一次的家庭会议上谈论并解决一些室友间、亲子间以及兄弟姐妹间的常见问题。

为家庭会议增添趣味

对于很多家庭来说，每周一次的家庭会议是一个传统，提供给孩子们的是幸福感、自信感、自我价值感和归属感。家庭会议还能提供家庭娱乐、相互尊重、解决问题的体验和幸福的回忆。

你的家庭可能喜欢用下面这些活动为家庭会议增添乐趣。用一个三孔文件夹做一个家庭会议册，最好带个透明的塑料封皮，可以插一张全家福在里面。这个会议册可以用来保存所有的议程、头脑风暴提出的建议和选择的解决方案，以及下面这些活动的记录。

家庭格言

讨论家庭格言可以让家人共度一段美好时光，并使家人彼此更加亲密。你或许想每个月选一条不同的格言，并通过我们推荐的家庭活动使其更有意义。下面有几个例子，你可能想使用这些例子，也可以自己创新。

格言示例

1. 我为人人，人人为我。
2. 互爱互助。
3. 行动的价值在于成就中的快乐。

4. 即使只能帮上一人，也值得尝试。
5. 犯错误是学习的大好时机。
6. 我们善于发现。
7. 我们善于解决问题。
8. 要办法，不要责备。
9. 我们有一颗感恩的心。
10. 每一天都值得祝福。

家庭会议中的格言活动

1. 让全家人为本月选一条格言。
2. 第一周：给每个人一张白纸。让大家想一想本月格言在这一周的意义，并且把它对自己意味着什么的想法写下来。(要找时间帮还不会写字的小孩子写下来。)
3. 第二周：留出家庭会议的一部分时间，让大家分享自己写下来的东西。然后，都放到家庭会议册里。给每个人再发一张白纸，请大家在本周找些时间把格言对自己的意义画成一幅画。可以再安排一个时间，让大家在一起画。
4. 第三周：留出家庭会议的一部分时间，请每个人介绍自己的画。把画贴到冰箱上或其他地方，方便大家欣赏。同时，让每个人都留心他们在下一周是如何把格言付诸行动的。
5. 第四周：留出家庭会议的一部分时间，请每个人说出自己把格言付诸行动的一个事例。然后，请大家思考下个月的格言。
6. 下个月的第一周：把上个月的格言画放进家庭会议册里。选定另一条格言。然后重复上述过程。

感激纸

感激的态度不会自然产生，而是需要学习。定期的练习和分享会帮助全家人培养出感激的心态来。

家庭会议中的感激活动

1. 在每次家庭会议结束时，给每人发一张空白的“感激纸”，鼓励家人把这张纸放在容易拿得到的地方，并且写下他们要感激的事情。
2. 在家庭会议（或晚饭）时留出时间，让大家说说各自认为值得感激的事情。
3. 会后把这些感激纸收集起来，放到家庭会议册中。

致谢纸

当每个人都学会寻找彼此的好处并用语言表达出来时，家里就会营造出一种积极的气氛。不要期待完美。孩子间的一些口角是正常的。然而，当孩子们（以及家长）学着致谢并接受致谢时，负面情绪就会大大减少。当然，在那些定期召开家庭会议来解决问题的家庭里，积极的家庭气氛增加得更多。

家庭会议中的致谢活动

1. 在冰箱上（或别的地方）放一张空白的“致谢纸”，以便大家每天都能写下对别人的致谢（年幼的孩子可以请家人帮忙写下来）。
2. 当你看见有谁值得致谢时，就写下来，或者问一个也目睹了这件事的孩子：“你愿意把它写到‘致谢纸’上吗?”一旦孩子养成了向他人致谢的习惯以后，就不再需要你的提醒了。

3. 在每次家庭会议开始时，家人可以读一读他们的致谢。
4. 问问有没有没写下来的口头致谢。
5. 要确保每个人都至少得到一条致谢。
6. 把“致谢纸”放入家庭会议册，另放一张空白的“致谢纸”在冰箱上供大家在本周填写。

家庭娱乐表

很多家庭没有把足够的时间用在全家人一起娱乐上。我们往往有良好的意愿，却没有花时间去计划和安排具体的时间。

做计划的第一步，是给每个家庭成员一张表，表的内容如下：

家庭娱乐表

	全家人一起	爸爸和妈妈	个人活动
免费活动	________	________	________
	________	________	________
	________	________	________
需要费用 ¥	________	________	________
	________	________	________
	________	________	________

家庭会议中的“家庭娱乐”讨论

1. 在家庭会议上，全家人一起做头脑风暴，讨论“家庭娱乐表”中的“全家人一起”活动栏，看大家能想出多少全家人一起参与的集体活动，包括免费的活动和需要费用的活动。
2. 给每个人一张表，以便大家在本周继续列出自己想到的活动，不仅是全家活动，还包括个人活动。爸爸和妈妈也可以填写属于他们自己的栏目。让全家人把这张表保留至少一个星期，以便有充足的时间来加上他们能够想到的每一项活动。

3. 如果家里有很多杂志，可以让大家从杂志上剪些图片下来，贴到自己的表上。
4. 在接下来的几次家庭会议上，把每个人的表都拿出来让大家挑选活动项目。挑选好以后，大家再来讨论本星期或本月的哪天或哪个晚上安排哪项活动，什么时候可以安排免费活动，什么时候可以安排需要费用的活动，能给出多少预算。然后，就未来3个月以内在哪一天想做哪一件事情达成一致。最后，把一致通过的决定写到日历上。
5. 按日历进行各项活动。

家庭会议中的“我从错误中学到的……”活动

要教给孩子把犯错误看作学习的大好时机。每隔一段时间，给每个家庭成员发一张“我从错误中学到的……”表，让每个人用这张表记下一个错误，以及他们从中学到了什么，并准备好在下次家庭会议上宣读。（四岁以上还不会写字的孩子，由你来帮他们写；四岁以下的孩子还太小，不必参加这项活动。）“我从错误中学到……”表的样式如下：

我从错误中学到的……

错误	我所学到的	我今后的做法

一定要把这些用过的表格都收到家庭会议册里。你能想象得到等孩子们长大成人以后再来看这些表是一件多么快乐的事情吗？

家庭晚餐计划

家庭晚餐为教导孩子合作与贡献提供了一个绝好的机会。即使小孩子也都可以轮流做些简单的东西，比如汤、烤三明治、蔬菜、生菜沙拉和果冻。

家庭会议中的“晚餐计划”活动

1. 把几本刊登着菜谱的杂志拿到家庭会议上来。让孩子们（以及父母）挑选各自想尝试的菜谱。（把这些菜谱和图片剪下来放到一个夹子里一定很有趣。大家可以来评论这些菜谱，然后把最受好评的剪贴起来。）
2. 用3×5（英寸）的卡片来做家庭菜谱。在卡片的背面写上需要从商店购买的所有配料。（这些卡片可以收集起来放到一个单独的检索盒里，方便重复使用。）
3. 在家庭会议上，用一张“家庭晚餐计划表”让大家一起计划本周的食谱安排。在“厨师”一栏下面，填上每天负责做饭的人的名字。这位厨师要负责决定主菜、蔬菜、沙拉、甜点的内容。（当然，这张表可以按照你家的特点来修改。）

家庭晚餐计划表

	厨师	主菜	蔬菜	沙拉	甜点
星期一					
星期二					
星期三					
星期四					
星期五					
星期六					
星期天					

4. 买菜的那天，全家人一起去商店。年龄足够大的孩子可以自己拿着购物篮，按照菜谱卡背后的内容去搜集所有配料。年龄较小的孩子可以帮着哥哥姐姐或爸爸妈妈寻找配料。

回顾

家庭中最值得做的事情，就是定期召开家庭会议。为什么呢？因为家庭会议给孩子提供了学习具备好品格所需的有价值的社会技能和人生技能的机会。孩子将会从中学到：

- 倾听技能
- 头脑风暴技能
- 解决问题技能
- 相互尊重
- 解决问题前首先要冷静下来的意义

· 关心他人
· 互相合作
· 在友善的气氛下承担责任
· 如何选择对每个人的需要都尊重的解决方案
· 获得归属感和价值感
· 社会责任感
· 错误是学习的大好时机

而且，家庭会议还给家长提供了机会，来：

· 避免权力之争，以相互尊重的态度共同控制局面
· 避免事事干预孩子，让孩子学会自律
· 以一种能让孩子倾听的方式，倾听孩子
· 以相互尊重的态度和孩子分担责任
· 形成一个好的传统，给大家留下美好的记忆
· 为孩子树立榜样，实践那些你希望孩子能掌握的技能

如果家长真正理解了家庭会议的价值，这还将成为他们最有价值的管教工具。因此，他们一定会竭尽全力安排出每周 15~30 分钟的时间来召集家庭会议。

正面管教工具

1. 家庭会议
2. 关注于解决问题
3. 对付凌乱的“安全寄存箱”
4. 让孩子参与解决问题、制订家庭规则
5. 坚守家庭规则，避免把问题揽到自己身上
6. 表现出对孩子有能力解决问题的信心

7. 家庭会议决议必须全体通过
8. 在日历上计划好家庭娱乐时间
9. 和孩子一起就一些常见问题预先讨论解决方案
10. 当某个解决方案不起作用了，那就再次写入会议议程
11. 用各种方式激励孩子承担家务
12. 坚信十几岁的孩子一定能顺利度过他们的个性化过程
13. 让家庭会议丰富多采的工具
14. 定期谈论各自的错误，以及每个人能从中得到的收获
15. 计划并轮流承担做饭以及清洁的责任

问题

1. 要使家庭会议成功，哪些基本概念非常重要？大人必须具备哪些心态？

2. 孩子通过参与家庭会议将会学到哪些技能？

3. 家庭会议与班会的六点区别是什么？为什么会有这些区别？

4. 让全家每个人逐一向其他人致谢的价值是什么？

5. 让孩子分享他们觉得值得感激的事情的价值是什么？

6. 要确保“安全寄存箱”措施成功，我们需要掌握的四个概念是什么？

7. 怎样让你的家庭也享受一次“没有争吵”的快乐假日？

8. 让孩子承担家务的最好办法是什么？

9. 家庭会议为什么对单亲家庭也同样重要？

10. 你觉得“家庭娱乐时间活动”会带来哪些好处？请讨论。

11. 丰富家庭会议的活动项目有哪些？你最喜欢哪些项目？这些活动会给你的家庭带来哪些好处？

12. 家庭会议将如何帮助孩子和父母达成第 214 ~ 215 页列出的那些目标？

第 10 章

你的性格对孩子性格的影响

在第 4 章，我们了解了孩子的错误目的。成年人也有错误目的。我们称之为“生活态度取向”（lifestyle priorities）。正如孩子们并不能明确地意识到自己的错误目的一样，大人也可能意识不到自己的生活态度取向。这种隐藏的取向会导致大人行为不当，并对孩子造成影响。在对成年人的生活态度取向做更详细的讨论之前，我们先来看几个家庭，看看大人的生活态度取向在实际生活中是怎样表现的，以及对孩子们的影响。

现在是贾斯珀家的就寝时间。给孩子们建立就寝习惯对于贾斯珀太太来说太麻烦了，她宁愿等到孩子们在地板上睡着之后，再把他们抱到床上去，也不愿意因为与孩子争执而给自己造成压力。她在生活中更喜欢避免压力和情感上的痛苦，并且认为避免就寝前的冲突是保持安逸的一个办法。

然而，贾斯珀先生则不一样。他的生活态度取向是控制，他相信，孩子们有一个日程安排很重要，而且也愿意为此承担起自己的责任。当他照料孩子的时候，会让孩子按部就班，确保他们穿上了睡衣，仔细刷干净了牙，并且要在 7：30 准时上床。他相信，把握住自己、把握住局面或其他人，才能避免羞辱和批评。

贾斯珀夫妇在一些情形中的不同做法，会给他们造成潜在的挑战。他们的不同方式给孩子们造成了困扰，并且经常会鼓励孩子们做出试探行为和不良行为。以安逸为生活态度取向的父母总想避免痛苦和压力；在这种逃避过程中，这些父母无法让孩子了解到还有限制和条理。他们的孩子可能会认为自己可以随心所欲，并且不需要遵守任何社会责任感的规则。以控制为生活态度取向的父母则相信，他们可以通过保持控制——有时候是对局面的控制，有时候是对自己的控制，有时候是对别人的控制——来避免批评和羞辱。他们可能会过于严厉，也不会花时间和孩子一起制订规则。有些孩子会觉得受到了阻挠，并且决定反抗。另一些孩子可能退让，并且决定要以讨好来得到别人的爱。

什么是生活态度取向？它是怎么来的？它与养育方式有什么关系并且对孩子有什么影响呢？在回答这些问题之前，我们先到桑切斯家看看，并且了解一下另外两种主要的生活态度取向。

桑切斯家也到了就寝时间。桑切斯太太相信孩子应该按时上床，并且试图通过向孩子们说教应该做“正确”的事来让孩子们相信这一点。她经常因为孩子们对她的“智慧”（说教）不当回事而沮丧。孩子们很少听她说。真是一种侮辱！桑切斯太太的生活态度取向是力争优秀。无意义是她想在生活中避免的事情，并且她相信，“正确”地做事是使生活更有意义的一种方式。

桑切斯先生非常不同。他只想让孩子快乐，并且在就寝时轻松。他的生活态度取向是取悦，并且为了让事情轻松愉快，他会把孩子们“爱”到床上去。他跟孩子们玩游戏，让孩子们在游戏中穿上睡衣并去刷牙。他给孩子们读故事，给他们一杯接一杯地拿水喝，给他们没完没了的“最后一个”拥抱。他觉得，自己可以通过让就寝时间充满乐趣以及做他认为能够取悦孩子们的事情，来赢得孩子的爱并避免孩子们抗拒。

桑切斯夫妇之间也有很大差异，并且也招致了孩子们的大量试探行为。以力争优秀为生活态度取向的父母们没有认识到，他们为了避免无意义和无足轻重而凡事要求“正确”，会让他们的孩子觉得自己能力不足。他们怎么能够符合父母的高期望呢？这些孩子可能会变得很消沉并且会放弃，或者，他们也可能以抛弃自己拥有父母无条件的爱的感觉为巨大代价而决定要出类拔萃。取悦型的父母希望避免遭到拒绝。但是，这可能会使孩子占据优势，以为“只有当别人照顾我、满足我一切愿望时，我才有所归属”。

这是一些极端的例子。然而，大部分父母可以从中看到自己的一些倾向。家庭中每个人都具有不同的性格、理念和自己的逻辑，要搞清楚所有家庭成员的行为及其互相影响是一个多么大的挑战啊。知识和清醒的认识会有所帮助。

前面几章中，我们花大量篇幅讨论了孩子们的一些决定如何塑造他们的行为。这一章，我们根据以色列心理学家尼拉·凯弗提出的“生活态度取向”理论，重点讨论大人的抉择和行为是如何影响孩子的。对于父母和老师们来说，非常重要的是，要了解自己的生活态度取向对自己养育风格和教学风格的影响，及其对孩子选择生活态度取向的影响。

每一种生活态度取向对我们与孩子之间互动的影响都各有利弊。有了对生活态度取向的了解，我们就能学会对自己的取向扬长避短（至少是在一些时候）。

什么是生活态度取向？

你从孩提时代开始，就积累着大量潜意识的决定，这些决定共同形成了你的生活态度取向。现在，你的孩子也正在形成他们的生活态度取向。生活态度取向并不描述你是谁。它们代表着你在生活中做出的以何种方式找到归属感和价值感的决定。

实际上，成年人既会形成一种基本生活态度取向，又会形成一种次级生活态度取向。这一章会帮助你识别你的基本生活态度取向（当你感到自己的归属感和自我价值感受到威胁或不安全时，所采取的行为），以及你的次级生活态度取向（当你有安全感时所采取的通常行为）。

大多数人都希望能拥有每一种取向的优点，而去除其缺点。例如，大多数人都希望对自己的生活能有一定程度的控制，而不喜欢批评和羞辱。然而，以控制为生活态度取向的人比其他取向的人更难以忍受批评和羞辱。这是一个程度的问题。以控制为取向的人相信，能够避免批评和羞辱的最好办法就是保持控制。记住，这是一种个人的信念，而不是事实；在具有控制取向的人看来是批评和羞辱的情形，另一个人可能会付之一笑。这是一个感觉问题。需要特别注意的是，控制别人通常不是以控制为生活态度取向的人关注的焦点。他们想要控制的是自己和局面，以获得安全感。然而，孩子们却容易将此理解为对他们的控制，并且可能会反抗。在一次“正面管教研讨会”上，一位妈妈拍着自己的脑门说：“现在我明白我的孩子们一直想要对我说什么了，明白他们为什么那么‘不顺从’了。”

很多人都想力争优秀（卓越），不愿意自己是个无意义和无足轻重的人。然而，以力争优秀为生活态度取向的人会不惜一切代价避免自己无足轻重和无意义。还有很重要的一点要注意，那些以力争优秀为己任的人，极少想要比别人优越。他们只是有一种错误信念，认为如果自己不是出类拔萃，自己就不够好，这往往导致孩子感到自己无能。另一位家长在研讨会上醒悟道：“我的老天。我老也弄不明白我儿子为什么对自己那么灰心。我不断对他说，只要他肯努力，就能做得更好。现在我才知道，越这样越让他觉得自己无能。我要学习，帮助他摆脱这种状况，要让他受到鼓励而不是丧失信心。”

表 10.1　四种生活态度取向：安逸、控制、取悦和力争优秀

取向	最担心的	相信以下办法能避免最担心的事情出现	优点	缺点	来自他人的意想不到的反应	造成的结果
安逸	情感和身体上的痛苦与压力；他人的期望；受人胁迫	追求安逸；寻求别人的关照；让别人感到舒适；怎么容易就怎么做	随和；很少索求；只求管好自己；圆熟；同情；容易预测；和事佬	不能发展自己的才智；效率不高；不追求个人成长	厌烦； 厌倦； 恼怒； 不耐烦	效率越来越低；没有耐心；缺乏自我成长
控制	羞辱； 批评； 意外	把握自己， 把握局势， 把握周围的人	领导能力；组织能力；坚持不懈；高效率；遵守规则	僵化；没有创造力；冲动或与社会隔离	反叛； 抗拒； 挑战； 沮丧	别人不愿与之交往或太靠近；感到拘谨
取悦	拒绝； 抛弃； 争吵	讨好他人； 积极型——要求别人认可； 消极型——博取怜悯	友善；折衷；谦和；体谅；自愿	不考虑别人是否愿意他去讨好；不关心自己	开始挺愉快，但后来要求认可和回报	对自己和他人都缺乏尊重；怨恨
力争优秀	无意义； 无关紧要	做得更多；做得比别人好；要保持正确；让自己更有价值；更有竞争力	有见识； 理想主义； 坚持不懈； 社会责任感； 能把事情做好	工作狂； 超负荷； 太投入； 把太多责任揽给自己	觉得力不从心和愧疚；“我怎么可能达到要求？”撒谎以避免评判	招架不住；时间不够用；“我不得不做所有的事。”

每个人都想要安逸的生活，都希望能远离情感上、身体上的痛苦和压力。然而，避免痛苦和压力成了以安逸为生活态度取向的人最在意的、决定着他们的行为的事情。其他取向的人当然也不会为痛苦和压力而狂喜，但他们不会把避免痛苦和压力当作生活的第一要务。这种取向可能会导致孩子被宠坏，变得让人费心费力。正如一位妈妈说的那样："天哪！现在我才明白为什么我老有那么大的压力。我从没教过孩子们如何自己照料自己，从没教过他们帮我做事。原来我把事情弄颠倒了。"很少有人喜欢被拒绝和孤立。然而，以取悦为生活态度取向的人在感到不安全时，会把免遭拒绝当作其行为的主旨和基础。这会导致别人占据优势，或被他们的不安全感搞得不胜其烦。正如一位爸爸所说："难怪我的孩子一点儿也不感激我为他们的付出。我根本就没问过他们的想法。我只是想他们不领情、不体谅。现在我才知道，真正不体谅别人的是我自己，我从来没有问过他们想要什么、想成为什么样的人。"

有趣的是，由每一种取向促成的行为往往造成与初衷相反的结果。例如，一个试图取悦孩子的人可能讨不到好，因为他忘了查证这是否符合孩子的最大利益。想要安逸的人可能造成更多的压力，因为他们在当时避开了一些似乎会使他们不舒服的措施，但因为孩子只会提要求而不懂得合作，这些父母在将来会遇到更大的麻烦和压力。那些认为自己必须控制的人，往往会在孩子反叛时招致批评和羞辱；那些为了避免无意义的生活而力争优秀的人，可能得到最无意义的结果：他们的孩子已经形成了无能为力的感觉，或者会追随父母的脚步把一生都耗在证明自己上。

不论哪种生活态度取向，关键在于其主要动力是为了找到归属感和价值感。然而，正像那些为了得到归属感和价值感而做出错误努力的孩子会选择错误目的一样；大人也会因为选择了"错误"的方式而适得其反。我们"行为不当"，并且会在我们与孩子的关系中造成疏远，而不是归属感和价值感。清醒的意识和良好的情绪能帮助我们超越这种适得其反的信念和行为。这样一来，我们就能更有效地对待我们的孩子——以及我们的生活。

搞清楚你的基本生活态度取向

当孩子们感知他们的世界，对其做出决定，并得出一些包括“因此，我必须……”的信念的基本结论时，性格取向就形成了。下面的例子说明了孩子们在相同的环境下可能做出的不同决定。

· “我小，别人大。因此，我必须让别人照顾我。”（安逸）

· “我小，别人大。因此，我必须控制自己和局面，这样我才不会觉得受到了羞辱。”（控制）

· “我小，别人大。因此，我必须讨好别人，这样别人才爱我。”（取悦）

· “我小，别人大。因此，我必须更努力地赶上，甚至做得更好。”（力争优秀）

这些幼年时的决定造成的结果影响着未来。想到你一生行为的蓝图是由一个3岁的孩子绘成的，你会不会悚然而惊？

你的人生蓝图

你会雇一个3岁的孩子来设计你梦寐以求的新家的蓝图吗？你可能会嘲笑这听起来有多么荒谬。可是，你的生活就建立在你还是小孩子的时候给自己绘制的一个蓝图之上。实际上，你一生下来就开始描绘蓝图了，但是，像大多数人一样，你不记得自己在襁褓中或是蹒跚学步时做出的决定。然而，这些早期的决定在你长到 3 岁、4 岁、5 岁的时候得到你的确认（仍然是在潜意识里）。到 6~10 岁时，你在潜意识中增加了一些忠告，继续描绘你的蓝图。到十几岁时，那就更好玩儿了，凶猛的荷尔蒙等等使你再加上一些决定、思想、感受以及态度之类的东西来完成你的蓝图。因此，你的人生蓝图有一些缺陷难道还奇怪吗？一个小孩子或者甚至是一个十几岁的孩子，没有受过绘制人生蓝图的训练，也没有年长者所具备的足够的生活阅历来客观地理解生活，你还能指望怎么样呢？

理解你的人生蓝图（你的生活态度取向），给你提供了一个作出一些修正的机会。它还能帮助你辨认出你的孩子正在开始使用哪幅蓝图，并且能使你更好地理解他们在感到不安全时的反应。如果你还确定不了你自己属于哪一种生活态度取向，就从下面四条中看看哪一条最符合你：

· 当我和自己周围的人都舒适的时候，我对自己感觉最好。当出现紧张、痛苦和压力时，我对自己感觉最不好。（安逸型）

· 当事情井然有序而且很有条理，并且我能控制自己和局面的时候，我对自己感觉最好。当我因为我认为自己应该知道或应该完成的事情而感到尴尬并被羞辱或被批评的时候，我对自己感觉最不好。（控制型）

· 当我能取悦别人并避免冲突而使我的生活充满快乐而不是困难时，我对自己感觉最好。当我感到被拒绝、被孤立或者不被人欣赏时，我对自己感觉最不好。（取悦型）

· 当我获得成功并作出有意义的贡献时，我对自己感觉最好。当我觉得自己愚蠢、没价值、没有意义时，我对自己感觉最不好。（力争优秀型）

在你有压力或感到不安时，以上描述中与你最符合的，就是你的基本生活态度取向。“有压力时”是理解生活态度取向的一个重要因素。当没有压力时，我们不担心羞辱、拒绝、无意义或痛苦。当生活平静的时候，我们通常不会陷入童年时的决定、行为模式和信念中而不能自拔。只有当我们感觉到压力或者不安全时，我们才会陷入到自己生活态度取向的消极行为中。这些行为往往是我们和孩子产生权力之争的根源。

我之所以说“感觉到”压力，是因为压力的确是如此。对一个人有压力的情形，对另一个人来说可能就不是压力——这都是由我们的想法造成的。阿德勒说：“你的想法没有意义，除了你赋予它的意义之外。”

搞清楚你的次级生活态度取向

你也许会说：“是啊，我当然想避免羞辱和难堪，但我没觉得我企图控制别人或控制局面。事实上，我通常都很努力地想要让别人高兴。”如果这样的话，你恰巧发现了自己的次级生活态度取向。你平常的处事方式或者取向是取悦型的。这是你的次级取向，因为这是你感到安全的时候的做法。只有当感到不安全或有压力时，你才会回到“必须如此”的信念。然后，你就会放弃“取悦”而用“控制”来避免自己感觉到羞辱。

我们会选择一种取向作为自己的处事方式，这是我们在日常感到安全的时候所采取的。当我们感觉到压力、不安全或威胁时，我们就会回到基本取向。也就是说，在不同的条件下、不同的情形中，我们会选择不同的取向；但其目的都是为了保持“必须如此”的取向。例如，一个以控制为生活态度取向的人可能会为了获得控制而讨好他人，为了获得控制而竭力出类拔萃，或者为了获得一种控制感而让别人感到很舒服。

生活态度取向和养育风格、教学风格

每一种取向的优缺点，影响着你做为一个家长的行为。了解自己的生活态度取向的目的不是让你给自己套上框框，而是为了增加你对自己的了解，以使你更加合理地做出选择，而不是成为自己在孩童时期的感知以及所做出的决定的盲目牺牲品，并且随后就“忘了”。当你认识到自己生活态度取向中可能存在的缺陷时，你就能够找到方法克服它。你就能够为自己的选择和行为承担起更多的责任，而不是表现得像个受害者——包括孩子对你造成的挑战。

安逸型

以安逸为生活态度取向的大人的优点是能给孩子树立一个榜样，让孩子看到随和、圆熟、行为可预测的好处。他们的孩子或学生能学会享受简单生活中的快乐，并且“及时行乐”。正面管教的技巧能够帮助这类成年人认识到，他们可能会对孩子过于宽容，因为这有时似乎更容易。追求安逸的人常常选择自由放任、娇纵的方式，这容易使孩子成为“被惯坏的小淘气鬼”，或者喜欢在教室里捣乱。安逸型的大人如果能让孩子们在家庭会议或班会上参与制订限制、建立日常惯例、设立目标并且一起解决问题，他们就能更加有效。

表 10.2　生活态度取向对养育风格、教学风格的影响

取向	可能的养育优势	可能的养育缺陷	可能需要加强的地方
安逸型	能让孩子看到随和、圆熟、行为可预测的好处，能让孩子学会享受生活。	娇纵，这很可能让孩子被惯坏，并让孩子学会索要无度。对安逸更感兴趣，而不是对“情形所需”更感兴趣。	建立日常惯例；设立目标；共同解决问题；教给孩子生活技能；允许孩子体验他们的选择所带来的自然后果；开家庭会议。
控制型	能教给孩子组织能力、领导能力、坚韧、果断、尊重规则和法律，以及合理安排时间的技巧。	僵化；控制。可能引起孩子的反叛和抗拒；也可能让孩子变成“讨好者”。	放手；给孩子提供选择；启发式问题；和孩子一起做决定；开家庭会议。
取悦型	能教给孩子友善、体谅、谦和、折衷、和事佬，自愿，捍卫弱者。	逆来顺受；积怨（现在你欠下我的了）。可能令孩子感到愤怒、沮丧或者想报复。	要相信孩子能自己解决他们的问题；和孩子一起解决问题；真诚地表达自己的情绪；学会给予和接受；开家庭会议。
力争优秀型	为孩子树立成功和成就的榜样，教孩子学会判断优良品质，激励孩子出类拔萃。	说教；期望太高；让孩子觉得力不从心，觉得无法达到父母的“高标准”；以“正确”与“错误”来看待事情，而看不到其他的可能性。	放弃自己对“正确”的需要；走进孩子的世界，支持孩子的需要和孩子的目标；无条件地爱孩子；享受努力的过程，培养幽默感；开家庭会议，尊重大家的想法。

卡特太太就是一个安逸型的妈妈。她经常把很多决定都留给孩子们去做，并且对孩子们的要求太快就让步，因为这似乎更容易。但奇怪的是，采取容易的办法并不总是能使生活更容易。她开始遭受到了巨大的压力和不安逸（她的孩子们也是），因为孩子们知道的对付妈妈的唯一方法就是“情感专制”（哼唧或发脾气，直到妈妈让步）。卡特太太的做法不但没有让孩子们感到安逸，反而在无意中造成了家里的紧张气氛。了解到对自己取向的理解能帮助她发挥优点而避免缺点，卡特太太非常兴奋。她开始花时间教孩子们相互尊重和生活技能，并给他们提供机会实践所学的东西。她给孩子们零花钱，和他们讨论怎样存钱、怎样花钱，并让孩子们体验他们的选择带来的后果。

当孩子们提出要求时，她会把这些要求放到家庭会议议程上，稍后进行讨论。在家庭会议上，她会让孩子们就通过自己的努力来得到自己想要的东西的各种方式进行讨论并作头脑风暴。他们建立了晨起及就寝惯例，确定了完成家务的计划，还安排了一些简单的全家远足。卡特太太也知道了她需要作出很多决定，比如挑选合适的幼儿园、确定孩子们的安全事项、为孩子们的行为设立明确而一致的界限和要求。她发现，像回家时该走高速公路还是走有点堵的大街、晚上孩子们要不要洗澡或者周末要不要帮她妹妹照顾小外甥这样的问题，并不适合征求孩子们的看法。这些都该她自己做主。一旦她不再把决定这些问题的责任加到孩子们身上，孩子们感到更安全了。明确的要求给了孩子们一种安全感，而卡特太太以前的做法导致了孩子们的焦虑，与她追求的安逸正相反。卡特太太欣喜地认识到，她现在更安逸了，家里的紧张气氛减少了，孩子也更安逸了，因为他们学到了使自己的需要得到满足的技巧。

控制型

从好的方面来说，以控制为取向的家长和老师们很擅长于教给孩子们组织能力、领导能力、坚韧、果断以及对规则和法律的尊重。正面管教的养育方法能帮助这类父母抑制他们对孩子过于严格以及控制过多的倾向。过度控制会招致孩子的反叛或抗拒，而无法鼓励孩子学习父母想教给他们的技能。如果这些大人能通过努力认识到自己对过度控制的需要，并且练习放手的技巧、给孩子提供选择的技巧、问启发式问题的技巧以及让孩子们更多地参与做出决策的技巧，他们就会更有效。

琼斯太太的生活态度取向是控制。她习惯于告诉孩子们做什么、怎么做以及何时做，并且绝对不允许孩子顶嘴。而她真诚地相信，负责任的父母就应该这么做。她的控制行为与她的目标——教孩子们学会自律、负责、合作以及解决问题的技能——实际上恰恰相反。她的三个孩子中有两个一直在反抗，只要能蒙混过关就尽量少干事，并且总是试探她设定的限制，直到遭到惩罚为止。这使琼斯太太感到失去了对孩子的控制，而这正是她本来要竭力避免的。她和这两个孩子陷入了没完没了的权力之争中。

她的另一个孩子则正在变成“讨好者”。他努力达到妈妈的期望，并且通过讨得她的欢心来得到她的赞同。然而，他没有学会成为一个幸福成功的人所需要的生活技能，他对什么才能让自己快乐正在失去感觉，他生活在对自己永远无法使别人足够开心的恐惧之中。他正在变成一个“总是寻求别人的赞同的人”。

对生活态度取向的了解，帮助琼斯太太学会了发挥自己的优点而不是缺点。她开始通过家庭会议让孩子参与问题的解决。她学着冒险问启发式问题来帮助自己和孩子探讨他们的决定导致的后果，并且在一种无条件的爱的环境中从错误中学习。她不再事事都亲自掌控，而是要孩子们讨论并提出解决问题的建议。她认识到，当她放弃想要控制一切的欲望时，她和孩子们反而感到更多的事情处于自己控制之中了。

取悦型

从好的方面来说，取悦型家长和老师很善于帮助孩子们学会友善、体谅、互不侵犯的行为。他们通常是和事佬，因为他们想让每个人都开心，他们善于妥协并且经常会自愿帮助别人，他们会捍卫弱者。遗憾的是，当他们过于艰辛地去讨好孩子和配偶而给自己造成负担时（并且当别人没有相应的回报时），他们可能会怨恨或沮丧。被讨好的人可能也会感到怨恨，因为别人期待他们应该为别人为他们做的事情而心存感激，并且希望他们做出回报。正面管教可以帮助这些成年人抑制他们过于努力让每个人都开心的倾向。

如果取悦型的家长和老师不再只关注别人的需要，并且照顾到自己的需要以使自己能够给予更多，他们就会更有效。他们应该相信孩子有能力让自己快乐，并且要教给孩子们真诚地表达自己的情绪以及共同解决问题的技巧。无论大人还是孩子，如果能够学会表达自己的想法、感觉和要求，而又不期待别人与他们想的一样、感觉一样或者满足他们的要求，就会受益无穷——这说起来容易，做起来难！学会重视每个人的需要——包括他们自己的需要——对于培养相互尊重是至关紧要的。

史密斯先生的生活态度取向是取悦。他花费大量的精力和努力试图让他的孩子们相互之间要好，并且对待爷爷奶奶、邻居、教友和他们的老师要好。他更关心孩子们怎样对待别人，而不是帮助孩子处理他们自己的感觉。在另一些时候，当孩子们哼唧或哭闹时，他会给他们过多的照料。例如，当孩子睡觉前要吃点心或要听更多故事的时候，他会努力取悦孩子。然后，当点心和故事还不能让孩子们开心地上床的时候，他就会生气，经常出现的情况是，每个人都生着气上床。没有一个人被取悦！

对于史密斯先生来说还有一件事情很重要，作为孩子们的父亲，他希望孩子们喜欢他、赞同他。在他看来，孩子们也应该希望取悦他才对。当孩子们埋怨他不关心他们的感受时，他无法理解。这是一个恶性循环，他也觉得孩子们不关心他的感受，即使在他“付出了那么多”之后。

史密斯先生对生活态度取向的说法将信将疑。但当他开始和孩子召开家庭会议，让他们共同解决问题之后，他惊讶地发现家里的气氛变了。史密斯先生和他的孩子们都学会了真诚地表达自己的感受。他们讨论了“每个人都是一个独立的存在”的道理，以及每个人都会以不同的方式来感知（没有绝对的对与错）、不同的事情愉悦不同的人、询问而不是假设才是对别人的尊重的事实。

他发现，考虑到自己的需要和情形的需要是很重要的。他学会了和善而坚定地回应孩子们就寝前的要求：“现在该睡觉了。按你的就寝时间表，下一步该做什么了？”起初，他需要把这句简单的话重复好几遍。然而，一旦孩子们明白了爸爸说到做到，他们也就不再试图操纵他了。

史密斯先生终于认识到，当他不首先了解什么能让孩子们高兴而试图讨好孩子们时，他实际上没有讨好任何人。这个家庭开始了互相倾听，互相询问对方需要什么，并真诚地表达自己是否愿意答应对方的愿望。当史密斯先生学了生活态度取向和正面管教的养育技巧之后，他的孩子们开始以拥有这样一位父亲而高兴，他也开始真正享受为人之父的快乐了。每个人都被取悦了（至少是在大多数时候）。

力争优秀型

力争优秀型的家长和老师可能非常善于为孩子树立成功和成

就的榜样。他们往往能判断出并鼓励优良品质，似乎有一套“激励卓越”的诀窍。然而，孩子们有时会把这看作“完美的唠叨”，觉得自己没有能力达到家长或老师的高期望。

正面管教技巧能帮助这类成年人抑制他们对孩子期望过高的倾向。家长期望过高，会导致孩子产生无能为力的感觉，而不是这些大人们想鼓励的成功渴望。如果力争优秀型的人能尽力抛开自己对凡事都要“正确”并“最好”的要求（当然，是根据他们自己的标准），尝试走进孩子的内心世界去发现什么对孩子更重要，记住做事情的“正确”方法不止有一种，并且确保将对孩子无条件的爱传达给孩子，那么，他们就会更有效。

他们还应该学会把犯错误看作学习的大好时机，并给孩子作出榜样；他们应该学会倾听并接受孩子对于如何解决问题的想法。有时候，力争优秀型的人太注重最终结果，而完全忽略了过程中的喜悦。

莱茵多鲁先生是力争优秀型的。他老是向孩子们讲他的杰出成就，以及他对孩子们的期望。他相信，这会激励并促使孩子沿着他的脚步成长，并且他将自己的价值投入到了对孩子们能够超越他的期望中。另外，他是个工作狂，常常忽略家人，所以，他能够给家人“提供最好的”。他不知道，和他在一起才是家人所渴望的。

这位爸爸的性格与其要帮助孩子成长为出类拔萃的人的目标实际上正好相反。他的一个孩子变成了学校里的捣乱大王（既然无法如爸爸所愿做到“好中之最”，他至少要成为“坏中之最”）。这个孩子也形成了一种力争优秀型取向，只不过把它用在了和他爸爸期望相反的方向。另一个孩子则变成了一个完美主义者，他不能忍受失败，即使他赢了也无法放松下来为自己的成就而欣喜，因为他始终害怕失败给自己带来的难堪和羞辱。

我们鼓励莱茵多鲁先生发挥自己生活态度取向中的优点而不

是缺点，成为自己一直以来想做的那种父亲。他和全家人在讨论犯的错误时努力培养一种幽默感，并且开始了一起做一些事情。有时候，他们甚至一起冒险犯一些错误，只是为了让大家看到犯个错误其实没什么大不了的。莱茵多鲁先生学会了用家庭会议来改善他和孩子们之间的沟通。他们更注重在一起做事的过程中的快乐与合作，而不再仅仅强调所完成的事情的完美。

莱茵多鲁先生不再说教，而是让孩子对不同的观点进行讨论。他和他的孩子们做了一个社区服务项目，他们一起制订了计划。莱茵多鲁先生发现，他能够更好地和孩子们沟通了，并从孩子身上学到了不少东西，这使他深受鼓舞。同样，孩子们也表现出了深受鼓舞的迹象：他们热情洋溢，不论在家里还是在学校里都很愿意合作。

莱茵多鲁先生还自愿去做一个儿童足球队的义务教练。开始时，他只想要那些技术好并且想刻苦训练的孩子；他尤其想要那些一心要赢的孩子。莱茵多鲁先生的新观念使他认识到，只要他肯鼓励孩子，任何孩子就都有潜力。他开始和这些孩子一起练习踢球、带球和传球。他教导他们，竭尽全力要比赢球更重要——这也是他自己正在学习的一课。

他们赢了很多场球（也输了一些），但莱茵多鲁先生发现，他最大的快乐在于他的球队表现出来的态度。他们齐心协力，并且喜爱这项活动。

互相冲突的生活态度取向

我们已经讨论了当父母和老师们了解了生活态度取向和正面管教的养育技巧之后，会出现的巨大转变。对生活态度取向和正面管教技巧的理解，还能减少大人和孩子在生活与工作中的冲突。还记得本章开始介绍的那两对夫妇吗？正如阿德勒经常说的那样：“‘相反相吸’，但他们生活在一起就会有困难。”每个人都会被对方身上具有而自己所缺乏的优点所吸引。但有时候，当初的可爱、迷人之处，在婚后却成了最让人恼火的地方。我们来看看大卫和苏珊娜夫妇的故事。

大卫和苏珊娜在滑雪场上相遇，俩人一见钟情，很快就定下终身。苏珊娜喜欢大卫的轻松、随和，和他在一起感到非常舒服。即使在他滑雪的时候，他的动作也显得轻松自如。

大卫则被苏珊娜那种充满了明快、迷人、能说会道、富于创造力的气质所吸引——她是他见过的最成功、最聪明的女人。他们有许多共同点，他们还都喜欢滑雪。他们完全没有意识到，滑雪场地的起伏波折，居然暗示了他们以后的婚姻关系，暗示了第一个孩子出世以后他们不同的养育风格。

大卫的取向是安逸型，而苏珊娜却是力争优秀型的。我们经常被那些具有我们认为自己缺乏的优点的人所吸引。大卫从不阻拦苏珊娜的各种活动，实际上，他鼓励她不断上进。毕竟，苏珊娜的雄心和干劲会使他的生活更加容易。大卫随和的魅力和从容的气度，对于心高气傲、精力无穷的苏珊娜来说，又是一种完美的衬托。

然后，他们的第一个孩子出世了。没过多久（在他们对生活态度取向完全没有概念的情况下），他们就发现，小宝宝好像具有一种不可思议的能力，既能让大卫不得安宁，也能让苏珊娜觉得自己不那么好。这个小宝宝还有一个本事，能让他俩就养育技巧和风格争论不休。爸爸太随和，妈妈太严厉了。至少，大卫和苏珊娜就是这么说对方的。

后来，有个好心人向他们解释了生活态度取向，这对夫妇开始有了一些变化。他们一起参加了一个父母学习班，俩人齐心协力养育他们的小宝宝。他们开始注重各自取向中的优点（当初就是这些优点让他们走到一起的)。他们达成协议，各自克服自己取向中的缺陷，并且要互相支持和理解，而不是互相批评。尤其让他们欣喜的是，他们发现，新学到的正面管教技巧对他们两个的取向都适合，并且有助于他们实现最想达到的目标：建立一个幸福的家庭。

当我们学着把自己的缺陷变成优点时，我们就会成长。随着我们对此认识和了解得越来越多，我们的成长会越来越令人鼓舞，越来越有成效。了解我们自己的生活态度取向，以及它对我们与孩子的关系的影响，能够帮助我们通过时间和耐心成为最好的父母和最优秀的人——我们能做到。

回顾

这一章的回顾不采用正面管教工具和问题的形式，而是用下面的活动来帮助你理解你的生活态度取向。以小组形式进行会让你有更大收获。大家可以分成生活态度取向不同的小组，然后就下面的内容做头脑风暴，并填在后面的空栏中：

1. 做一个小标语牌
2. 你的优点（小组中大多数人的共同点）
3. 你的缺点（小组中大多数人的共同点）
4. 这种倾向会对孩子产生什么影响
5. 就如何增进你的生活质量、改善你的亲子关系，提出具体的改善步骤

生活态度取向小组活动

无意义和无足轻重	批评和羞辱	拒绝和抛弃	压力和痛苦
□	□	□	□

1. 把上面各图框按 1~4 分级，把 1 填在你最不喜欢的方格里。这四个方格从左到右分别代表力争优秀型、控制型、取悦型、安逸型。

2. 我的基本生活态度取向是__________（填 1 的方框）

3. 我的次级生活态度取向是__________（填 2 的方框）

4. 我的生活态度取向的小标语牌应写上__________________

5. 我最大的优点是：__________________

6. 我最大的缺点是：__________________

7. 我的生活态度取向对孩子可能造成的影响是：__________

____

8. 改进的具体步骤：__________________

____

第 11 章

综合应用

本书中所说的大部分原则需要对几个基本概念的理解和运用，以及大人们的正确态度。当我们把它们结合在一起时，我们就有了一个极好的管教工具箱，可以用来帮助孩子形成让他们受益终生的品质。没有哪一种工具能适用于每一个孩子和每一种情况，所以，有多种方法可供选择是令人欣慰的。本章呈现的很多管教工具在前面几章已经讨论过。这里，你会发现管教孩子难题的一些新例子，以及同时使用几种工具给你带来的价值。

卫生间的使用技巧

“积极的暂停”对于冷静期的作用，我们已经提到过几次。记住，冷静的目的是为了让你等到能接通你的“理性大脑”，以避免你用“爬行动物脑”去解决冲突。所以，某种形式的撤出是有益的。不要只考虑让孩子去做一会儿“暂停”，父母首先撤出冲突会更有帮助。

在你撤出之前，要先向孩子解释你打算做什么以及为什么要这么做。（年龄很小的孩子会从你的行动而不是言语中了解这一点。）这种解释可以在家庭会议上做，也可以单独进行。你可以告诉孩子们：“当我生气的时候，我会去找个地方让自己平静下来，直到我的心情好起来并能和你们一起找到一个相互尊重的解决方案。”这对你的孩子是一个很好的榜样。

卫生间是家长撤离冲突的一个好去处。“卫生间的使用技巧”是德雷克斯提出来的。他之所以建议使用卫生间，是因为在很多家庭只有卫生间的门有锁。如果你需要经常去卫生间冷静，你或许应该把卫生间收拾得尽量舒服一点，比如放些书、杂志在里面，甚至放上一台音响。呵呵，开个玩笑，你明白意思就好。

有些家长喜欢去冲个澡、出去散步或者到商店转一趟，如果他们可以把孩子留给一个朋友或配偶照顾的话。有时候，在你和孩子之间事先约定一个暗号会很有帮助，比如夸张地揪你的头发、像蝙蝠拍打翅膀一样拍打你的胳膊或者亮出一个和平牌。

不论你采用哪种冷静方式，最重要的是尊重的态度。你可以说：“我需要一会儿‘暂停’，我知道我情绪好起来以后能做得更好。”要安慰孩子们，你的离开不是要离开他们，而只是为了照顾你自己的情绪，因为你知道只有当大家的情绪都好起来时，才可能互相尊重、互相合作地解决问题。

小说的使用技巧

由于老师不能把孩子们留在教室里独自走开，老师撤离冲突可以采用的一个方法是坐下来读一本小说。（试过这种办法的老师们发现这很有效，但很多老师觉得这么做很不自在。可以试试这种方式是否适合你。)

第一步是把你的打算告诉孩子们。让他们知道，你的任务是教，他们的任务是学。如果他们不想做他们的工作，你就无法做你的工作；所以，从现在起，只要他们的干扰使你无法教，你就会坐下来读小说，等他们准备好做好他们的工作时，就来让你知道，那么你也就可以做你的工作了。

有些老师之所以不喜欢这种方法，是因为他们忍受不了试探期——事情在好转之前往往会变得更加棘手。孩子们在试探新的“自由”时，往往捣乱得更厉害。然而，用不了多久，孩子们就会安静下来，并且让老师知道他们准备好好学了。在很多班级里，学生们并不是在试探自己新获得的自由，他们只是不知道自己正在造成干扰，直到他们注意到老师正在读小说。一旦他们看到这个无言的提示，就会立即安静下来。

这个办法只对那些因为备课认真、上课有方而赢得学生们钦佩和尊重的老师有效。对于小学的孩子们最为有效。如果用于十几岁的孩子，可能会造成灾难，因为他们更在乎的是同龄人的认同，而不是老师的认同。

拉斯木森老师是四至六年级的特殊教育班的老师，他得到校长的允许，可以在学生们扰乱课堂时离开教室。他首先向学生们解释，当大家不好好上课的时候，他就会离开教室。当他们准备好上课时，就可以到教师休息室去找他。当天，学生们在课堂上就吵翻了天，根本不可能听见他的声音，除非他加大嗓门。于是，他和助理一起端起咖啡杯离开了教室。

拉斯木森老师在教师休息室里如坐针毡。他不知道这样做是否有效。他开始胡思乱想，不知道学生们会在教室里怎么折腾。半小时后，还不见有学生来找他，他开始担心自己是否会因此失去教职。

45分钟之后，有一个学生来到教师休息室，告诉拉斯木森老师他们已经准备好了，请老师回去上课。他对孩子们在之后几天里那么合作感到惊讶不已。

当孩子们又一次造成干扰的时候，拉斯木森老师和他的助理去拿放在架上的咖啡杯。孩子们马上安静了下来，并且说他们准备好了。重要的是要注意到，这些学生确实喜欢拉斯木森老师。他已经赢得了学生们的尊重，而且他现在是在向学生们表明，他会怎样尊重自己。

听了这个故事以后，另一位特殊教育班的老师也试了一下。她说，她的学生们不到20分钟就来找她了，还拿来一张全班签名的请求书，说他们已经准备好配合老师了。

还有一位老师忘了告诉她的学生们到哪里去找她。结果，学生们去了教师办公室，并且用学校的内部通话系统告诉老师他们准备好了。

如果你任教的学校规定教师不得擅离教室，我就不主张你这么做。有些校长会允许老师冒这种风险。

积极的“暂停”

如果我们事先向孩子们解释了冷静期，如果孩子们帮助设计了有助于让他们感觉好起来的一个地方，并且在需要时父母或老师能这么问：“你觉得去‘积极暂停’区（或者是孩子们喜欢的任何叫法）会不会好些?”那么，当孩子受到挫折时，给孩子一段冷静期会非常有效。

躲进卫生间和读小说的办法有时会更好，因为你在决定你要去做什么，而不是要求孩子们去做什么。但是，很多父母和老师喜欢用“积极的暂停”，因为他们觉得如果自己在忙于一件事情——比如正忙着做晚饭或正在上课——撤出到卫生间里去太不方便。然而，有时候，一个暂时的不便是为了鼓励孩子们学会责任感和合作而付出的一个小代价。

我们要重申一个重要概念：我们究竟从哪里得到这么一个荒诞的观念，认定若要让孩子做得更好，就得先要让他感觉更糟？大多数成年人都错误地认为，让孩子回他自己的房间是为了让孩子遭受痛苦："到你自己屋里去，想想你都做了些什么。"那语气通常暗示着："你要痛苦。"有个家长甚至抱怨说："把我儿子送回他的房间根本没任何好处。他在里面自在着呢。"

我说："太棒了。那样效果会更好。"事实上，我向父母们建议，应该在平静、愉快的时候把"积极的暂停"（见第6章）教给孩子："当你感到烦恼或生气时，到你自己的房间去做些能使你感觉好起来的事情可能会有帮助。你可以读读书、玩玩具、听听音乐或睡一会儿。然后，当你心情好起来了，你就可以出来找我，咱俩再一起想办法解决问题。"对于那些担心这是在奖励孩子的不良行为的父母来说，如果他们不在每个人的感觉都好起来之后继续解决问题，那么这种担心就会成为现实。

3岁以下的孩子还太小，不该被送去（或自己选择去）"暂停"——哪怕是"积极的暂停"。然而，你可以和孩子一起去"暂停"，你和孩子或许都需要。吉姆斯太太在安娜14个月大时，就开始在她行为不当时带她回她自己的卧室去，她会把安娜抱在腿上，给她读几分钟的书，然后再带她出来。如果安娜发脾气，妈妈会静静地坐在安娜的小床边让她发泄。当安娜最终安静下来时，吉姆斯太太就会问她："抱抱好不好？"

记住，这不是在奖励不良行为。这是在向安娜示范一种在生气时尊重地处理自己情绪的方式——有什么情绪都没有关系，但不能想做什么就做什么。这个方法所依据的基本概念是，鼓励是对行为改善最强有力的激励因素。这也是以可靠的儿童发展理论为基础的——一个 14 个月大的孩子还不能真正理解因果关系，还不能在没有监护的情况下熟练地控制自己的行为，所以，为什么要惩罚呢？

当安娜做出失望行为，例如哭哭啼啼，或者试探性行为，例如在家俱上蹦蹦跳跳时，吉姆斯太太就会和善而坚定地带她回她自己房间，陪她一起坐着。有时候，吉姆斯太太会让安娜和她一起找个计时器，设定到她觉得安娜情绪好转可能需要的时间（转移注意力）。有时候，她会让安娜选择：“你想要自己去你的房间，还是想要妈妈陪你一起，直到你感觉好起来？”

到安娜四岁的时候，她已经很熟悉这一套程序了。当她需要时间冷静以便让自己情绪好起来的时候，她或者会自己回自己的房间去，或者要妈妈跟她一起去。有时候，在表明自己已经平静了下来并且感觉好起来之前，她会哭一会儿或噘一会儿嘴（因为她已经知道任何感觉都可以）。还有些时候，她在自己的房间里会玩一会儿，或者睡一觉。当她出来时，她已经准备好改变自己的行为了——或者找出一个尊重的解决方案。安娜能够用“积极的暂停”来控制自己，因为她不觉得自己必须“抗拒”而被“送”去“暂停”。

当吉姆斯太太因为做了个手术而没有力气在安娜行为不当时陪安娜去她房间时，她了解到了卫生间的效力（她自己去“暂停”）。一天，安娜在哭哭啼啼，吉姆斯太太步履蹒跚地走过客厅，进了卫生间。安娜跟着她过来，一边使劲敲门一边大哭：“我要你出来！”几分钟之后，吉姆斯太太听见安娜开始克制自己的抽噎，然后就听见了她愉快的声音：“我已经好了，你可以出来啦。”

吉姆斯太太出来时说：“你已经好了，我真高兴。我喜欢和你在一起。这样好不好，咱们把你的哭哭啼啼放到家庭会议议程上，我们好好动动脑筋，想出一些解决办法来。”

决定你自己要做什么，而不是让孩子做什么

让孩子到自己房间去（或任何其他要求）的潜在危险是，如果孩子拒绝，就可能引起权力之争；如果孩子把它当作惩罚，感觉受到了伤害，则可能引起报复循环。对于年龄大的孩子尤其如此。如果你让孩子从你决定你自己要做的事情的自然后果或逻辑后果中学习，权力之争或报复循环出现的可能性就被消除了。

波妮和一个有6个孩子的男人结了婚。最大的孩子8岁，最小的是一对2岁的双胞胎。他们的妈妈在生双胞胎的时候不幸过世。可以想象，要给这6个孩子找保姆该有多么困难，更别说还有一对幼小的双胞胎了。即使那些极其渴望有份工作的人也待不长，所以，在新妈妈波妮出现之前，这些孩子没有受到过稳定、一致的管教。这在吃饭时表现得尤其明显，孩子们边吃边打架、斗嘴、互相往对方身上扔食物。那种情形对波妮来说实在是一种严峻的考验。

波妮以前教过正面管教的原理，还没有机会用过，现在机会来了。她做的第一件事是开了一次家庭会议。她没有讨论孩子们吃饭时的行为，而只是问他们饭菜上桌之后需要多少时间能吃完饭。孩子们经过反复商量，认为15分钟就足够了（他们忘记了考虑打架、斗嘴和扔食物需要花多少时间）。他们都心甘情愿地同意了一项家庭规则：晚上六点开饭，六点一刻收摊儿。

第二天晚上，波妮和丈夫没管孩子们的打闹，埋头吃自己的饭，在六点一刻，波妮准时收拾餐桌。孩子们抗议说，他们都还没有吃好，肚子还饿着。波妮和善而坚定地回答："我只是在遵守我们大家制订的规则。我相信你们能挺到明天早上。"然后，

她塞上耳塞，拿了本小说坐在冰箱前，一直坐了一晚上。

第三天晚上是前一天晚上的翻版，因为孩子们要试探一下，看看这位新妈妈是否“来真的”。到第四天晚上，他们知道她是“来真的”了，各个都忙着吃饭，谁也没有时间打架、斗嘴、扔食物了。

这个故事还有一个可爱的后续。六年之后，他们的父母去度周末假，我有机会和这些孩子住到了一起。他们那么负责，那么能干，以至于我整个周末连个手指头都没动一下。

孩子们自己做饭，自己做家务，完全没有因为我在那里而受到干扰。他们给我看了他们的食谱和家务安排。在每个月的第一次家庭会议上，他们会把一整月的菜谱都安排好。除了负责买菜的波妮，以及需要参加橄榄球训练的老大以外，他们每个人晚上轮流负责做饭。

我问他们事情是否一直都这么顺利。他们向我保证：“不是一直。”一个女孩告诉我，他们曾经规定，做饭的人不打扫厨房。这造成了问题，因为负责打扫厨房的人总是埋怨做饭的人把厨房弄得太乱。他们决定把规则改为谁做饭谁打扫厨房。这一下没人埋怨了，而且每个人轮到自己值日的间隔也变长了。

这个例子说明了要使一个办法取得成功的几个关键：

· 让孩子们提前知道你要做什么。如果可能，在某种情况下要做什么事应得到孩子们的同意。

· 采取和善而坚定的行动，而不是光说。当孩子试探你的新计划时，你的话越少越好。要闭上你的嘴，采取行动。

· 你不得不说几句的时候，应该以和善而友好的态度说出来。

· 不要管那些让你陷入权力之争或报复循环的诱惑。孩子们会竭力试探你并让你做出惯常的回应。

· 当你坚持自己的新计划时，不要管孩子们的不良行为看上去好像是你在“放过”他们。确实，惩罚能够产生更多立竿见影的效果，但这种新方法能帮助孩子们培养责任感以及将来需要的各种人生技能（长期效果）。

· 事情在变得更好之前，往往会先变得更差。要对你新的行动计划保持始终如一，孩子们就会学到新的回应方式（他们会明白你说到做到）。

下面的例子，都是决定自己要做什么，而不是让孩子去做什么：

· 不要去要求孩子们把自己的脏衣服放进洗衣篮里。你只需要决定你只洗放在洗衣篮里的衣服。孩子们会很快从想穿干净衣服时却没有干净衣服的自然后果中学会该怎么做。

· 不要唠叨孩子们去打扫厨房。你只要决定，厨房不干净，你就不做饭。想一想，一边等着一边看小说，你会得到多少乐趣啊！一开始，孩子们可能觉得饿了就自己弄个花生酱面包也不错。但不用多久，他们就会吃厌，而且他们很快会明白，如果要享受生活中的晚餐，“合作”就要是双向的。

· 不要把这一方法扭曲成权力之争或报复循环。有些父母误解了这个概念，试图用这一方法来欺负或羞辱孩子去做父母要求孩子做的事，或者“报复”孩子没做“该做”的事。这里的关键是，不要在意孩子在这种情况下会怎么做。换句话说就是，如果孩子宁愿穿脏衣服也不肯自己把脏衣服放进洗衣篮里，你也不要在意。如果孩子宁愿吃花生酱面包，也不肯收拾厨房以便你做饭，你也别在意。好好享受你不必做饭的“假日”吧。

对于那些觉得用这种方法挺自在的父母和老师们来说，“不在意”极为有效。他们会进一步采取其他方法，比如通过家庭会议或班会来找到问题的解决方案、花时间训练孩子、问启发式问题以及给予孩子鼓励。那些没办法做到不在意的人也有许多其他方法。解决一个问题的方式从来不止有一种。我们“教养工具箱”里的“工具”越多，我们的工作就越有效。在《正面管教A—Z》中，我们介绍了一千多种非惩罚性的、预防性的方法。《正面管教——教师指南》也专门为老师提供了很多解决行为难题的方法。父母和老师可以从中挑选最适合自己的、最能有效帮助孩子的方法。有人会在出现矛盾的时候利用“暂停”去读这两本书，从中寻找针对具体问题的具体建议，然后和孩子一起挑选出大家认为最好的方式。

情绪的撤出

冷静期的目的是从当时的情形中撤出来，等到情绪上的冲突平息下来，而不是进入权力之争或报复循环。然后，你才能够理智地解决问题。我们建议采用“卫生间使用技巧”或者“积极的暂停”，因为大多数人（包括大人和孩子）若不离开冲突现场就难平静下来。当然，如果你可以从情绪上撤出，并且能避免陷入权力之争，也不一定要离开现场。

前面提到的波妮和她丈夫就是一个例子，在他们坚持自己决定的新行为方式时，能够不管孩子们在餐桌上的不良行为，就是做到了情绪撤出。

瓦尔德兹是一位三年级的老师，她邀请我去旁听她的班会。那天，我到得早，有机会目睹了她如何有效地运用了情绪撤出。当时，正是课堂活动由算术转为阅读的时候。孩子们变得吵吵闹闹，教室陷入一片混乱。我看见瓦尔德兹老师凝视着墙壁，好像老僧入定一样。孩子们也注意到了，并且开始悄悄地说："她在数数呢。"这句话迅速传开来，孩子们很快就安静了下来，看着他们的老师。

后来，在教师休息室里，我问瓦尔德兹老师："你会数到几？数到了以后你怎么办？"

她说："我其实没有数数。我只是决定他们不安静我就不讲课，所以我不如让自己休息一下。因为我在等大家安静的过程中对着墙壁发呆，孩子们就以为我是看着墙上的钟数数。我唠叨让他们安静的时候，他们好像从来没有听过我的话，但现在他们自己会很快安静下来，因为在他们安静下来之前，我肯定不会上课。"

情绪撤出并不意味着爱心的撤离。它意味着从造成冲突的情形中撤出来。任何一种形式的撤出，都应该紧随上鼓励、训练、将孩子的行为转向积极方面以及在冷静期之后解决问题。

避免早晨的麻烦

下面的故事说明了前面讨论过的几个概念、态度和方法，以及建立日常惯例的重要性。

丹妮丽家的早晨总是非常忙乱。她发现，这是让她妈妈为她忙得团团转的大好时机。场面往往都是这样发展的："丹妮丽，请你起床好不好！……这是我最后一次喊你了！……我怎么知道你的书放在哪里！你放哪儿啦？……你怎么还没穿好衣服啊！校车还有 5 分钟就要来了！……丹妮丽，我可是当真的，你要是再错过校车，这绝对是我最后一次开车送你去上学！你要学会对你自己负责！"

如果这听起来很熟悉，并且你相信"同病相怜"，知道了这一幕每天早上都会在数以百万计的家庭上演，你也许会感到些安慰。这不是妈妈在丹妮丽错过校车以后最后一次送她上学，丹妮丽对此很清楚。这句话她听过很多遍了，知道它毫无意义。

她妈妈有一点是对的：丹妮丽应该学会对自己负责。但是，通过类似上面这样的情景，她妈妈实际上正在把丹妮丽训练得越来越不负责任。丹妮丽不是在练习承担责任，而是在算计如何操纵她妈妈。正是因为妈妈不断地提醒丹妮丽做每一件她该做的事，所以妈妈应该对此负责。当妈妈不再插手，并且允许丹妮丽自己体验迟到的后果时，她才能学会对自己的行为负责。如果错过了校车，她可能就不得不自己步行去学校，或者老师会让她补上迟到的时间。而且，如果丹妮丽能建立起自己早晨的惯例，她对自己更可能负责任一些。

日常惯例表

我们在第 7 章已经介绍过，通过花时间训练孩子、让孩子参与制定日常惯例、参与解决方案的制定以及和善而坚定地执行决定，就可以避免早晨的混乱和争吵。

建立起日常惯例的班级要比没有日常惯例的班级运行的更顺利。如果是孩子们帮助建立起来的日常惯例，就会尤其有效。学生们可以把日常惯例表张贴在教室里。日常惯例表就会说了算。当有学生脱轨时，老师就可以问："谁能告诉我，现在我们该做什么了?"就会有学生去对照日常惯例表，并提醒大家现在应该做什么。这是让孩子们控制从而鼓励他们合作，而不是由老师来控制从而引起学生反抗的一个简单方法。

避免就寝时的争斗

下面的故事表明，如何避免早晨的争斗还取决于头一天晚上有助于避免就寝时争斗的日常惯例。还表明了运用诸如要花时间训练孩子以及执行规则时要维护孩子的尊严并尊重孩子等概念的运用。

在马修两岁的时候，菲利克斯太太就开始训练他自己穿衣服。她买回一些容易穿、容易脱的衣服。然后，她会和马修一起练习几次。一旦她确认马修已经知道了怎么做之后，就再也不帮马修了。

因为马修上的是早班幼儿园，所以菲利克斯太太总是早早地把他叫起来，让他有充足的时间穿衣服、吃早饭，以便他爸爸在上班时能顺路把马修送到幼儿园。她向马修解释说，如果他来不及穿好衣服，她就会把他的衣服装进一个纸袋里，以便他在进幼儿园之前能在车上穿好——这是一个非常好的逻辑后果。

为了保证第二天早上上幼儿园，他们建立了以下日常程序。晚上七点，马修要在吃晚间点心之前换好睡衣。接下来就是卫生间的程序。马修一家一直保持着一个大家喜爱的传统：每个人轮流把大家的牙刷拿出来，挤上牙膏。马修喜欢踩在他的小凳子上给大家挤牙膏——尽管会有好多牙膏落到洗脸台上。当家人走进卫生间，看到自己的牙刷上挤好的牙膏时，他们都会唱一声“谢谢啦!”之后，妈妈或爸爸就和马修一起去他的房间，并且让他找出第二天想穿的衣服，为第二天早晨做好准备。（这个程序避免了第二天早上的麻烦：要决定穿什么衣服，而时间又是那么紧张，导致孩子偏要穿那些找不到或者是扔进洗衣篮里的脏衣服。等马修再大一些，他还要学会在头天晚上把第二天需要用的书、需要穿的外套以及其他东西都摆好。）然后，妈妈或爸爸会和他聊聊他当天的事儿，给他读个故事，帮他掖好被子，最后给他一个晚安亲吻。

马修自己有个收音机闹钟，早上会叫醒他。醒来后，他喜欢爬上爸爸妈妈的床，和他们偎依几分钟——这是叫醒他们的好办法。都起床后，马修会回到自己的房间，穿好衣服，然后到厨房去帮忙做早饭。（在菲利克斯家，准备早餐的事人人有份儿。他们的任务每星期在家庭会议上轮换一次。）马修最喜欢做的是炒鸡蛋——这是一件 2 岁的孩子在经过训练之后都能做的事情。如果马修在出发之前完成了他早上的所有程序，他就玩儿一会儿玩具。

在一个寒冷的雨天，马修磨蹭了半天，到了该出发时还没准备好。他爸爸一只胳膊夹着没穿衣服的马修，另一只胳膊夹着马修的衣服袋，冲入瓢泼大雨中，被出来拿报纸的邻居撞了个正着。（有些时候，当你在教你的孩子责任感时，就不能顾忌别人会怎么想你。）

马修在去幼儿园的路上一直哭着。他爸爸和善地说："如果你想穿上衣服的话，我可以把车开到路边。"然而，马修是在试探，这时候才不会愿意穿上衣服呢！当马修走进幼儿园时，他的老师（也相信同样的原则）和善地对马修说："早上好，马修。我看见你还没有穿好衣服。带上你的衣服到我办公室去吧，穿好后就出来。"

大约一个月以后，马修又试探了一次。这一次他倒没有光着身子，而是穿着睡衣上了车，并且是在车里穿好了衣服进的幼儿园。他已经知道了哭没有用。从那以后，马修通常都能及时穿好衣服。偶尔有几次磨蹭时，妈妈会提醒他一句："看来你好像打算在车里穿衣服了。"马修可不喜欢那样，他会抓紧时间，穿好衣服。妈妈本来连承担这种提醒的责任都不需要，她可以让马修再一次体验逻辑后果。

有些人会质疑这个例子，因为他们认为让马修光着身子进幼儿园是一种羞辱。我敢担保，马修自己不在乎。当然，你不会这样来对待一个4岁的孩子。

如果马修的爸爸借题发挥（像第5章解释的那样），在本来的逻辑后果上加上斥责和羞辱，那才会让马修感到羞辱。他爸爸没有说："你活该！下次你就知道要快点儿了。你害得我也迟到了。所有的小朋友都要来嘲笑你没穿衣服了。"假如这样的话，就会把孩子的体验变成羞辱。

一位听了这个故事的妈妈对这个方法稍加改动，也尝试了一下。她4岁的女儿瑟琳娜在该去幼儿园时还没穿好衣服，于是她就把女儿的衣服塞进纸袋里，让瑟琳娜穿着睡衣上了车。她没有让瑟琳娜穿着睡衣进学校，而是把车停在路边靠近幼儿园一个窗口的地方，告诉她说："宝宝，我会坐到办公室里能看到你的地方。你穿好了衣服就自己进幼儿园吧。"瑟琳娜噘着嘴坐在车里待了大约五分钟。然后，她穿好了衣服（大约觉得无聊了），进了幼儿园。

睡前分享

孩子们在睡觉前折腾父母的一个原因是因为他们能感觉到父母这时总是在想摆脱他们。可以理解的是，在忙碌了一整天之后，父母们都向往能有一段平和、安宁的时光。可是，他们通常会经历一番让人精疲力竭的睡前争斗。花几分钟睡前分享的时间非常有助于消除这种烦恼。

当孩子们察觉到你急急忙忙想摆脱他们时，他们会觉得归属感受到了挫折。然后，他们就会通过要求喝水、要上厕所，或者哭着说自己害怕来做出失望行为。当他们感觉到你真的很享受和他们在一起待几分钟来分享一些事情时，他们就能体验到归属感，而不再需要做出不良行为。

让孩子说说这一天最伤心和最开心的事，非常有助于使孩子感到满足。一个附带的好处是，父母也很享受这样的时刻。分享意味着你也要说说自己这一天中最伤心和最开心的事。你要先听孩子说，然后你再说。把这种分享作为睡觉前的最后一件事情是最有效的。对孩子们来说，有人愿意花时间听他们倾诉、与他们分享自己的事情，就会产生一种归属感。这通常就足以让孩子满足地入睡了。

避免就餐时的争斗

就餐时间已经变成了一个战场，以至于你会想孩子宁愿挨饿也不吃饭。其实，他们不是宁愿挨饿，而是宁愿感受自己的力量也不吃饭。逼迫孩子们吃饭几乎是不可能的，但这并没有阻挡住父母们的努力。很多时候，父母们以为自己成功了，却不过是让孩子再吐一次而已。

威廉姆太太早饭给 4 岁的女儿莎拉吃燕麦粥。莎拉不吃，妈妈怎么责骂都没用。威廉姆太太就把燕麦粥放进了冰箱，到了中午又拿出来让莎拉吃。莎拉还是不吃，于是威廉姆太太又把那碗燕麦粥拿出来当莎拉的晚饭。威廉姆太太是一位权威型的母亲，在许多方面都控制着莎拉。除了吃饭之外，莎拉不知道怎么去“赢”。这是她能够感觉到自己的独立和力量如此重要的一个方面，以至于她宁愿牺牲自己的身体。莎拉终于得了佝偻病。

威廉姆太太带莎拉去看医生，医生猜到了是怎么一回事。他是个很明智的人，忠告她说：“把有营养的食物放到桌上，你只管吃你的，别去打扰她！要么说说愉快的事，要么就什么也别说。”

威廉姆太太对出现这样的事感到很伤心。她在吃饭问题上紧盯莎拉不放的唯一原因是她爱莎拉，并且错误地认为唠叨是让孩子吃饭并保持健康的最好方法。就像用于今天的孩子们身上的很多种控制方法一样，这只会事与愿违，并且她得到的就是与自己想要的相反的结果。她接受了医生的忠告，停止了吃饭时的争执。莎拉虽然始终没能变成一个豪飨之人（她是一个骨骼小的孩子），但她吃的足以帮她战胜佝偻病并保持健康了。

和那些在1930年代大萧条时长大的人聊天很有趣。他们说，那时吃饭时的唯一问题是“够不够吃的?”没有人会在意是否有人不吃饭。那只意味着别人能多吃点儿。孩子们在那种环境下不会出现吃饭的问题。

让孩子参与

让孩子们参与是避免就餐时出现问题的最好的方法，要在家庭会议上用一些时间安排下一周的菜谱。

安吉一家发明了我们在第9章提到的“家庭晚餐计划活动”。他们全家人一起在一周的“家庭晚餐计划表”中每一天的栏目里填上谁做饭和做什么饭。这营造了一种合作的气氛。当他们每个人都参与制订计划时，孩子们就会更愿意吃别人选的菜，因为他们自己也选了一些。

安吉一家还一起去采买。他们把采购清单按商店分成几份，每个人负责不同的清单。孩子们在一起完成家务事的过程中得到了很多乐趣，还学到了许多采购知识。很容易明白，这样的家庭为什么不会在餐桌上发生“战争”。孩子们受到的鼓励是把他们的“力量”用到贡献、合作和快乐相处上。

不介入孩子们之间的争端

让你的孩子们打架的最佳方法，就是你不断地介入孩子们之间的争端。父母们很难相信，孩子们打架的主要原因是为了让父母介入。那些能对孩子们之间的争执置身事外的父母，都发现打架会大量减少。

大部分父母都很清楚孩子们以出生顺序为基础打架的标准模式。老大通常最容易被当成“坏蛋”，老小则往往是让妈妈介入后的最大受益者。因而，小的惹大的，这种招惹可以是任何事情，从对老大扮个鬼脸，到跑到老大的屋里捣乱。

当老大中了圈套，并且追赶老小的时候，老小就会高声尖叫，向妈妈抗议。妈妈就会过来责骂老大，介入争端。当老大想让妈妈相信是老小挑起的时，妈妈就会说：“我不管他做了什么。你是老大，你应该更懂事。”

如果妈妈能注意到老小脸上得意的表情，她就能够对这种行为的目的（错误目的）有更多的领悟。妈妈是在协助孩子们把打架作为寻求关注、权力或报复的方式。她强化了孩子们对于如何获得归属感和价值感的错误信念。

瑞德太太决定对孩子之间的争端置身事外。她选了一个没有冲突的时候，向孩子们解释，她真的不喜欢介入他们的争端，并且从现在开始，她确信孩子们能自己找到解决问题的办法。在一次家庭会议上，他们讨论了“解决问题的四个步骤”（见第 12 章）。

第二天，瑞德太太下楼时，碰巧看见 7 岁的特洛伊正在用一把玩具枪打 5 岁的萧恩的头。她觉得这件事不能不管，便冲过去阻止他们。突然，她想起刚才萧恩被打了一下的时候，只是躺到了床上，轻轻地责怪了一句“打疼我了”。然后，萧恩看见了妈妈，就抗议着大哭起来。瑞德太太认识到，自己又陷进去了，赶紧转身离开并进了卫生间，把门锁上了。两个孩子跟着她到卫生间门口，并开始拍门，都想告诉妈妈自己认为的事情的经过。

当瑞德太太坐在卫生间里，听着小哥俩砰砰地拍门并争辩是谁惹起事端的时候，她想，德雷克斯瞎说八道！这根本不管用！然而，她不得不多忍耐一会儿，因为她要向父母学习小组报告结果。这两个孩子不久就停止了拍门，并走开了。

瑞德太太坚持不再介入孩子们的争端，不管他们什么时候来找她告状，她总是告诉他们："我相信你们能自己解决问题。"同时，全家人坚持在家庭会议上讨论可行的解决办法，所以，孩子们也在学习解决问题的技能。

大约一个月以后，瑞德太太有一次无意中听到她 4 岁的女儿珂琳对特洛伊说"我要去告诉妈妈"时，特洛伊回答："她只会告诉你，自己解决问题。"（珂琳一定是知道了特洛伊说得没错，因为她没有来找妈妈。）瑞德太太知道了这个方法真的有效。

瑞德太太告诉大家，她的孩子们打架的次数减少了大约 75%。剩下的 25%和过去相比也温和多了，解决得更快了。

在有些情况下，要对孩子们打架置身事外会有困难或者不可取：

· 有些大人发现几乎不可能对孩子们打架漠不关心，尽管他们想相信这是最好的做法。

· 当孩子太小时，他们可能会对彼此造成严重的伤害，比如两岁的孩子用玩具消防车去砸 6 个月大的小宝宝的头。（许多大人以此为借口，介入大孩子们之间的打架。）如果大孩子真的想给彼此造成伤害，他们会在大人不在的时候打架。对于大孩子，大人大可不必充当保护神的角色，除非他们想一天 24 小时都这样。

· 老师们要为学生的安全负责，不能对学生们打架袖手旁观。

有些父母不相信孩子们打架最主要是为了从父母那里得到救助。他们争辩说，他们的孩子在他们不在场的时候也照样打架。我总是会问："你不在怎么能知道他们打架了？"

他们会不好意思地笑笑，并承认："因为他们会确保让我知道。他们常常在我一下班就在门口向我告状。有时候，他们会在我上班时给我打电话，让我介入。我现在看出来了，他们是想让我成为对另一方的法官、陪审员和执法官。"

如果你不能忍受置身事外，并且决定介入孩子们的打架，最有效的办法是"让孩子们处境相同"。不要偏袒一方或试图确定是谁的错。很可能你根本无法判明，因为你不可能看到所有的事情。"正确"永远是一个观点问题。在你看来的"正确"，至少从一个孩子的角度上来看肯定就是不公平。如果你觉得必须介入以阻止打架，就一定不要成为法官、陪审员和执法官。你必须一碗水端平，要同等对待每一个孩子。

汉密尔顿太太注意到了两岁的玛瑞莲打八个月大的萨丽。尽管汉密尔顿太太觉得萨丽没有做任何事招惹玛瑞莲，但她还是要让两个孩子"处境相同"。她先抱起小萨丽，把她放进婴儿床里，对她说："当你准备好不再打架时，我们就抱你出来。"然后，她把玛瑞莲带进她的房间，对她说："等你不再打架时，就出来告诉我，我们一起去抱宝宝。"

一眼看上去，这样做似乎很可笑。为什么要因为打架把小宝宝放进婴儿床里呢？她只是无辜地坐在那儿，而且她根本听不懂妈妈的告诫。很多人猜测，同等对待两个小姐妹的目的，是为了避免让姐姐觉得错的总是自己。实际上，同等对待对两个孩子都有好处。当你站在你"认为"是受害者的孩子一边时，你就是在训练这个孩子的受害者心理。当你总是"欺压"你"认为"是惹祸的一方时，你就是在训练这个孩子的“欺压”心理。

我们无法确定萨丽是否惹了玛瑞莲（不管无意还是有意）。如果是萨丽惹了玛瑞莲，斥责玛瑞莲不只是不公平，还会教给萨丽一个让妈妈站在自己一边的好办法。这样就把事情变成了一个“受害者”心理的培训。如果萨丽没有惹玛瑞莲，斥责玛瑞莲（因为她大些）会让萨丽学会通过招惹玛瑞莲来获得妈妈的特别关注。玛瑞莲则可能会形成一个错误观念，觉得自己最显著的特点就在于自己是个“坏”孩子。

有人还是认为，把一个没做任何错事的小宝宝放进婴儿床里没有任何意义。关键不在于谁做了什么，而在于要同等地对待两个孩子，这样才不会让一个孩子形成“受害者”心理，另一个也不会形成“欺压”心理。更何况，小宝宝并不介意你把她放进婴儿床里待一会儿。重要的是你的姿态。

另外一个“让孩子们处境相同”的办法是给双方同样的选择。“你们要么停止打架，要么到外面去解决战斗。”或者“你们愿意各自去自己的房间，等你们觉得不会打了再出来，还是想一起到一个房间里去找到解决问题的办法？”“你俩愿意都坐到妈妈腿上来，等到你们觉得不想打架吗？”随你怎么做或怎么说，只要你觉得舒服就行，而且，只要能同等地对待双方就行。

我知道还会有人反对。那要真的是大的无缘无故打了小的呢？大的难道不该受到惩罚吗？小的难道不该得到安慰吗？

既然你已经把这本书读到了这儿，你应该知道惩罚是绝对不可取的。惩罚是给孩子一个非常荒谬的示范：“我打你，就是要教你不许打人。”

我建议你先安慰大的，然后让大的和你一起去安慰小的。再次重申，这并不是对大的“挑起事端”的奖励。明确的是，大的孩子因为某些原因而感到了挫折。也许这个孩子觉得小宝宝把自己赶下了“掌上明珠”的位置；或者他相信你更爱小宝宝。原因在这里并不重要。（但处理孩子行为背后的观念很重要。）重要的是，要知道孩子们何时感到了失望并需要我们的鼓励。

鼓励可以像这样："宝宝，我能看到你在生气。"（说出孩子的感受就是很大的鼓励）"妈妈抱抱你好不好？"你能想象得到，当孩子得到的是爱和理解，而不是惩罚和蔑视时，会多么惊讶吗？在孩子的感觉好转之后，你可以说："你愿意去帮助你的小妹妹感觉好起来吗？你想先给她个拥抱，还是想让我先抱？"你能明白这样的姿态会鼓励孩子友爱、和平的行为吗？

假设这个大孩子因为太生气而不愿意拥抱你，或不愿意拥抱妹妹。你仍然要做出姿态，然后说："我能明白你现在还没有准备好。我要去安慰你妹妹。等你准备好了，你可以过来帮我。"在你花这点儿时间安慰大孩子的时候，小宝宝不会遭受多大的痛苦——而且你会避免滋长孩子的"受害者心理"："让妈妈特别关照我的方法就是去惹我姐姐。"

如果你在用心听这些方式，你就应该已经抓住要点了：要设身处地站在孩子的角度去思考。什么对你最有帮助？什么最能让你学到东西？而且，别忘了运用你的幽默感。

有个爸爸在孩子打架时会把大拇指伸到孩子面前，并且说："我是 CBC 电视台的记者。请问哪一位愿意先到我的麦克风前面来说说对这件事情的见解？"有时候，孩子就会笑起来，有时候他们会轮流说自己的看法。等双方都说完后，爸爸会转身对假想的观众说，"好了，朋友们。现场情况播报完毕。要想知道这些聪明的孩子们怎么解决问题，请在明天接着收看。"如果事情还不能平息，爸爸就会说："你们要不要把问题写到家庭会议议程里去，让全家人都可以来帮你们提建议？还是要我明天再来这里采访，同一时间、同一地点，向我们的观众继续报道？"

当大人拒绝介入孩子们的争端，或者通过同等对待他们而使双方"处境相同"时，打架的最大动机就被消除了。

无言的信号

到目前为止，我们在这一章讨论的大多数方法都是某种形式的无言信号。这些方法都包含其他一些重要的概念和态度，比如说要考虑冷静期，以及要同时做到和善与坚定。这些方法强调行动，而不是言语。当需要说时，话越少越好。你让孩子参与解决问题时，如果制订的计划中包括一些无言的信号，以帮助大人们学会闭上自己的嘴巴，就会更有效。

柏瑞先生是一所学校的校长，他决定参加自己学校里的一个家长学习小组。他跟这个学习小组说得很清楚，他是以家长身份来参加学习小组的，想学习一些能用于自己的孩子的技巧。

一天晚上，他请这个小组帮他解决让他儿子麦克倒垃圾的问题。麦克总是答应去倒，但如果不提醒，他一次也没倒过。这个小组提出了几条建议，比如关掉电视，等倒完垃圾再开；或者让麦克选择他什么时候去倒垃圾。一位家长建议他试试无言的信号，如果麦克忘记了在晚饭前倒垃圾，就把麦克的空餐碟翻过来扣在餐桌上。柏瑞先生决定试试这一招。

首先，全家人在一次家庭会议上讨论了倒垃圾问题。麦克再次确认自己能做到。柏瑞太太说："我们很高兴你愿意帮忙，但我们也知道这很容易忘。我们用个信号来提醒你好不好？这样我们就不用唠叨了。"

麦克想知道是什么信号。

柏瑞先生解释了把麦克的空餐碟翻过来扣在桌子上的想法。如果麦克走近餐桌看见自己的餐碟扣在桌子上，这会提醒他。他这时就应该先去倒垃圾，再吃晚饭。麦克说："好啊，没问题。"

到麦克再次忘记倒垃圾时，已经过去了八天。（当孩子们参与了解决问题的讨论时，他们通常会在试探之前合作一段时间。）当他来到餐桌前，看到自己的餐盘扣在桌上时，麦克开始发脾气。他哭哭啼啼地说：“我饿了！我吃完饭再去倒垃圾！这真是蠢主意！”

我相信你能想象得到，麦克的妈妈和爸爸要不理睬这种令人厌恶的行为该有多么困难。大多数父母都会想说：“得了吧，麦克，你同意了的！别再像个婴儿似的！”如果麦克继续不良行为，他们会希望忘掉他们的计划，并使用惩罚。（这能制止当时的令人厌恶的行为，但不能解决倒垃圾的问题，也无法让麦克学会承担责任。）

柏瑞夫妇仍然没有理睬麦克的大发脾气，甚至在他跺着脚进了厨房，拿起垃圾，出去时把门摔得山响，吃饭时生着闷气把叉子在盘子上摔得噼啪作响的时候。

第二天，麦克记住了倒垃圾，并且在吃饭时很愉快。作为他们一致遵循大家制订的计划的结果，麦克有两个多星期没忘记倒垃圾。当他又看见自己的餐盘倒扣在餐桌上时，他说了声：“哎哟。”然后，他就出去倒了垃圾，回到餐桌，把自己的餐盘翻过来，并且愉快地和全家人一起吃了晚餐。

父母很难不理睬让人厌恶的不良行为的另一个原因，是觉得他们这是在让孩子逃脱什么。他们觉得自己实际上忽视了自己应该为此做点什么的职责。如果这种不理睬的背后没有什么计划或目的的话，这种感觉可能没错。柏瑞夫妇“放过”了麦克的大发脾气（记住，事情在好转之前往往会更糟糕），但由于这是大家同意的计划的一部分，他们解决了一直唠叨的倒垃圾的问题。

碧尔太太很沮丧，因为孩子们放学回家后把书乱扔到沙发上，让她烦躁得不行。连续不断的唠叨不起任何作用。在一次家庭会议上，她告诉孩子们，她再也不想为这件事喊叫、唠叨了。她建议用一个信号来提醒大家，如果她再看见有书扔在沙发上，她就在电视机上放个枕套。孩子们都同意这个计划，并且效果奇佳。除了信号之外，妈妈再也不用介入这件事了。当孩子们看见枕套时，他们就会把自己的书收拾起来，或者提醒别人去收拾。

几个星期以后，在孩子们都去上学之后，碧尔太太想看她最喜欢的电视连续剧。她惊讶地发现电视机上有一个枕套。她往沙发上一看，看见了自己昨天晚上留在沙发上的一大包东西，她当时忙着去做晚饭，忘了收起来。

全家人都为事情的这个转变而大笑。他们喜欢这个方法，并且从那以后，孩子们想出了好几种信号，作为解决其他问题的方法。

瑞德老师喜欢在自己五年级的班里用无言的信号。在开学的第一天，她就把这些信号几乎做为第二语言教给了学生们。一个是让学生们给她发的信号，学生们安静地坐好，两手勾在一起放在课桌上，表示他们已经准备好听课了。当她想让学生们在上课或开会时转过身并坐下来时，她就伸出右手的食指，按照“转过身来，请坐下”的节奏，先在空中画两个小圈儿，然后作两次上下动作。她还教给学生们一个从吵闹中安静下来的信号。她先拍一下手，听见这一下拍手的每个学生都跟着拍一下手。然后，她再拍两下。这时，往往会有好几个学生听到了其他同学回应的拍手，并会加入到回应两声中来。一般拍到两下就已经足够让全班安静下来了，很少需要拍到三下。

诺伍德太太和女儿玛丽老是吵架，吵过之后又都很懊悔，很快就相互道歉。一天，她俩谈到了这个问题，决定以后吵架时看谁会先想起来把手放在胸前，作为一个“我爱你”的信号。诺伍德太太有点儿尴尬地告诉我们，往往是玛丽最先想起来。

给孩子提供选择

大人们最大的错误之一就是向孩子提要求，而不是给孩子提供选择。当孩子们不回应要求时，常常会回应选择，尤其是当你在给出选择之后加上一句“你来决定”的时候。给出的选择应该是尊重的，并且应着重于情形的需要。选择和责任直接相关。年龄小的孩子缺乏能力承担很多的责任，所以给他们的选择应该更加有限。年龄大的孩子有能力做出更多选择，因为他们能够为自己的选择造成的后果承担责任。

例如，对年龄小的孩子，你给出的选择可以是现在上床还是等五分钟后。对年龄大的孩子则可以完全让他们自己负责选择上床时间，因为他们还对自己第二天早上按时起床去上学负完全责任。

选择还直接与尊重他人并方便他人相关。对年龄小的孩子，你给出的选择可以是按时吃晚饭还是等到下次就餐时间再吃，而不能指望有谁会再去做一次饭、再打扫一次厨房。对年龄大的孩子，你则可以让他们选择是按时就餐，还是自己去做饭并把厨房收拾干净。

当给出选择时，每种选择都应该是大人能够接受的。我第一次让我3岁的孩子做选择时，是这样说的：“你现在想上床了吗?”她还不想。显然，我提供的选择超出了让她去上床的需要（我的需要和她的需要），而且其中没有包含我愿意接受的另一种选择。我等了五分钟，又让她做了一次选择：“你想穿粉红色的睡衣还是蓝色的？你来决定。”她选择了蓝色睡衣，并且开始穿。给出选择之后加上“你来决定”，会让孩子感到自己被赋予了权力。它向孩子进一步强调了一个事实：他们确实能有选择。

如果孩子们不想要你给出的选择，而想要别的什么呢？如果这个“别的什么”是你能够接受的，那很好。如果是不能接受的，你就说：“那不是一项选择。”然后，再重复一遍你给出的选择，以及“你来决定。”

孩子们对很多事情不能有选择，比如要不要做家庭作业。家庭作业需要完成；但你可以让孩子们选择诸如他们愿意什么时候做作业，比如放学以后马上做，晚饭前做，或者晚饭后做。

“你一……我们就……”

“你一收好你的玩具，我们就去公园。”这句话通常比下面这句话更有效，“如果你收好你的玩具，我们会去公园。”前者在孩子听来是和善而坚定的陈述，表明了在规定的条件下你愿意去做什么。后者在孩子听来（而且往往也是大人的本意）却像是对权力竞争的一个挑战。当“你一……我们就……”不附带任何主动性时，会更有效，也就是说，你去不去公园对你无所谓。你知道孩子想去，因此是否满足去公园的条件取决于孩子。你需要接受的是，你可能会因为孩子们选择逃避收好自己的玩具，而不去公园。如果你的确打算去公园，可以试试启发式问题：“有谁想去公园吗？去之前我们应该把什么做好？”

许多老师发现“你们一准备好，我们就开始上课”这种说法很有效。它们具备了尊重自己、尊重学生、尊重情形需要的态度——这是这种方法成功的关键。“你一……”应该以一种能表达出如果条件不满足你就退出的语气说出来。然后，你就不要再去在意，要让孩子们去体验自己的选择带来的后果。如果你没法做到不在意，那么不论你怎么说，都会变成一场权力之争。

零花钱

零花钱可以是个很好的教育工具。当孩子们有了定期给的零花钱时，他们就能学到钱的价值——如果父母处理得当的话。

零花钱不应当用来作为对孩子的惩罚或奖励的工具。很多父母试图用零花钱作为让孩子承担家务的手段。如果孩子做了家务，他们就给零花钱当作奖赏；如果没做家务，他们就扣下零花钱作为惩罚。当把这种威胁去掉时，孩子会对金钱和责任感有更多了解。要用家庭会议教给孩子与承担家务有关的责任感，这和零花钱是另外一件不相干的事。

当孩子有了零花钱时，他们就可以不再缠着你买这买那了。不论玛丽什么时候说："我要那个！"妈妈就问："你的钱够吗？"玛丽的钱通常都不够，所以妈妈就说："唔，也许你应该把零花钱攒起来，到时候你就可以买了。"

玛丽常常以为她真的非常想买，她会满怀信心地攒钱。然而，往往在几个小时以后她就忘了。她通常并不真的对哪个东西想买到了愿意自己攒够钱去买的程度，尽管她会很高兴让妈妈花钱给她买。

随着孩子逐渐长大，以及想要一些比较贵的东西，比如一辆自行车时，你应该让他们为买自行车攒一定的钱。当孩子们自己投入一些钱买来东西的时候，他们会更加负责、更加珍惜。如果孩子们损坏了别人的财物，也要用他们的零花钱去赔偿。

回顾

当我们以友善的态度来运用这一章介绍的方法时，这些方法会很有效。你的态度、意图以及方式，是成功的关键。有些大人使用这些方法时的态度和目的就像他们在惩罚孩子时一样。惩罚只会招致孩子的反叛或者盲目服从。而正面管教则会使孩子合作、相互尊重、负责，并且有社会责任感。

正面管教工具

1. 花一些时间让自己冷静下来，因为在你感觉更好的时候才能做得更好。这些方式包括卫生间的使用技巧（适合父母）、小说的技巧（适合老师）、以及“积极的暂停”（适合大人和孩子）。

2. 决定你自己做什么，而不是要孩子做什么。

3. 让孩子预先知道你会怎么做。

4. 和善而坚定的行动，而不是光说。

5. 如果必须要说，语气要和善而坚定，而且说得越少越好。

6. 以情绪上的撤出让自己避开权力之争，等双方都冷静下来以后，关注于解决问题。

7. 用日常惯例表来避免权力之争。

8. 要避免就寝前的争斗，你可以一边给孩子盖好被子，一边和孩子分享一天中最快乐和最伤心的事情。

9. 通过让孩子参与解决问题来避免权力之争。

10. 对孩子间的争端置身事外，或“让孩子们处境相同”。

11. 要先安慰打人的孩子，然后让这个孩子和你一起去安慰被打的孩子。

12. 表达对孩子感受的理解。
13. 给孩子一个拥抱。
14. 运用你的幽默感。
15. 让孩子参与晚餐的计划、烹制和打扫。
16. 设计一些暗号来提醒孩子该做什么。
17. 给孩子提供选择，而不是要求。
18. 用“你一……，我们就……”。
19. 用零花钱教孩子学习管理金钱，而不是用作奖励和惩罚。

问题

1. 冷静期可以有哪些方式？

2. “决定你自己做什么，而不是要孩子做什么”的原理是什么？它为什么有效？

3. 要提高上述方式的效用，我们应该牢记哪六点？

4. “不在意”是什么意思？如果你做不到“不在意”，该怎么办？

5. 情绪上的撤出是指什么？

6. 冷静期过后，或以其他任何形式撤出冲突之后，我们还需要接着做些什么？

7. 要避免早晨的争斗以及就寝前的争斗，最关键的是什么？

8. 为什么睡前分享有助于避免就寝前的争斗？

9. 介入孩子们的争端会有什么负面结果？

10. 当你决定不再介入孩子们的打架时，你应该按照什么程序来做？

11. 哪三种情况下大人不能不介入孩子们的打架？

12. 如果你决定要介入孩子打架，最有效的方法是什么？

13. “让孩子处境相同”是什么意思？它能避免什么负面效果？

14. 什么是“无言的暗号”？用暗号会达到什么效果？

15. 给孩子提供选择的好处是什么？

16. 要确保你给出的选择是有效选择，应该注意哪些指导原则？

17. 对零花钱的建议，会给你和孩子带来什么好处？

18. 要成功地使用本书中建议的任何正面管教工具，关键是什么？

第 12 章

家里和教室里的爱与欢乐

正面管教的首要目标，是要让大人和孩子都能在生活和他们的关系中体验到更多的欢乐、和谐、合作、分担责任、相互尊重和爱。我们往往表现得好像我们忘记了爱和欢乐是生活和与孩子相处的全部目的，并且发现我们依据恐惧、对孩子的评判、期望、指责、失望和愤怒来行事。然后，我们还奇怪为什么会觉得生活如此痛苦。

三个提醒

下面三个提醒，向我们表明了在我们和孩子的关系中如何避免偏离能体验到爱、欢乐和满足的轨道。

1. 我们做什么永远不如怎么做更重要

我们行为背后的感觉和态度会决定我们怎么去做。言语背后的感觉通常能最明显地从我们说话的语气中表现出来。

有一天，我旅途归来，家里迎接我的是厨房水池里满满的脏碗碟。我感到非常失望、非常生气，就开始了斥责和批评："我们早就说好了的，各人把自己的碗碟放进洗碗机里。怎么我一不在，就没人遵守了？"

我想找出那个该受责备的人，但每个人都声称："不是我干的。"

我带着一种负面情绪说："好！我们必须开个家庭会议，决定这事儿该怎么办。"

你能想象出来，如果我们以我这种责备和批评的态度开家庭会议能有什么结果吗？我们不会找到那种在爱和尊重的气氛中才能找到的有效解决方案。我的攻击态度只能引起大家的防卫和反击，而不可能是和谐。

我认识到了自己的所作所为，并且立即改变了方向。我能看到，我的负面态度不可能造成我想要的结果——更别说这已经让我自己感到有多么痛苦了。我一改变态度，感觉就不一样了，而且我立即有了一个怎样得到积极效果的灵感。

我对全家人说："我们出去吃披萨吧。然后我们来开个家庭会议，找到解决办法，而不是要责备谁。"

在这种感觉中，我们开了一次很成功的家庭会议。我们大笑着说，一定是有个幽灵把那些脏碗碟放进水池里去的。当我们不再责备，并且专注于问题的解决办法的时候，马克和玛丽提出了一个很好的方案。他们提议每人每周担任两天"厨官"，收拾幽灵的那些脏碗碟。你也许猜到了，在这次每个人都承担起解决问题的责任的友善讨论之后，水池里很少再有脏碗碟了。

从负面的想法和感觉出发采取行动，肯定会偏离爱、欢乐和积极结果的轨道。通过消除负面态度，我们就会让自己自然的良好感觉和常识浮现出来。

2. 把错误当成学习的机会

我在这本书中从头到尾都在讨论帮助孩子把错误当成学习机会的重要性。如果大人们不能把这个原则运用于自身，就会立即偏离爱、欢乐和积极结果，正如下面这个例子表明的那样。

二年级的麦奇踢了一个同班同学，这让席彤老师对他非常生气。她想教给他不能伤害别人。她把他带到教室外面去申斥："如果别人踢你，你会喜欢吗？"

为了给麦奇亲身感受，席彤踢了他——比她想的重了一点儿。一位助理老师正好路过，目睹了事情的经过，报告了校长。

席彤老师对自己的行为感到非常难过。她相信正面管教的原则，而且实践了好几年了。她打电话问我："我是怎么了？我怎么能做出这种事来？我应该怎么办？"

我先安慰席彤老师，说她很正常。这个地球上有一个父母或教师能做到永远不"失控"，不在生气时做出反应，而始终以有利于长期结果的方式采取行动吗？

然后，我对席彤老师说，她已经知道自己犯了一个错误，这就很好。我鼓励她要赞扬自己，而不是痛责自己。太多的父母和老师意识不到自己的错误。

最后，我向她想要改进并做得更好的想法致意，鼓励她把这件事当成一个激励自己今后改进的礼物（或警钟）。

正面管教的系列书籍中提供了很多方法用来代替对孩子行为的反击。这不是此处的重点。此处的重点是，我们应该认识到，所有的人都会被羁绊于对别人行动的反击而不是主动行动。大多数大人的用意确实是好的——他们只是想教导孩子更加尊重别人。问题是，当我们反击孩子的行动时，我们自己却用不尊重孩子的行为（我们的不良行为）想教给孩子尊重别人。在反击孩子的行动过程中，我们一心要（没经过思考）通过责备、羞辱和痛苦让孩子为其行为“付出代价”。我们没有考虑这对孩子的长期影响。如果我们考虑了，我们就不会反击了。

幸运的是，这可以只是一个开始，而不是结局。我们发现，不论我们曾经有多少次反击孩子的行为，多少次忘记运用正面管教的原则，我们总是能回到这些原则上来，并清除我们在反击孩子的行动时造成的混乱。确实，事实一而再、再而三地证明，错误是我们学习的大好时机。

在从错误中汲取教训后，当我们用“矫正错误的三个 R”进行弥补时，我们会发现孩子们是非常容易原谅我们的。席彤老师用了一个多星期时间才从羞愧与自责中挣扎出来。然后，她把麦奇叫到一边，向他道歉。她说：“麦奇，那天我踢了你，实在对不起。看到你踢乔伊，我太生气了，但我却和你一样做了不该做的事。我那样做真是无理，是吧？”

麦奇只是腼腆地看着她，但他被老师的话吸引住了。她接着说：“我那样做也很不友好，是吧？”

麦奇松开了咬着的下嘴唇，摇了摇头。

席彤老师问：“我向你道歉是不是让你觉得好一点了？”

麦奇点了点头。

席彤老师接着说：“那你觉得如果你去对乔伊说声对不起，他会觉得怎么样？”

麦奇咕哝着说：“会好一点。”

席彤老师问：“你觉得去向乔伊道歉怎么样，然后我们三个人可以一起解决你和乔伊之间的问题。或者我们也可以把问题放到班会议程上，让全班同学帮忙。你喜欢哪一种？”

麦奇说：“就我们仨。”

席彤老师问："你打算什么时候去向乔伊道歉，并问他是否会参加我们解决问题的讨论？"

麦奇的脸色明朗了起来，说："我今天就去。"

席彤老师说："太棒了。你和乔伊讲好了就来告诉我，我们好安排时间。"

第二天，席彤老师、麦奇和乔伊聚到一起，讨论了两个孩子各自对事情的经过、起因、感受、从中学到的东西的理解以及对如何解决问题的想法。他们还讨论了把错误当成学习机会的概念。当两个小男孩一起离开时，他们对两个人一致同意以后不再打架感到很高兴。

这是说明一个错误怎样为我们提供很多学习机会的一个好例子。席彤老师能够做出榜样，为错误承担起责任，并且道歉。然后，她帮助麦奇为他自己的错误道了歉。她还帮助两个小男生练习了相互倾听对方的看法；最后，他们还一起练习了运用头脑风暴寻找解决方案这一非常有益的生活技能，并且就他们都愿意尝试的一个方案达成了一致。

我们说多少遍都不为过：错误是学习的大好时机——不论对大人，还是对孩子。

通过观察幼儿学走路，大人们能对这一原则有更多的理解。小宝宝每次摔倒时，从来不浪费时间感觉自己的无能。他们只是爬起来继续走。如果他们摔疼了，可能会在继续走之前哭几分钟，但他们不会给自己的体验加上责备、批评或其他自拆墙脚的想法。我们能够帮助孩子们通过重新发现错误对我们的价值，保持这种体验生活的简单方式。

认为我们必须很完美，是一条最容易使我们偏离生活中的爱与欢乐的歧途。"矫正错误的三个 R"（详见第 2 章）能使我们回到正轨。

3. 有时候，我们必须反复学习同一件事情

有多少父母曾经说过："你还要我再说多少遍?"

这些父母如果不理解其答案很可能是"一遍一遍又一遍"，他们就会造成自己的失望和沮丧。（我一直相信，孩子们直到有了自己的孩子并且要教给他们的孩子同样的事情之时，才会真正理解我们要教给他们的事情。）

波尔多太太听到这个原理之后，松了一大口气。她说："我原来以为只需要一次家庭会议就能让我的孩子们在分担家务上与我合作，因为他们的热情持续不了一个星期，我就认为家庭会议不管用，便又回到了每天唠叨的老办法。"

波尔多太太没有认识到，即使热情只能维持一个星期，她取得的进展也是多么巨大啊。我跟她说了我家的"三周综合症"（见第 9 章），并且说我非常庆幸每三个星期才需要处理一次家务问题，那可比天天唠叨并沮丧好得太多了。

孩子们并不是唯一需要机会去一遍又一遍地学习的人。否则，我们为什么需要那么频繁地用到"矫正错误的三个 R"呢？把我们引向痛苦的一个歧途，就是每当我们或我们的孩子不能一劳永逸地学会某些事情时，就感到自己无能或感到沮丧。通往爱与欢乐的道路，不仅包括要承认我们会犯错误，而且要承认我们会有一遍又一遍地学习的机会。这是学习过程的一个重要组成部分。

这本书提供了很多方法。如果仅仅把它们看成技巧，那肯定会失败。这本书还提供了很多积极的态度。当这些方法和积极的态度结合在一起时，它们就变成了能在我们与孩子之间营造出一种爱、相互尊重、合作以及快乐气氛的观念。

这一章介绍的很多概念都需要大人的参与和指导，以帮助孩子建立一个坚实的基础。爱和欢乐的态度是最重要的，而且，这有助于发现每一件事情积极的方面。

寻找积极的方面

罗莉被学校停课了，因为在她的柜子里发现了香烟。她对爸爸说："我不知道香烟是怎么来的！我正要把它放进兜里拿去交给校长，一个老师路过看见了，就把我带到办公室去了。"爸爸很难相信罗莉不知道烟是怎么到她的柜子里的，因为柜子用的是密码锁。他也很难相信她把烟揣到兜里是为了去交给校长。他对罗莉对他撒谎感到非常痛心，因为他们家人之间一直是那么的亲密和相爱。他还担心罗莉会因些陷入抽烟、喝酒、吸毒而毁了她的一生。

爸爸真想责骂并惩罚她一顿，让她知道爸爸是多么失望。但是他忍住了，决定要寻找这件事情的积极方面。如果你愿意寻找积极方面，那就一定不难找到。当他走进了罗莉的内心世界时，他理解到，孩子也许正在冥思苦想如何既坚持家里的价值观，又不脱离朋友的圈子。他还认识到，罗莉对他撒谎的唯一原因可能是因为她那么爱爸爸，不想让爸爸失望。

有了这种理解，爸爸去找罗莉谈。他没有责骂和惩罚，而是和善地说："罗莉，我敢肯定真的很难想出办法既坚持你的信念，又不被朋友们说你'扫大家的兴'。"

罗莉如释重负地说："是呀，真是这样。"

爸爸接着说："而且我敢肯定，如果你对我们撒谎，那是因为你非常爱我们，不愿意让我们失望。"

罗莉眼里充满了泪水，只能以点头表示同意。

爸爸又说："罗莉，你要是做了会伤害自己的事情，我们会感到很失望；可你要是不知道你任何时候都可以告诉我们任何事，那就说明爸爸妈妈做得不够好，没有让你知道我们是多么爱你——无条件的爱。”罗莉抱住了父亲，父女俩紧紧拥抱在一起。

他们始终没有直接讨论抽烟和撒谎的问题。一年多过去了，罗莉一直很高兴地将自己每一次拒绝与她的价值观相悖的诱惑时的情况告诉父母。她还对自己影响了一些朋友坚守自己的价值观而感到自豪。

先假定孩子无辜

每个孩子都想成功。每个孩子都想和别人有良好的关系。每个孩子都想有归属感和价值感。当我们能牢记这一点时，我们就会先假定做出不良行为的孩子无辜。我们就不会认为孩子是在给我们找麻烦，我们会假设他们是想要得到积极的结果，只不过他们不知道该怎么达到这个目的而已。他们尚不具备足够的知识、技能，或者还没有成熟到以恰当的方式找到归属感和价值感。帮助孩子培养他们需要的这些能力，正是我们的责任。想要有效地达到这一目标，我们对待孩子的方式就必须建立在这样的态度之上：“我知道你想要成功。我该怎么帮你?”当我们有了这样的态度，孩子才更可能感受到无条件的爱。

表达我们无条件的爱

孩子们需要知道，他们要比他们做的任何事情都重要。他们需要知道，他们比我们生活中的任何物质财产都重要。弗雷德的妈妈在想起这极其重要的一点之前，犯了一些错误。

弗雷德打碎了妈妈一个很珍贵的古董花瓶。妈妈为此极其伤心，坐到那儿哭了起来。弗雷德为自己打碎了花瓶难过得不得了，但他最后问道：“妈妈，要是我出了什么事，你会这么伤心吗？”

孩子们经常不知道自己有多么重要，不知道父母有多么爱他们。有时候，父母和老师们过于关注孩子的不良行为，以至于他们眼中没有了孩子——孩子眼中也就没有了自己。

有一次，有一个家庭来找我咨询。他们的女儿偷了一个让她非常生气的朋友的衣服（她说是在开玩笑）。她妈妈和姐姐对此非常生气，以至于说她是小偷，甚至怀疑她是否还做了其他坏事。我问她们为什么那么生气。她们真正担心的是什么？妈妈说她担心女儿将来会被送进少管所。我问那又怎样。妈妈告诉我，她很担心那会对女儿造成伤害。然后，我问这位妈妈，她认为女儿对自己被叫作小偷并且被指责还做了其他坏事，会有什么感受。这位妈妈承认自己已经伤害了女儿，虽然她声称担心女儿受到伤害。

我问这位女儿，她感到哪一件事情会让她更难过，是被送进少管所还是妈妈这么对她。她说：“妈妈这样更让我难受。”

因为这个女孩已经十几岁了，她妈妈没有办法控制她。这个女孩儿需要体验她的行为后果，以及来自妈妈的爱和支持。

我们很容易做出违背自己初衷的事情来。这位妈妈因为爱女儿并且想要保护女儿免受伤害，而羞辱了女儿。她的女儿听到的全是被她理解成“妈妈甚至不喜欢我”的羞辱。

我知道你爱你的孩子，你也知道你爱你的孩子，但是，孩子知道你爱他们吗？如果你去问问孩子，也许你会感到十分惊讶。

一位妈妈问自己3岁的孩子：“你知道妈妈真的爱你吗？”

孩子的回答是：“是的，如果我乖乖的，你就爱我。”

一个十几岁的孩子对这个问题的回答是：“我知道你爱我，如果我得了好分数。”

我们经常唠叨要孩子们做得更好。我们希望他们更好，是因为我们爱他们，并且认为如果孩子做我们认为对他们好的事，他们就会更幸福。他们经常听不到我们想让他们做得更好是为了他们。他们听到的是“我永远做得不够好。我达不到你们的期望。你们想让我做得更好是为了你们自己，不是为了我。”

记住，孩子们在感觉更好时，才会做得更好。没有什么事情能比无条件的爱让孩子感觉更好的了。

大多数父母没有意识到，当他们运用惩罚时，并不是在爱孩子。事实上，大多数父母都是以爱的名义在运用惩罚。在《爱得太多的父母》[①] 一书中，我们用了下面的例子来说明，在其他方式更有效的时候，父母为什么会运用惩罚，以及怎么会有那么多成年人会想：“我小时候遭到了惩罚，我现在不也挺好。”

是的，我们大多数人都“挺好”，尽管我们小时候受到过惩罚。我们能对小时候受到的惩罚开怀大笑——甚至会说那是我们应得的。然而，如果当初允许我们从错误中学习，我们现在会不会比“挺好”更好呢？

在下面这个例子中，斯坦通过大家的帮助，认识到了惩罚（把他“培养”成现在的“挺好”）与非惩罚性管教（那样的话，他今天就会是个好得多的人了）的不同。

斯坦在他的养育学习小组里，向大家说了他在上小学五年级时在一次考试中作弊的事，他说：“我糊涂得实在可以，把答案抄在了手心里。老师看到了我考试时张开拳头来找答案。”这个老师一把抢过斯坦的试卷，当着全班的面撕得粉碎。他这次考试被给了个不及格，还被大家叫作“骗子”。老师把这事告诉了他的父母。他爸爸给了他一顿痛打，并且让他禁足一个月。斯坦说：“我后来再也没有作弊，我那次的确应该得个不及格。”

---

① Parents Who Love Too Much，《正面管教》系列中的一本，2000 年出版，作者是本书作者简·尼尔森，以及谢尔丽·欧文。——译者注

为了帮助大家看看是否还有其他更有成效的方式来处理这种情况，组长帮助他对这次经历进行了探讨。

组长：“大家都同意斯坦应该得个不及格吗？”

组员：“是的。”

组长：“不及格是否已经足以让斯坦知道自己行为的后果了，还是他还需要惩罚才能知道呢？”

组员：“这个……”

组长：“斯坦，你认为呢？因为作弊得了个不及格，你有什么感觉？”

斯坦：“我感到非常内疚，非常尴尬。”

组长：“这让你决定怎么做？”

斯坦：“我再也不作弊了。”

组长：“你在挨打（惩罚）之后作出了什么决定？”

斯坦：“我觉得自己是一个让父母失望的孩子。我到现在都很怕让他们失望。”

组长：“那么，惩罚对你有什么样的帮助呢？”

斯坦：“噢，其实我已经决定不再作弊了。当着全班人的面被抓住作弊，那种内疚和尴尬已经足以让我接受教训了。实际上，对让父母失望的担心才是我真正的负担。”

组长：“如果你有一根魔杖，能够改变这件事的过程，你会怎么改变它？你会希望别人怎么说或怎么做？”

斯坦：“我肯定不会作弊。”

组长：“然后呢？”

斯坦：“我不知道。”

组长：“有谁能给斯坦提些想法吗？当局者迷，旁观者清。斯坦的老师或父母应该怎么做或怎么说，才是和善而坚定的管教办法？”

组员甲：“我是老师，我从这个故事中学到了不少东西。这个老师应该把斯坦叫到一边，并且问他为什么要作弊。”

组长：“斯坦，你怎么回答？”

斯坦：“我会说我希望通过考试。”

组员甲：“然后，我会对他想要通过考试的愿望表示赞赏，并问他，他对以作弊来达到目的有什么看法。”

斯坦：“我会发誓以后不再作弊。”

组员甲：“我然后会告诉他，这次考试他只能得个不及格，但我很高兴他知道了不能作弊。然后，我会要他为我订一个计划，说明为了通过下次考试他要做些什么。”

斯坦：“我还是会因为作弊而感到内疚和尴尬，但我会感激老师在坚定的同时对我的和善。现在我明白这意味着什么了。”

组长：“现在你打算怎么用你的魔杖改变你父母的做法呢？”

斯坦：“如果他们能够知道我是多么内疚和尴尬，该有多好啊。他们可以强调这对我是一次多么沉痛的教训。然后，他们可以表示相信我会从这次经历中学习，并且以后不会再犯同样的错误。他们可以对我说，不论我做了什么他们都会爱我，但他们希望我以后不要再做让我自己失望的事情，这能使我恢复信心。啊，多好啊——父母更担心的是我自己失望，而不是他们失望。我觉得这真的让我倍受鼓舞。”

通过这次对非惩罚养育方式的讨论，我们看到了以下几点：

1. 非惩罚的养育方式并不意味着“放过”孩子的错误行为。

2. 非惩罚养育方式意味着，在一种支持和鼓励的环境中帮助孩子探讨他们的选择所带来的后果，从而使孩子能够从中学习，并持续成长。

3. 大多数人尽管在小时候受到过惩罚，但现在也“挺好”——而如果他们能在和善而坚定的管教方式下从错误中学习，他们或许会学到更多。

斯坦的父亲因为对自己的养育方式的长期效果不了解，他没有获得益处。他没有因为对“走进孩子的内心世界”的重要性的理解而获得益处。他不知道孩子在感觉更好时会做得更好。他不知道“和善而坚定”和“无条件的爱”结合起来会有多么强大的力量。如果他当时能够理解这些，斯坦就会通过“赢得合作的四个步骤”而获得更多的力量。

赢得合作的四个步骤

“赢得合作的四个步骤”（第2章提到过）能很好地帮助你走进孩子的内心世界。当你感到你和孩子之间的沟通有障碍，造成了孩子对你的敌意和不满时，就要用这些步骤。在用过这些步骤之后，你和孩子就都会感到被理解了。

大多数父母都希望自己的孩子有更好的成绩。孩子们往往将此理解为父母更看重他们的成绩，而不在乎他们本身。当孩子怀疑你的建议到底是为谁好时，“赢得合作的四个步骤”应该对你有帮助：

1. 表达你对孩子感受的理解：“在你看来我想要你得到更好的分数，是为了我还是为了你？”

2. 表达同情，而不是宽恕：“我能理解为什么你似乎不能为了我而把事情做得更好。当我父母想要我做得更好时，我也觉得似乎我是为他们和他们的期望而活的。”

3. 和孩子分享你的真实感受：“我的确是希望你考得更好，

因为我觉得这对你有好处。我知道这在现在看来似乎没什么意义，但良好的教育会在将来为你打开很多大门，能给你提供更多的机会。”

4. 让孩子专注于解决问题的方法：“我们怎样才能找出一个办法，使你把努力进步看成对你自己有益的事，而不是因为受到了我的批评？”

营造一种合作的气氛对于教给孩子沟通和解决问题的技能——这是社会责任感的根本——是至关重要的。如果孩子们有了很好的沟通和解决问题的能力，他们将极大地改善自己的人际关系和人生环境。把这些能力教给孩子的最好方式，就是在你和孩子相处时以你自己的行动为他们作出表率。榜样是最好的老师。

教给孩子沟通与解决问题的技能，并做出榜样

家庭会议和班会给孩子们和大人提供了一起练习多种沟通和解决问题的技能的机会。如果你用过这种方法，你或许已经注意到，孩子们把他们在家庭会议和班会上学到的技能用在了生活中的其他方面。

除了家庭会议和班会以外，正面管教方法还有许多有关沟通和解决问题的技巧可供选择。用于家庭会议和班会的技巧同样可以用于解决两个人之间的问题。启发式问题为沟通和问题的解决提供了一个很好的平台，“赢得合作的四个步骤”也是如此——我们在此只提一下这两个。另外，要帮助孩子解决一对一的冲突，除了班会以外，下面的“解决问题的四个步骤”也是一个好方法。

解决问题的四个步骤

1. 不要搭理对方。（转身走开要比留下来打架需要更大的勇气。）
   a. 做些别的事情。（玩另外一个游戏，或参加其他活动。）
   b. 为冷静期留出足够的时间，然后，采取以下步骤。
2. 以尊重的态度讨论发生的冲突。
   a. 告诉对方你的感受。让对方知道你不喜欢所发生的事情。
   b. 听对方说他的感受以及他不喜欢什么。
   c. 把你认为你自己对这个问题的产生有什么责任告诉对方。
   d. 告诉对方你愿意做些什么不同的事。
3. 一起找到解决办法。例如：
   a. 找出一个一起玩或轮流玩的方法。
   b. 道歉。
4. 如果你们无法一起解决问题，就寻求别的帮助。
   a. 把问题放到家庭会议或班会的议程上。（这也可以是首选的办法，并不一定非得最后再用。）
   b. 和一个家长、老师或朋友商量。

在和孩子讨论过这些技巧之后，让孩子们就下列假想情形做角色扮演。要让他们就每一种情形以四种不同的方式来解决。

- 为该轮到谁玩绳球而打架。
- 排队时夹塞儿。
- 用难听的外号叫别人。
- 坐车时为抢占靠窗的座位打架。

老师可以把“解决问题的四个步骤”张贴出来让孩子们参照。有些老师要求孩子们在把一个问题放到班会议程上之前，先用这些步骤解决问题。也有些老师更喜欢用班会，因为班会能教给孩子们那么多其他技巧。最好不要厚此薄彼（班会或一对一），要让孩子们来决定他们更愿意用哪一种。

三年级的安德伍德老师解释了她是如何采用“解决问题的四个步骤”的。她允许自己班上的孩子在任何时间离开教室，去和另一个孩子用“解决问题的四个步骤”解决问题。她常常会看着两个孩子一起离开教室，看着他们坐在围栏边说话。几分钟后，他们会回到教室，继续做各自的事情。如果他们不想让别人知道，他们就不需要跟任何其他人分享他们的讨论。在班会上，她会问是否有人愿意说一说他们是如何解决一个问题的。

当孩子们之间有问题来找家长时，家长也可以把这些技巧教给孩子们，要让他们等待过冷静期或者用“赢得合作的四个步骤”，使他们为解决问题做好准备。我们家有时候在“睡前分享”时用这些步骤。

帮助孩子培养责任感

这本书中教过的所有概念都有助于孩子培养责任感。如果大人一直替孩子们做他们能做并且应该自己做的事情，孩子就学不会责任感。

并非只有父母在为孩子们做那些他们自己能做的事情。老师们也应该多让孩子帮忙。如果老师们假装自己的胳膊或腿不能动了，学生们会学到更多责任感。想象一下在这种情况下会允许孩子们做些什么。孩子们会因此而感到老师需要自己，这会使他们获得归属感和价值感。

承担起你自己的全部责任

大人的责任感又怎样呢？自责和内疚都无济于事。清醒地意识到我们可能会犯的错误，以便我们能知道该怎么去纠正并造成我们想要的结果，这才是有益的。

如果大人们能为自己造成而又抱怨的孩子们的所有行为承担起全部责任，那会怎么样呢？如果父母和老师们意识到他们自己的不良行为（缺乏知识或缺乏技巧）以及孩子们的不良行为（缺乏知识、技巧和成熟），事情又会有什么不同呢？在没有指责或羞辱的情况下，每个人都承担起自己的责任之后，专注于问题的解决方法就容易多了。

无论何时，只要大人们陷入与孩子的权力之争或报复循环、没有走入孩子的内心世界、不花时间训练孩子、忘掉了和善而坚定、说话语气不尊重孩子或者使用任何其他方式的惩罚，他们就有可能引起孩子们的“失望”行为。

对你自己要有同情心

记住，错误是学习的大好时机。当你犯了错误的时候，要同情你自己——并且从错误中学习。我已经从养育错误中学习了25年。尽管我犯过很多错误，但我挚爱这些原则，因为它们是帮助我在每一次迷失时回到正轨上来的令人惊喜的指导原则。

在我知道要对自己有同情心之前，在我每一次没有践行自己所宣扬的原则时，我对自己都很严苛，我会趴在我丈夫的肩头上失声痛哭：“连我自己都做不到，我还怎么能到处去告诉其他父

母和老师们如何更有效地对待孩子啊?”他就会用我宣扬的其他概念来提醒我:

· 错误是学习的大好时机。
· 关注积极方面(我用这些原则的时候要远远多于不用的时候)。
· 要有不完美的勇气,毕竟人无完人。
· 冷静下来——然后解决问题。

对自己要有同情心,意味着记住这些概念,并且要继续爱自己、爱生活。有了爱的态度,事情往往就会好转起来。

加强自我学习

如果你喜欢这本书中提出的概念,我强烈建议你把这本书再读一遍。我保证你在读第二遍时得到至少10倍的收获!重复对于增进知识永远是重要的,但你读第二遍时会看到你在第一次读时完全漏掉了的地方。你对本书开头提出的很多概念也会有更多的理解,因为你现在对其余的概念已经熟悉了,你将能够把它们结合在一起加以运用。

我从自己的经历以及众多父母和老师们给我的反馈中知道,这些概念在被正确运用的时候,确实是有效的。正面管教是解决当前问题的一种有效而积极的途经。更重要的是,它为我们的孩子提供了一个基础,让他们得以在此基础之上继续有效、积极、独立地完善他们的人生。

大人们负有一种领导责任,去帮助孩子培养能使他们的人生幸福而充实的品格。给孩子提供一个能让他们构筑自己的美好人生的好基础，是我们的职责。教给孩子们自律、负责、合作以及解决问题的技能，是在帮助他们建立一个优秀的基础。当孩子们展现这些品格和技能时，他们会拥有更强的归属感和价值感，这会从他们的行为中表现出来。

正面管教与完美无关。我很高兴能听到父母们说："我的孩子还不完美，我也一样；但我们现在相处得更加快乐。"我也很高兴能听到老师们说："现在的孩子确实与过去的孩子不一样了，我很高兴我学到了这些管教方式，能对今天的孩子更为有效。"这些原则不能保证完美，但必将在今后的人生道路上带给你们更多的欢乐和爱。

回顾

正面管教工具

1. 你的行为背后的感觉远比你的行为本身更重要。
2. 把错误看作学习的机会。
3. 在你不得不反复学习同一件事情时，对自己要有耐心。这是学习过程的重要组成部分。
4. 表达无条件的爱。
5. 先假定孩子无辜。
6. 用"赢得合作的四个步骤"。
7. 教给孩子沟通与解决问题的技巧，并且要作出榜样。
8. 帮助孩子培养责任感。
9. 承担你在冲突中的全部责任。
10. 同情你自己。
11. 通过反复读书和练习，加强你的学习。

问题

1. 正面管教的首要目标是什么?

2. 为什么说怎么做远比做什么更为重要?请讲述一个具体事例，并说说如果你当时用了不同的做法，会出现什么变化。

3. 我们能从一个错误中学到多少东西?讨论这是否适用于所有的错误?还是对有些错误感觉很糟糕是合理的?

4. 如果我们使用一个方法时没有适当的感觉和态度，那会怎么样?

5. 尽管你曾经遭到惩罚，曾经被误导，可你现在仍然“挺好”，是吗?你现在怎么看待这种想法?

6. “解决问题的四个步骤”是哪些步骤?孩子学习这些步骤会有什么收获?

7. 大人从承担自己所有的责任中能够学到什么?

8. 如果你不同情自己，会出现什么情况?如果你同情自己呢?

9. 看到每件事物的积极方面有什么益处?

10. 向孩子传达出无条件的爱的重要性是什么?请讨论大人的愿望和孩子的理解这两者间的区别。

11. 为什么一本书值得反复读?

附录 1

发起一个正面管教学习小组

1965 年对我来说是奋争的一年。我想做个好妈妈，可我却天生不是块好料。我非常推崇这本书中所讲的理念，却又常常积习难改。主持父母学习小组使我能坚持正确的做法，并且极大加深了我对这些概念的理解，提高了我的实际应用能力。

《正面管教》的第一版出版以后，我和琳·洛特办了一个家长示范实验班。这个实验班采用《正面管教——家长指南》作为指导大纲，提供了丰富的实验活动，其教学效果远比单纯讲解书上的原则和技巧有效。我们为家长学习班的组织者提供为期两天的培训。[①]

因为我现在倾向于用实验班来帮助养育学习班，我有些犹豫是否该把这些内容放入现在这一版中。然而很多父母给我反馈，说他们从下面这些计划表和信息中获益良多。

---

① 详细资料请见 www. posdis. org.。我们建立了一个非赢利机构，专门培训正面管教协会会员、研究员，组织为期两天的研讨会，并授予资格证书。两天期的研讨会包括“教室里的正面管教”以及“正面管教——家长指南”。——作者注

起步

你可以先从少数几个朋友或邻居开始，也可以直接加入一个父母学习小组，和大家一起练习。学校校长一般都会愿意配合你，帮你把下一页的传单发给各个家长。记住，你不必一定要有专家水平。你不妨告诉小组成员，尽管你是一个组织者，但你是要和大家一起学习，而且需要学习的东西和大家一样多。如果你能找到一个共同组织者就更好了。然后，只需要请按照计划来进行就可以了。

解决问题表

让大家在学习小组里作头脑风暴，找出问题的解决方法是很有效的。我们发现，当我们能够客观地对待别人关切的问题时，我们能想出很多好办法。

我们提供了一张“解决问题表”（见第 297 页），可用来作为讨论具体情形的指南。小组组织者可以在小组第一次学习时发给每个组员一份。当有人想到一个具体问题时，可以把问题写到这份表格里，留待合适的时间与大家讨论。知道大家随后会一起致力于一个问题的解决，会鼓励小组成员在学习其他材料时对要讨论的那个问题保持关注。

主持一个家长学习小组的最大好处，就是你会比大家学得更努力。最令人激动的是，学习是一个终身的过程。不要沮丧，要坚持主持学习小组的活动，坚持学习。

给家长的传单（样本）

怎样在家庭和学校里实现正面管教
请加入家长学习小组！

我们将学习怎样帮助孩子培养：

- 自律
- 负责
- 自尊
- 解决问题的技巧

如果在家里，你和孩子在下列问题上有麻烦，你将会了解到这些不良行为的原因。你还将学到用非惩罚的方式解决这些问题的具体方法：

- 打架
- 顶嘴
- 不做家务
- 不好好吃饭
- 不写家庭作业
- 早上不起床
- 晚上不睡觉
- 不肯分享
- 不负责任

学习时间：每星期四晚上 7~9 点，为期六个星期，从______月______日开始。

学习地点：学校图书馆

（请从这里撕下来，交回学校）

□我愿意报名参加。

□我星期四晚上没有时间。如果你能安排别的时间，请和我联系。

家长姓名________________电话号码________________

学习小组活动计划

第一周

简介：讨论本书“引言”中有关小组学习的基本原则以及“小组活动中的问题”（第294~296页）。

出生顺序活动：这个练习（第60~61页）是让大家相互认识的一个很好的活动。

解决问题表（第297页）：给每个成员发几份空白表，以便大家能够记住将在第四周讨论的问题（看一下第298~300页的“解决问题表使用说明”，可以了解此表的用法）。

指定阅读内容：指定需要阅读的章节，以及在下周要讨论的问题。（每周都应该根据下周将要讨论的主题指定相应的阅读内容。）

本周指定阅读：第1、2、3章。

第二周

练习1：让大家自由组成2人小组，描述自己体验过的第1章介绍的“惩罚造成的四个R”。然后，向整个小组讲述自己的体验。

练习2：花几分钟回想一下你和孩子之间的一件事，设想一下如果你当初一开始就传递爱的信息，事情可能会有什么不同。先与一个同伴讨论，然后，向整个小组讲述自己的感受。

讨论第1、2、3章最后的“工具”和“问题”，让大家说说自己使用某个“工具”的体会。

本周指定阅读：第 4、5、6 章。

解决问题表：发给每个成员。告诉大家你会每周选一个志愿者，用这个表找到某个具体事件的解决方法。（即使有的成员的问题没有被选中，但是大家从被选中的问题中也会获益匪浅。）

第三周

讨论第 4、5、6 章的“工具”和“问题”。

解决问题表：征求愿意把列在自己的表格上的问题提交给大家讨论的志愿者，如果有时间的话，你可以征求不止一个志愿者。

本周指定阅读：第 7、8、9 章。

第四周

讨论第 7、8、9 章的“工具”和“问题”。

解决问题表：征求愿意把列在自己的表格上的问题提交大家讨论的志愿者。如果有时间的话，你可以征求不止一个志愿者。

本周家庭作业：让每个组员尝试开一次家庭会议，下周向大家报告结果。

本周指定阅读：第 10 章。

第五周

讨论第 10 章的“工具”和“问题”。

让每个成员猜测各自的生活态度取向，以及对自己的养育方式可能会有的正反两方面影响。

解决问题表：征求愿意把列在自己的表格上的问题提交大家讨论的志愿者。如果有时间的话，你可以征求不止一个志愿者。

本周指定阅读：第 11、12 章。

第六周

讨论第 11、12 章的“工具”和“问题”。

解决问题表：征求愿意把列在自己的表格上的问题提交大家讨论的志愿者。如果有时间的话，你可以征求不止一个志愿者。

毕业活动：请大家闭上眼睛想想自己学到的 3 个最重要的概念，以及他们是如何运用或将要如何运用到自己与孩子的关系中。让他们花几分钟把自己的想法写到一张纸上。然后，请每一位成员在离开小组之前把自己写下来的最重要的事情与大家分享。让大家决定是否还愿意继续小组活动，用解决问题表一起解决困扰自己的管教问题。

小组活动中的问题

我们已经在“引言”中介绍了学习小组的价值，并提出了学习小组活动的一些建议。下面是对在第一次学习时应该谈到的一些问题的进一步建议。

小组活动中，一些人的不同性格可能会造成一些问题。如果大家事先能意识到这些情况，并承担起在小组中相互配合的责任，这些问题就能够避免。较好的做法是在问题出现之前，先讨论一些可能出现的典型问题，这样人们就不会觉得是针对个人的批评。

话匣子

我相信你肯定见识过喜欢一直说个不停的人。这会让小组中的其他人很受不了。如果你知道自己有这样的问题，试试下面的办法：

- 说话之前先数到五。这会给别人说话的机会。
- 把你的话题限制在你认为大家都感兴趣的范围之内。
- 话要少而精。大多数话匣子都会不断重复自己的话，总结了又总结。
- 围绕讨论中心，别让自己跑题。
- 要知道哪些成员不如你这么勇于发言，要想办法帮助他们参与讨论。

沉默者

看了上面的“话匣子”之后，不要因此就认为你在小组中应该不说话。小组活动如果没有人发言，讨论就没法进行下去。

一个人在小组活动中保持沉默有很多原因。我们最应该知道的两个原因是：1）因为有人不停地说，这个人插不进嘴；2）因为他的学习方式就是默默地听。

你可以通过观察肢体语言分辨出是哪种原因造成的沉默。想说话的人往往会身体前倾，不过她还没来得及张口，就有别人抢先说了。可以让她在别人刚说完时，举起自己的手。比较勇于发言的人则应该帮助她：“玛丽，你想说点儿什么吗？”

另一方面，我们也不应该点名让那些喜欢默默地听而不想说话的人发言，以免他尴尬。

好争辩的人

记住，家长或老师学习小组的目的是理解并实践正面管教的概念。这并不意味着正面管教是唯一的方式。然而，它是对孩子非常有效的一种方式。如果我们把时间花在讨论别的理论上，就没有时间对正面管教进行深入理解，并将它付诸实践了。

“传教士”

有些人会满腔热忱地想说服别人立即接受这些原则。例如，一个妻子可能在参加完学习小组回到家后对丈夫说：“这就是我们从现在开始要采取的方法。”在看到你身体力行的效果以后，配偶可能会受到鼓舞尝试其中的一些方法，但肯定不会在压力下做出改变。

夫妻共同朝一个方向努力固然很好，但这并不是必需的。孩子们很聪明，他们能根据与他们打交道的大人所采取的方法转换自己的行为。不同的大人用不同的做法并不会对孩子造成伤害。

你唯一能改变的是你自己。要用适合你的方式。

怀疑者（“是啊，不过……”）

这本书中建议的各种方法，已经被无数的父母和老师使用过，并取得了成功。不尝试就预期某种方法不会有效，常常是逃避尝试的一个借口。

在学习时，可以只选择你愿意尝试的建议。你不必尝试全部建议去获得全部益处。

解决问题表

详细描述让你困扰的问题。（最近一次出现是什么时候？）

____

____

____

这件事带给你的感觉是什么？（心烦、被威胁、受到伤害、或束手无策？）

____

____

____

面对孩子的行为，你是怎么做的？

____

____

____

孩子又是怎么回应你的做法的？

____

____

____

你觉得孩子的错误目的是什么？

____

____

____

下次再出现同样问题时，你打算选择哪项建议试试看？（把建议记录在下面）

____

____

____

解决问题表使用说明

给每个小组成员多发几张解决问题表是个好主意。在开始的一两个星期，这会帮助大家记住在学习过前六章的基本概念之后自己愿意讨论的情形。

在讨论这些情形的时候，让大家猜猜孩子的错误目的。小组成员应该努力找出那位父母或老师的主要情感，注意听其语调及其变化。当他或她的语调和对问题的描述说到权力——希望孩子按照他或她的方式去做——时，他或她有点儿厌烦还是束手无策？气愤或沮丧的语调是在掩盖受到了伤害或威胁的感觉吗？

一旦确定了孩子的错误目的，小组就可以向那位父母或老师提出几个可供尝试的建议。这些建议应当包括尽可能多的概念和工具，包括一些对孩子进行鼓励的具体想法。然后，那位父母或老师就可以从中选出几个。

下一次的小组会议应该先让这位父母或老师汇报这些建议的实施效果。如果这些建议没有效果，小组通常能够帮助找到原因。例如，他或她也许忘记了用尊重的语气，或者忘掉了要等待冷静期。

下面是提交给一个小组的几个事例，以及大家建议的解决方案。

六岁的马特总是觉得一些事情不公平。一天早上，他妈妈一边和他说着话，一边俯下身去把他弟弟的床单铺平。马特说："这不公平。你总是帮他，不帮我。"妈妈在学习小组上说她感到很烦恼。大家的进一步提问揭示出，她是觉得受到了伤害。她那么努力去保持公平，但马特却指责她不公平。学习小组随后猜测马特也觉得受到了伤害，因为从他的角度来看，妈妈更喜欢弟弟。他们提出了这样两条建议：

1. 用“赢得合作的四个步骤”。说出你所认为的孩子的感受。把你自己感到不公平时的一些事例与孩子分享。让他知道你理解他。解释你想要公平的愿望，因为你对兄弟俩的爱是一样的。在马特的帮助下，找到能做些什么来解决这个问题的方法。

2. 与马特一起享受“特别时光”。这也可以作为解决方案的一部分。

吉姆斯老师谈到了她一年级班上的一个小学生斯科特，他老是不完成作业。她起初以为他一定是为了得到关注或权力，因为她根据斯科特以前的表现知道这个孩子很有能力。小组中有人建议她试试“目的揭示法”，这至少能让她得到有关斯科特的目的的更多反馈。吉姆斯老师想练习一下，于是她扮演斯科特的角色，由小组另一位成员做目的揭示。当她走进了斯科特的内心世界时，她惊讶地发现他的目的有可能是报复。她是斯科特一家的好朋友，她认识到，斯科特的这个问题从她休假回来后就开始了。斯科特跟自己的父母说过，自己非常担心老师可能再也不回来了。因为这对他造成了伤害，所以当老师回来以后，他就害怕和老师太亲近，而他的行为则表明他是在对老师进行消极的报复，吉姆斯老师恨不能立即就对斯科特使用“目的揭示法”，这样他们就可以来谈谈他的困扰，并且在“赢得合作的四个步骤”之后尝试解决问题。

罗博特是一位幼儿园老师，她在小组中跟大家说了史蒂芬的问题，史蒂芬总是在积木区玩儿，但从来不愿意帮着收拾。起初，罗博特以为自己只是沮丧而已，但她后来意识到自己是在生气，因为她没有办法让史蒂芬做他应该做的事。在明确了孩子的错误目的是权力之争之后，小组提出了以下建议：

1. 花时间训练孩子。确保孩子准确地知道老师的要求是什么。

2. 问问题："你喜欢玩积木吗？玩好了以后你应该做什么？收拾积木时，你认为你能收起多少块？"

3. 给一个选择，包括一个逻辑后果："你想现在收积木，还是等到大家听故事的时候你再收？你是想收起积木，还是想放弃下次玩儿积木的权利？"

4. 把孩子的力量引到积极方面。让他管收积木。

罗博特老师选择了第 4 项，因为她认为这一建议对史蒂芬有吸引力，并且能解决问题。

塞吉维克太太抱怨 6 岁的儿子史高特不爱惜玩具，也不收拾。她讲述时的语气让小组成员很容易就判断出权力之争已经升级成了报复。大家的建议如下：

1. 把这一问题看成是自己的问题。告诉孩子，看到这些玩具扔得到处都是，让你有多么受不了。承认你买了太多的玩具。

2. 请孩子帮你出主意，想办法解决问题。

3. 花时间训练孩子怎样有条理。做一些带扎口绳的口袋或者找一些硬纸盒，分类装玩具。和孩子说好，每次只能拿一袋或一盒玩具出来玩，收拾好以后才可以再拿另一袋或一盒玩具玩。

4. 给孩子一个选择。他要是不收，你就收。如果你收了玩具，就会把它们"束之高阁"，直到他真的很想要并表明他愿意承担收拾玩具的责任。如果他根本不在乎，那显然是他的玩具太多了。

附录 2

通过“同伴辅导”培养社会责任感

社会责任感是对五六年级的那些把领导能力用于捣乱的学生们实行“同伴辅导”计划的一个关键因素。我非常赞同阿德勒的观点，他认为帮助这些学生将其领导能力转变为建设性力量的最好办法，就是教他们去帮助其他学生。

我们给五六年级的老师们发了一份通知，让他们推荐一些天生具有领导能力的孩子参加一个“同伴辅导”的培训。通知上说：“我们打算培训一批‘同伴辅导员’，请推荐三名你认为有领导能力的学生，尽管他们的领导能力现在并没有用在积极的方面。”

然后，我们会和被推荐来的学生面谈，看他们是否愿意承诺参加整个培训并担任“同伴辅导员”。我们向他们解释，他们需要每星期自愿腾出一两次午休时间来做其他学生的顾问。那些对此感兴趣的学生要完成四个单元的培训，他们将学习“威廉·格拉瑟现实疗法"[1] 的五个步骤。

现实疗法

第一步：交朋友

培训的第一单元的全部内容就是学习交朋友。我们要求学生们就友谊和创造一种信任气氛的最重要的方面做头脑风暴。他们提出的友谊最重要的方面是要有下面的态度：

- 关心他人
- 尊重他人
- 愿意帮助他人
- 替他人着想

要营造出友好的气氛，他们认为应该：

- 问候时说出对方的名字
- 把你的名字告诉对方
- 表达出理解
- 谈谈你自己。例如，向对方解释你作为"同伴辅导员"的职责，或讲述一段你与对方目前面临的问题相类似的经历。
- 帮助对方放松下来

---

① William Glasser，著名心理学家，"现实疗法"（Reality Therapy）的创始人与主要倡导者，强调关切与同理心的关系为所有心理治疗的核心。他献身教育界已超过五十年。——译者注

· 运用你的幽默感
· 表达出愿意和对方一起找出有助于他解决问题的方案

每一个学生会得到一份头脑风暴的结果以及一份告诫，提醒他们没有必要按照上述步骤的顺序，也不一定非要每次都一步不落地做完所有步骤。我们鼓励他们自己创新，添加新的想法。

在第二单元的培训中，会教给学生们“现实疗法”的第二至第五步。

第二步：你在做什么？

1. 通过启发式问题了解是什么事情导致了问题产生。这些启发式问题通常会帮助对方看到自己对于问题的产生应负的责任。

2. 学生们往往不会从最开始讲述事情的经过，所以要一直问：“在那之前发生了什么？”直到你觉得找到了事情的最初起因。

第三步：你这么做有用吗？

问下列问题：

1. 你这么做，会得到什么后果？
2. 代价是什么？你得到了什么？
3. 你付出了多少代价？给你造成了什么问题？

第四步：作出改进计划

应该采用些什么不同的做法来解决这一问题？

· 让对方自己提出一些建议
· 你帮对方提出一些可供选择的建议

第五步：要一个明确的承诺

询问对方：

· 你会这么做吗？

· 你打算什么时候做？

角色扮演

最后两个培训单元是做情景“角色扮演”，例如以下情景：

· 一个因为在操场上打架而受到处理的学生

· 一个对老师不尊重的学生

· 一个不做课堂作业的学生

开始时，由两名学生和一名指导老师做同伴辅导。一旦这两名学生表明了他们的自信心和有能力胜任，就让他俩结为一对“联合顾问”，而不再需要指导老师的直接指导。一名指导老师会在他们附近，以在万一需要时提供帮助。

接受辅导的学生由老师推荐，这个老师要填写一张推荐条，上面写着该学生的名字和问题。在见过这个需要接受辅导的学生之后，同伴辅导员要在推荐条上写明解决方案，并复印一份，交给推荐这个学生来的老师，另一份保存起来用于跟踪辅导效果和备案。

大多数接受辅导的学生都很愿意跟“同伴辅导员”谈。这些同伴辅导员在切中问题要害和提出解决方案方面表现出了良好的洞察力和技能，正如下面这个例子表明的那样。

有个接受辅导的学生很难与自己的一个老师相处。同伴辅导员说自己能理解，因为他自己也有过这样的问题。然后，这个同伴辅导员指出，大概这个老师遇到了困难，需要鼓励。他还指出，既然这个学生无法改变老师的行为，就应该改变自己的行为。这个学生和同伴辅导员一起制订了一个能给自己鼓励并做好自己的事情的计划，以使这个老师没有理由生他的气。

当由同伴辅导员来推行给予他人鼓励并承担自己的责任的观念时，这种观念就会被学生们接受并传播开来。

老师们对这个“同伴辅导员”计划给予了热心的支持，推荐来了很多学生接受同伴辅导员的辅导。他们还对这个计划在将有关学生把自己的领导能力从消极方面转向积极方面的作用大加赞扬。

附录 3

给家长的信

（请按您的需要改写）

亲爱的家长，您好！

这封信是为了告诉您，我们正在学校推行一个令人激动的项目，以帮助您的孩子培养在当今社会获得成功所必需的“七项重要的感知力和技能”。这“七项重要的感知力和技能”的详细解释请见附页。我们正在推行的这个项目的另一个好处，是它能教给孩子自律、负责、合作和解决问题的技能。这个项目注重于用非惩罚性的方式来解决问题。所有的惩罚方式（责难、羞辱、施加痛苦）都将被取消。而代之以注重以和善、坚定、尊严和尊重为基础来解决问题的方法。太多的人都误以为管教和惩罚是一回事。这不是一回事。“管教（discipline）”来自于“discipulis”，意思是“真理和原则的追随者”或“导师”。真正的管教来自于内在的控制（自律），而不是外在的控制（由别人施加的惩罚和奖励）。惩罚是来自于外在的控制，是为了施以责难、羞辱和痛苦。当然，对孩子施以惩罚的大人错误地认为这能让孩子做得更好。尽管惩罚可能会在当时制止孩子的不良行为，但其长期效果通常是负面的——孩子们会反叛、不满、报复或者是退缩到自卑或偷偷摸摸地去做。要验证这一理论，最简单的做法就是回想一下您自己的经历，当有人对您施以责难、羞辱和痛苦之后，您的感受是什么以及您想做什么。

我们究竟从哪里得到这么一个荒诞的观念，认为若想要孩子做得更好，就得先要让他感觉更糟？孩子们在感觉更好时，才能做得更好。我们大家不都是这样吗？

我们所说的项目名为“教室里的正面管教”。班会是这个项目的关键。在班会上，学生们和老师一起解决那些对自己、同学、老师和学习环境造成损害的问题。我们将教给学生们互相帮助从错误中学习并找到非惩罚性的解决方案。在班会上，孩子们学习如何向他人致谢、接受他人的致谢、尊重地倾听别人、理解并尊重彼此间的差异，利用头脑风暴提出解决问题的方案，并选择出对自己和班级都最有帮助的方案。他们很快就能明白，为自己选择承担责任没关系，因为他们不会为没有做出更好的选择而受到惩罚，而且还有助于从错误中学习。

有些父母担心班会像一个私人法庭，或者自己的孩子会在全班面前受到羞辱。事实远非如此。的确，一开始，学生们还不习惯于互相帮助、不习惯于把错误看成是学习的大好时机、不习惯于寻找有帮助的解决方案。大多数学生从大人那里学到的是如何对别人施加责难、羞辱和痛苦。他们必须学会寻找非惩罚性的解决问题的方法。

正面管教的前提是以任何情况下对任何人都保持尊严和尊重为基础的。班会能确保以帮助代替惩罚的一个例子，就是涉及到问题的学生从大家通过头脑风暴提出的各种解决方案中挑选他认为最有帮助的方案，当一个问题涉及到班里的每一个人时，可以采取投票方式。如果一个方案没有解决问题，会要求学生们把这个问题再放到班会议程上，进行更多讨论并用头脑风暴提出更多解决方案。

研究表明，那些拥有较强“七项重要的感知力和技能”的孩子对于当今的年轻人面临的所有问题——暴力和破坏、吸毒、少年怀孕和自杀、低动机和低成就以及辍学——出现的可能性都很小。相反，那些不具备“七项重要的感知力和技能”的孩子出现这些问题的风险就很高。

我们不知道还有其他方式能像班会这么有效地帮助孩子学习并练习“七项重要的感知力和技能”——并且，作为一个附带好处，还消除了班里的大部分管教问题。想想这些技能将会给孩子未来的工作和生活带给的潜在好处吧！这些技能与孩子的学业相比同样重要，如果不是更重要的话。

我们希望您支持我们把班会作为孩子的日常课外活动之一，实现“教室里的正面管教”。我们热忱地邀请您随时参观这一活动。

老师________________　　校长________________

附：

孩子成长为一个有能力的人所必需的“七项重要的感知力和技能”：

1. 对个人能力的感知力——“我能行。”

2. 对自己在重要关系中的价值的感知力——“我的贡献有价值，大家确实需要我。”

3. 对自己在生活中的力量和影响的感知力——“我能够影响发生在自己身上的事情。”

4. 内省能力强：有能力理解个人的情绪，并能利用这种理解做到自律以及自我控制。

5. 人际沟通能力强：善于与他人合作，并在沟通、协作、协商、分享、共情和倾听的基础上建立友谊。

6. 整体把握能力强：以有责任感、适应力、灵活性和正直的态度来对待日常生活中的各种限制以及行为后果。

7. 判断能力强：运用智慧，根据适宜的价值观来评估局面。

［美］简·尼尔森
琳·洛特
斯蒂芬·格伦 著
花莹莹 译
北京联合出版公司
定价：45.00 元

《正面管教 A–Z》

日常养育难题的 1001 个解决方案

养育畅销书《正面管教》作者力作
以实例讲解不惩罚、不娇纵管教孩子的“黄金准则”

无论你多么爱自己的孩子，在日常养育中，都会有一些让你愤怒、沮丧的时刻，也会有让你绝望的时候。

你是怎么做的?

本书译自英文原版的第 3 版（2007 年出版），包括了最新的信息。你会从中找到不惩罚、不娇纵地解决各种日常养育挑战的实用办法。主题目录，按照 A–Z 的汉语拼音顺序排列，方便查找。你可以迅速找到自己面临的问题，挑出来阅读；也可以通读整本书，为将来可能遇到的问题及其预防做好准备。每个养育难题，都包括 6 步详细的指导：理解你的孩子、你自己和情形，建议，预防问题的出现，孩子们能够学到的生活技能，养育要点，开阔思路。

［美］简·尼尔森
谢丽尔·欧文
罗丝琳·安·达菲 著
花莹莹 译
北京联合出版公司
定价：42.00 元

《0 ～ 3 岁孩子的正面管教》

养育 0 ～ 3 岁孩子的“黄金准则”

家庭教育畅销书《正面管教》作者简·尼尔森力作

从出生到 3 岁，是对孩子的一生具有极其重要影响的 3 年，是孩子的身体、大脑、情感发育和发展的一个至关重要的阶段，也是会让父母们感到疑惑、劳神费力、充满挑战，甚至艰难的一段时期。

正面管教是一种有效而充满关爱、支持的养育方式，自 1981 年问世以来，已经成为了养育孩子的“黄金准则”，其理论、理念和方法在全世界各地都被越来越多的父母和老师们接受，受到了越来越多父母和老师们的欢迎。

本书全面、详细地介绍了 0 ～ 3 岁孩子的身体、大脑、情感发育和发展的特点，以及如何将正面管教的理念和工具应用于 0 ～ 3 岁孩子的养育中。它将给你提供一种有效而充满关爱、支持的方式，指导你和孩子一起度过这忙碌而令人兴奋的三年。

无论你是一位父母、幼儿园老师，还是一位照料孩子的人，本书都会使你和孩子受益终生。

《3 ~ 6 岁孩子的正面管教》

养育 3 ~ 6 岁孩子的“黄金准则”

家庭教育畅销书《正面管教》作者力作

［美］简・尼尔森
谢丽尔・欧文
罗丝琳・安・达菲　著
娟　子　译
北京联合出版公司
定价：42.00 元

这是家庭教育畅销书《正面管教》作者简・尼尔森的又一力作。正面管教的理念、方法和技巧正被世界各国越来越多父母们接受并喜爱，包括中国的父母们。

正面管教对 3 ~ 6 岁的孩子非常有效，因为它与传统的管教方式不同，正面管教与惩罚没有任何关系（很多人认为“惩罚”和“管教”是同义词），而完全是为了教给孩子有价值的社会和人生技能。

无论你是一位父母、一位老师，或一位照料孩子的人，你都能从本书中发现那些你能真正运用，并且能帮助你给予孩子最好的人生起点的理念和技巧。

《十几岁孩子的正面管教》

教给十几岁的孩子人生技能

养育畅销书《正面管教》作者力作
养育十几岁孩子的“黄金准则”

［美］简・尼尔森
琳・洛特　著
尹莉莉　译
北京联合出版公司出版
定价：35.00 元

度过十几岁的阶段，对你和自己青春期的孩子来说，可能会像经过一个“战区”。青春期是成长中的一个重要过程。在这个阶段，十几岁的孩子会努力探究自己是谁，并要独立于父母。你的责任，是让自己十几岁的孩子为人生做好准备。

问题是，大多数父母在这个阶段对孩子采用的养育方法，使得情况不是更好，而是更糟了……

本书将帮助你在一种肯定你自己的价值、肯定孩子价值的相互尊重的环境中，教育、支持你的十几岁的孩子，并接受这个过程中的挑战，帮助你的十几岁的孩子最大限度地成为具有高度适应能力的成年人。

《教室里的正面管教》

培养孩子们学习的勇气、激情和人生技能

［美］简·尼尔森
琳·洛特
斯蒂芬·格伦 著
梁帅 译
北京联合出版公司出版
定价：30.00 元

家庭教育畅销书《正面管教》作者力作
造就理想班级氛围的“黄金准则”
本书入选中国教育新闻网、中国教师报联合推荐
2014 年度“影响教师 100 本书”TOP10

很多人认为学校的目的就是学习功课，而各种纪律规定应该以学生取得优异的学习成绩为目的。因此，老师们普遍实行的是以奖励和惩罚为基础的管教方法，其目的是为了控制学生。然而，研究表明，除非教给孩子们社会和情感技能，否则他们学习起来会很艰难，并且纪律问题会越来越多。

正面管教是一种不同的方式，它把重点放在创建一个相互尊重和支持的班集体，激发学生们的内在动力去追求学业和社会的成功，使教室成为一个培育人、愉悦和快乐的学习和成长的场所。

这是一种经过数十年实践检验，使全世界数以百万计的教师和学生受益的黄金准则。

《特殊需求孩子的正面管教》

帮助孩子学会有价值的社会和人生技能

［美］简·尼尔森
史蒂文·福斯特
艾琳·拉斐尔 著
甄颖 译
北京联合出版公司
定价：32.00 元

每一个孩子都应该有一个幸福而充实的人生。特殊需求的孩子们有能力积极成长和改变。

运用正面管教的理念和工具，特殊需求的孩子们就能够培养出一种越来越强的能力，为自己的人生承担起责任。在这个过程中，他们会与自己的家里、学校里和群体里的重要的人建立起深入的、令人满意的、合作的关系，从而实现自己的潜能。

《孩子，把你的手给我》

与孩子实现真正有效沟通的方法

畅销美国 500 多万册的教子经典，以 31 种语言畅销全世界
彻底改变父母与孩子沟通方式的巨著

[美]海姆·G·吉诺特　著
张雪兰　译
京华出版社出版
定价：24.00 元

本书自 2004 年 9 月由京华出版社自美国引进以来，仅依靠父母和老师的口口相传，就一直高居当当网、卓越网的排行榜。

吉诺特先生是心理学博士、临床心理学家、儿童心理学家、儿科医生；纽约大学研究生院兼职心理学教授、艾德尔菲大学博士后。吉诺特博士的一生并不长，他将其短短的一生致力于儿童心理的研究以及对父母和教师的教育。

父母和孩子之间充满了无休止的小麻烦、阶段性的冲突，以及突如其来的危机……我们相信，只有心理不正常的父母才会做出伤害孩子的反应。但是，不幸的是，即使是那些爱孩子的、为了孩子好的父母也会责备、羞辱、谴责、嘲笑、威胁、收买、惩罚孩子，给孩子定性，或者对孩子唠叨说教……当父母遇到需要具体方法解决具体问题时，那些陈词滥调，像“给孩子更多的爱”、“给她更多关注”或者“给他更多时间”是毫无帮助的。

多年来，我们一直在与父母和孩子打交道，有时是以个人的形式，有时是以指导小组的形式，有时以养育讲习班的形式。这本书就是这些经验的结晶。这是一个实用的指南，给所有面临日常状况和精神难题的父母提供具体的建议和可取的解决方法。

——摘自《孩子，把你的手给我》一书的“引言”

《孩子，把你的手给我（Ⅱ）》

与十几岁孩子实现真正有效沟通的方法

《孩子，把你的手给我》作者的又一部巨著
彻底改变父母与十几岁孩子的沟通方式

[美]海姆·G·吉诺特　著
张雪兰　译
京华出版社　中央编译出版社
定价：21.00 元

本书是海姆·G·吉诺特博士的又一部经典著作，连续高踞《纽约时报》畅销书排行榜 25 周，并被翻译成 31 种语言畅销全球，是父母与十几岁孩子实现真正有效沟通的圣经。

十几岁是一个骚动而混乱、充满压力和风暴的时期，孩子注定会反抗权威和习俗——父母的帮助会被怨恨，指导会被拒绝，关注会被当做攻击。海姆·G·吉诺特博士就如何对十几岁的孩子提供帮助、指导、与孩子沟通提供了详细、有效、具体、可行的方法。

[美] 海姆・G・吉诺特　著
张雪兰　译
京华出版社　中央编译出版社
定价：27.00 元

《孩子，把你的手给我（III）》

老师与学生实现真正有效沟通的方法

《孩子，把你的手给我》作者最后一部经典巨著
以 31 种语言畅销全球
彻底改变老师与学生的沟通方式
美国父母和教师协会推荐读物

本书是海姆・G・吉诺特博士的最后一部经典著作，彻底改变了老师与学生的沟通方式，是美国父母和教师协会推荐给全美教师和父母的读物。

老师如何与学生沟通，具有决定性的重要意义。老师们需要具体的技巧，以便有效而人性化地处理教学中随时都会出现的事情——令人烦恼的小事、日常的冲突和突然的危机。在出现问题时，理论是没有用的，有用的只有技巧，如何获得这些技巧来改善教学状况和课堂生活就是本书的主要内容。

书中所讲述的沟通技巧，不仅适用于老师与学生、家长与孩子之间的交流，而且也可以灵活运用于所有的人际交往中，是一种普遍适用的沟通技巧。

[美] 约翰・霍特　著
张雪兰　译
北京联合出版公司
定价：30.00 元

《孩子是如何学习的》

畅销美国 200 多万册的教子经典，以 14 种语言畅销全世界

孩子们有一种符合他们自己状况的学习方式，他们对这种方式运用得很自然、很好。这种有效的学习方式会体现在孩子的游戏和试验中，体现在孩子学说话、学阅读、学运动、学绘画、学数学以及其他知识中……对孩子来说，这是他们最有效的学习方式……

约翰・霍特（1923 ~ 1985），是教育领域的作家和重要人物，著有 10 本著作，包括《孩子是如何失败的》、《孩子是如何学习的》、《永远不太晚》、《学而不倦》。他的作品被翻译成 14 种语言。《孩子是如何学习的》以及它的姊妹篇《孩子是如何失败的》销售超过两百万册，影响了整整一代老师和家长。

《如何培养孩子的社会能力》

教孩子学会解决冲突和与人相处的技巧

简单小游戏　成就一生大能力
美国全国畅销书（The National Bestseller）
荣获四项美国国家级大奖的经典之作
美国“家长的选择（Parents'Choice Award)”图书奖

［美］默娜·B. 舒尔
特里萨·弗伊·迪吉若尼莫　著
张雪兰　译
京华出版社出版
定价：22.00 元

社会能力就是孩子解决冲突和与人相处的能力，人是社会动物，没有社会能力的孩子很难取得成功。舒尔博士提出的“我能解决问题”法，以教给孩子解决冲突和与人相处的思考技巧为核心，在长达 30 多年的时间里，在全美各地以及许多其他国家，让家长和孩子们获益匪浅。与其他的养育办法不同，“我能解决问题”法不是由家长或老师告诉孩子怎么想或者怎么做，而是通过对话、游戏和活动等独特的方式教给孩子自己学会怎样解决问题，如何处理与朋友、老师和家人之间的日常冲突，以及寻找各种解决办法并考虑后果，并且能够理解别人的感受。让孩子学会与人和谐相处，成长为一个社会能力强、充满自信的人。

默娜·B·舒尔博士，儿童发展心理学家，美国亚拉尼大学心理学教授。她为家长和老师们设计的一套“我能解决问题”训练计划，以及她和乔治·斯派维克（George Spivack）一起所做出的开创性研究，荣获了一项美国心理健康协会大奖、三项美国心理学协会大奖。

《如何培养孩子的社会能力（Ⅱ）》

教 8 ~ 12 岁孩子学会解决冲突和与人相处的技巧

全美畅销书《如何培养孩子的社会能力》作者的又一部力作！
让怯懦、内向的孩子变得勇敢、开朗！
让脾气大、攻击性强的孩子变得平和、可亲！
培养一个快乐、自信、社会适应能力强、情商高的孩子

［美］默娜·B·舒尔　著
刘荣杰　译
北京联合出版公司出版
定价：28.00 元

8 ~ 12 岁，是孩子进入青春期反叛之前的一个重要时期，是孩子身体、行为、情感和社会能力发展的一个重要分水岭。同时，这也是父母的一个极好的契机——教会孩子自己做出正确决定，自己解决与同龄人、老师、父母的冲突，培养一个快乐、自信、社会适应能力强、情商高的孩子——以便孩子把精力更多地集中在学习上，为他们期待而又担心的中学生活做好准备。

本书详细、具体地介绍了将“我能解决问题”法运用于 8 ~ 12 岁孩子的方法和效果。

[美] 奥黛丽·里克尔
卡洛琳·克劳德　著
张悦　译
北京联合出版公司
定价：20.00 元

《孩子顶嘴，父母怎么办？》

简单 4 步法，终结孩子的顶嘴行为

全美畅销书

顶嘴是一种不尊重人的行为，它会毁掉孩子拥有成功、幸福的一生的机会，会使孩子失去父母、朋友、老师等的尊重。

本书是一本专门针对孩子顶嘴问题的畅销家教经典。作者里克尔博士和克劳德博士以著名心理学家阿尔弗雷德·阿德勒的行为学理论为基础，结合自己在家庭教育领域数十年的心理咨询经验，总结出了一套简单、对各个年龄段孩子都能产生最佳效果，而且不会对孩子造成伤害的“四步法”，可以让家长在消耗最少精力的情况下，轻松终结孩子粗鲁的顶嘴行为，为孩子学会正确地与人交流和交往的方式——不仅仅是和家长，也包括他的朋友、老师和未来的上级——奠定良好的基础。

本书包含大量真实案例，可以让读者在最直观而贴近生活的情境中学习如何使用四步法。

奥黛丽·里克尔博士，美国著名心理学家，既是一名经验丰富的教师，也是一名母亲，终生与孩子打交道。卡洛琳·克劳德博士，管理咨询专家，美国白宫儿童与父母会议主席，全国志愿者中心理事。

[美] 道格拉斯·莱利博士　著
王旭　译
北京联合出版公司
定价：28.00 元

《孩子爱发脾气，父母怎么办》

孩子发脾气的 11 种潜在原因及解决办法

美国“妈妈的选择”图书金奖

没有哪个孩子会无缘无故地发脾气，也没有哪个孩子在每一件事情上都发脾气。孩子的每一次脾气爆发，都是有原因的，是孩子在试图告诉父母或其他成年人一些什么……有时候，孩子无法用口头方式表达自己的烦恼或不快，而情绪和行为才是他们的语言，为了倾听他们，你必须学会破解这种语言……孩子在小时候改掉发脾气的毛病，在青春期和成年后才能快乐、平和，并有所成就。

道格拉斯·莱利博士，临床心理治疗师，擅长于治疗 3~19 的孩子。他还投入大量精力对父母们进行培训，教给他们改正自己孩子行为的方法和技巧。

[美] 杰拉尔德·纽马克 著
叶红婷 译
北京联合出版公司
定价：20.00 元

《如何培养情感健康的孩子》

孩子必须被满足的 5 大情感需求

畅销美国 250000 多册的家教经典

孩子的情感健康，取决于情感需求是否得到满足。每个孩子都有贯穿一生的 5 大情感需求，满足了这些需求，会为把孩子培养成为自信、理智、有同情心和有公德心的人提供一个良好的基础，让他们更有可能在学业、职场、婚姻和生活中取得成功。

杰拉尔德·纽马克博士既是一位父亲，又是一位教育家、研究员，从事与学校和孩子相关的咨询已经超过 30 年，他在教育领域所取得的卓越成就曾得到美国总统嘉奖。

[英] 安吉拉·克利福德–波斯顿 著
王俊兰 译
北京联合出版公司出版
定价：32.00 元

《如何读懂孩子的行为》

理解并解决孩子各种行为问题的方法

孩子为什么不好好吃、不好好睡？为什么尿床、随地大便？为什么说脏话？为什么撒谎、偷东西、欺负人？为什么不学习？……这些行为，都是孩子在以一种特殊的方式与父母沟通。

当孩子遇到问题时，他们的表达方式十分有限，往往用行为作为与大人沟通的一种方式……如何读懂孩子这些看似异常行为背后真实的感受和需求，如何解决孩子的这些问题，以及何时应该寻求专业帮助，就是本书的主要内容。

安吉拉·克利福德–波斯顿（Andrea Clifford–Poston），教育心理治疗师、儿童和家庭心理健康专家，在学校、医院和心理诊所与孩子和父母们打交道 30 多年；她曾在查林十字医院（Charing Cross Hospital，建立于 1818 年）的儿童发展中心担任过 16 年的主任教师，在罗汉普顿学院（Roehampton Institute）担任过多年音乐疗法的客座讲师，她还是《泰晤士报》“父母论坛”的长期客座专家，为众多儿童养育畅销杂志撰写专栏和文章，包括为“幼儿园世界（Nursery World）”撰写了 4 年专栏。

[美]伯顿·L·怀特　著
宋苗　译
北京联合出版公司
定价：39.00 元

《从出生到 3 岁》

婴幼儿能力发展与早期教育权威指南

畅销全球数百万册，被翻译成 11 种语言

没有任何问题比人的素质问题更加重要，而一个孩子出生后头 3 年的经历对于其基本人格的形成有着无可替代的影响……本书是唯一一本完全基于对家庭环境中的婴幼儿及其父母的直接研究而写成的，也是惟一一本经过大量实践检验的经典。本书将 0~3 岁分为 7 个阶段，对婴幼儿在每一个阶段的发展特点和父母应该怎样做以及不应该做什么进行了详细的介绍。

本书第一版问世于 1975 年，一经出版，就立即成为了一部经典之作。伯顿·L·怀特基于自己 37 年的观察和研究，在这本详细的指导手册中描述了 0~3 岁婴幼儿在每个月的心理、生理、社会能力和情感发展，为数千万名家长提供了支持和指导。现在，这本经过了全面修订和更新的著作包含了关于养育的最准确的信息与建议。

伯顿·L·怀特，哈佛大学“哈佛学前项目”总负责人，“父母教育中心”（位于美国马萨诸塞州牛顿市）主管，“密苏里‘父母是孩子的老师’项目”的设计人。

《实用程序育儿法》

宝宝耳语专家教你解决宝宝喂养、睡眠、情感、教育难题

《妈妈宝宝》、《年轻妈妈之友》、《父母必读》、“北京汇智源教育”联合推荐

[美]特蕾西·霍格
梅林达·布劳　著
北京联合出版公司
定价：42.00元

本书倡导从宝宝的角度考虑问题，要观察、尊重宝宝，和宝宝沟通——即使宝宝还不会说话。在本书中，她集自己近 30 年的经验，详细解释了 0 ~ 3 岁宝宝的喂养、睡眠、情感、教育等各方面问题的有效解决方法。

特蕾西·霍格（Tracy Hogg）世界闻名的实战型育儿专家，被称为“宝宝耳语专家”——她能“听懂”婴儿说话，理解婴儿的感受，看懂婴儿的真正需要。她致力于从婴幼儿的角度考虑问题，在帮助不计其数的新父母和婴幼儿解决问题的过程中，发展了一套独特而有效的育儿和护理方法。

梅林达·布劳，美国《孩子》杂志“新家庭（New Family）专栏”的专栏作家，记者。

[美]唐·坎贝尔　著
高慧雯　王玲月　娟子　译
北京联合出版公司出版
定价：32.00 元

《莫扎特效应》

用音乐唤醒孩子的头脑、健康和创造力

从胎儿到 10 岁，用音乐的力量帮助孩子成长！
享誉全球的权威指导，被翻译成 13 种语言！

在本书中，作者全面介绍了音乐对于从胎儿至 10 岁左右儿童的大脑、身体、情感、社会交往等各方面能力的影响。

本书详细介绍了如何用古典音乐，特别是莫扎特的音乐，以及儿歌的节奏和韵律来促进孩子从出生前到童年中期乃至更大年龄阶段的发展，提高他们的各种学习能力、情感能力和社会交往能力。对于孩子在每个年龄段（出生前到出生，从出生到 6 个月，从 6 个月到 18 个月，从 18 个月到 3 岁，从 4 岁到 6 岁，从 6 岁到 8 岁，从 8 岁到 10 岁）的发展适合哪些音乐以及这些音乐的作用都进行了详细的说明。

唐·坎贝尔，古典音乐家、教育家、作家、教师，数十年来致力于研究音乐及其在教育和健康方面的作用，用音乐帮助全世界 30 多个国家的孩子提高了学习能力和创造性，并体验到了音乐给生活带来的快乐。他是该领域闻名全球、首屈一指的权威。

[美]大卫·普莫特 博士　著
林欣颐　译
京华出版社出版
定价：28.00 元

《让你的孩子更聪明》

5 岁前，将孩子的智商再提高 30 分

做正确的游戏和活动
吃正确的食物
避免环境毒素和不当用药
让孩子感受到关爱、安全、快乐和放松

人的大脑在出生时尚未完成发育，但很多父母错过了增进孩子智力和情感幸福的关键时期，不是因为他们疏于自己的责任，而是因为不了解。你只要让孩子在感受到关爱、安全、快乐和放松的同时，和孩子做正确的游戏和活动、吃正确的食物、避免环境毒素和不当用药，就很容易将孩子的智商在 5 岁前再提高 30 分，开启孩子的聪明基因，帮助孩子成为一个聪明、能干、成功的成年人。

［美］梅格·米克博士　著
胡燕娟　译
北京联合出版公司
定价：28.00 元

《快乐妈妈的 10 个习惯》

找回我们的激情、目标和理智

尽管家教书籍众多，但真正关注妈妈们的幸福的著作却很少。

本书从理解自己作为一个妈妈的价值、维持重要的友谊、重视并实践信任和信仰、对竞争说“不”、培养健康的金钱理念、抽时间独处、以健康的方式给予和得到爱、追寻简单的生活方式、放下恐惧、下定决心怀抱希望等十个方面介绍了怎样才能做一个快乐的妈妈。

本书作者梅格·米克是医学博士、儿科医生、畅销书作者，著名家庭教育和儿童及青少年健康专家。具有 20 多年从事儿童临床治疗和青少年咨询经验，美国儿童医学会成员、美国医学所全国顾问委员会成员。她还是一位青少年问题方面的著名演讲家，经常在电视和电台节目中做访谈节目。

张伟　著
京华出版社出版
定价：18.00 元

《8 年级决定孩子的未来》

八年级的学生无论是从生理和心理发育，还是从道德情操、知识能力的形成来看，都处于一个“特别”的时期。

这一时期，孩子们处于由儿童期向青年期过渡的身心急速发展阶段，身心发展的不平衡导致情感和意志的相对脆弱。八年级的孩子很可能会形成诸如打架、恶作剧、逃课、偷窃等不良品德和行为，心理学家把这一时期称为“急风暴雨”时期，有专家则称八年级为“事故多发阶段”。对于八年级的孩子身心所发生的各种变化和带来的各种社会影响，有些教育工作者或者专家形象地称之为“八年级现象”。

八年级的孩子在学习上处于突变期，要求孩子的学习方法也要随之变化，否则就会出现学习上的落伍；在发育上处于青春期，缺乏生活的体验，其道德认识等有待培养；在心理上处于关键期，在关键期引导不当容易造成教育失误。

所有这些都要求家长对孩子的教育及时作出有针对性的调整，帮助孩子度过这一危险而美好的时期，帮助孩子形成良好的道德品质，并取得学业的成功。